Modernisierung des öffentlichen Sektors

herausgegeben von / edited by

Band 49

Johannes Ludewig

Bürokratie, Regulierung, Verwaltung in der Krise

Update für Deutschland

Nomos

edition sigma

Die Deutsche Nationalbibliothek verzeichnet diese Publikation in der Deutschen Nationalbibliografie; detaillierte bibliografische Daten sind im Internet über http://dnb.d-nb.de abrufbar.

1. Auflage 2021

Publiziert von
Nomos Verlagsgesellschaft mbH & Co. KG
Waldseestraße 3–5 | 76530 Baden-Baden
www.nomos.de

Gesamtherstellung:
Nomos Verlagsgesellschaft mbH & Co. KG
Waldseestraße 3–5 | 76530 Baden-Baden

ISBN (Print): 978-3-8487-8391-5
ISBN (ePDF): 978-3-7489-2781-5

DOI: https://doi.org/10.5771/9783748927815

Onlineversion
Nomos eLibrary

edition sigma in der Nomos Verlagsgesellschaft

Vorwort des Herausgeberkreises

Die Schriftenreihe »Modernisierung des öffentlichen Sektors«, auch als Gelbe Reihe bekannt, existiert seit 1994. Sie ist entstanden im Zusammenhang mit den umfassenden Bemühungen zur Neuen Steuerung von Verwaltungen und zur Staatsmodernisierung in dieser Zeit. Ziele der Reihe waren und sind die Analyse und Unterstützung des Reformprozesses im öffentlichen Sektor aus einer kritischen Perspektive. Wichtige weitere Merkmale der Reihe sind wissenschaftliche Fundierung, Interdisziplinarität, Verständlichkeit, Problemorientierung, Aktualität und auf praktische Umsetzung ausgerichtete Beiträge. Anknüpfend an diese lange Tradition will sich die Reihe jedoch Veränderungen und neuen Formaten nicht verschließen. Daher hat sich der Herausgeberkreis entschieden, eine erste Dissertation, die sich durch hohe Praxisrelevanz auszeichnete, als Sonderband in der Reihe zu veröffentlichen (vgl. Sonderband 50), der sicherlich noch weitere folgen werden. Mit dem hier jetzt vorgelegten Band wird eine weitere Neuerung angestoßen. Wir haben uns erstmals bewusst dafür entschieden, einen fundierten und sehr anregenden Praktikerbeitrag zu veröffentlichen, der zwar keine klassische wissenschaftliche Publikation darstellt, jedoch zahlreiche Schnittstellen zur wissenschaftlichen Debatte aufzeigt und diese einbezieht. Unseres Erachtens passt dies sehr gut zum Anspruch der Schriftenreihe, Beiträge (auch) aus Praktiker-Sicht und im „Interface“ von Wissenschaft und Praxis zu veröffentlichen.

Der langjährige Vorsitzende des Nationalen Normenkontrollrates der Bundesregierung, Dr. Johannes Ludewig, zieht in diesem Band seine persönliche Quintessenz aus 15 Jahren Pionierarbeit in diesem Gremium. Johannes Ludewig beschreibt die Initiativen des NKR, die Erfolge und Misserfolge, bezieht diese auf aktuelle Themen der Staats- und Verwaltungsmodernisierung und versucht, daraus Lehren für die Neugestaltung von „Bürokratie, Regulierung, Verwaltung“ in Deutschland zu ziehen. Dabei bezieht er Erfahrungen aus den „Verwaltungskrisen“ der letzten Jahre (Flüchtlingskrise, Pandemie) sowie aus dem nach wie vor stark ausbaufähigen Zustand im Bereich der Digitalisierung öffentlicher Dienstleistungen in Deutschland mit ein und macht Vorschläge zur Neugestaltung von Gesetzgebungs- und Verwaltungsprozessen in Deutschland.

Entstanden ist ein sehr anschaulicher Text mit historischem Rückblick, vielen interessanten Daten und Fakten und vor allen Dingen Insiderinformationen, die ein spannendes Bild der realen Entscheidungsprozesse in Politik und Verwaltung vermitteln. Johannes Ludewig formuliert auf dieser

Grundlage in der ihm eigenen manchmal zuspitzenden Art weitreichende Handlungsempfehlungen. Die Empfehlungen muss man normativ nicht (alle) teilen und auch der Herausgeberkreis tut dies nicht. Wir sind aber der Meinung, dass dieser Text und die Vorschläge nicht nur hochaktuell sind, sondern auch zu interessanten und notwendigen Diskussionen anregen können und werden.

Diese Diskussionen sind unverzichtbar angesichts der in den letzten Jahren deutlich gewordenen Stärken, aber auch nicht unerheblicher Schwächen bei der Bewältigung der umfassenden Krisen, durch die das Thema „Verwaltungsmodernisierung" eine neue Schubkraft entwickeln kann. Johannes Ludewig benennt implizit und explizit wichtige Problembereiche, denen eine neue Bundesregierung mehr Aufmerksamkeit widmen sollte, wie das Verhältnis von Digitalisierung und Datenschutz, die oft mühsame Zusammenarbeit zwischen Ressorts und den Verwaltungsebenen, die Optimierung der Kompetenzverteilung im Bundesstaat, die partielle Vollzugsunfreundlichkeit vieler Gesetzgebungsvorhaben oder eine fehlende Instanz zur Institutionalisierung notwendiger Verwaltungsreformen. Wir möchten mit dieser Veröffentlichung einen ersten Aufschlag für diese notwendigen Diskussionen machen, denen weitere folgen werden.

Prof. Dr. Jörg Bogumil, Geschäftsführender Herausgeber

Vorwort

„Geschichte in Deutschland beschäftigt sich nicht nur mit der Vergangenheit, sondern, anders als in anderen Ländern Europas, blickt sie nach vorne."[1]

Das ist auch das Anliegen dieses Buches: Zurückzuschauen auf das, was ich erlebt, gesehen und manchmal auch ein Stück weit mitgestaltet habe – um den Blick für das zu schärfen, was jetzt zu tun ist.

15 Jahre lang habe ich dem Normenkontrollrat angehört und ihn durch vier Legislaturperioden hindurch geführt. Zuvor habe ich 22 Jahre in und für die Bundesregierung gearbeitet, 12 weitere Jahre für die Eisenbahn in Deutschland und Europa. Damit verbunden waren zahllose Gelegenheiten, Staat und Verwaltung kennenzulernen, im Alltag zu erleben, von innen und von außen, hierzulande und jenseits unserer Grenzen. Mein Fazit: Staat und Verwaltung haben in den zurückliegenden Jahrzehnten einen großen, ja oft einzigartigen Beitrag dazu geleistet, dass Deutschland heute gut dasteht – in Europa und in der Welt. Möglich wurde dies, weil wir uns immer wieder neu ausgerichtet und an Veränderungen angepasst haben, weil wir mehr nach vorn als zurück geschaut haben, weil wir Bewährtes bewahrt und Neues in Angriff genommen haben, in manchen Augenblicken mehr, in anderen weniger. In Gesellschaft und Wirtschaft ebenso wie in Politik und Verwaltung.

Kein Zweifel: Die letzten Jahre gehörten zu denen, in denen Staat und Verwaltung in Deutschland zu wenig dafür getan haben, Leistungsfähigkeit und Bürgernähe auf der Höhe der Zeit zu halten bzw. dorthin zurückzubringen. Die überall präsente General-Herausforderung der Digitalisierung wird in Sonntagsreden thematisiert, aber allenfalls punktuell in praktisches Handeln umgesetzt. Flüchtlings- und Corona-Krise haben die Schwachstellen schonungslos offengelegt - Weckrufe, die nicht überhört werden dürfen. Dieses Buch beschreibt Stärken und Schwächen von Bürokratie, Regulierung und Verwaltung und zeigt Wege, wie Versäumtes nachgeholt und Neues auf den Weg gebracht werden kann – so wie wir in Deutschland es von uns selbst erwarten.

---

1 Neil MacGregor, Deutschland – Erinnerung einer Nation, München 2015, Seite 603.

„Deutschland ist unzufrieden mit sich selbst, mit komplizierten Abstimmungs- und Entscheidungsstrukturen, mit aufwändigen Lösungen und bürokratischen Abläufen. In der Krise wird deutlich, was auch in ‚normalen' Zeiten immer öfter Sorge bereitet: Deutschland ist, denkt und handelt zu kompliziert. Diese Komplexität aufzulösen, muss das langfristige Ziel jeder Digitalisierungs- und Modernisierungsstrategie sein."

Nationaler Normenkontrollrat, Mai 2021

„Ihr habt das Know-How, ihr habt die technische Infrastruktur und vor allem habt ihr viele gute Leute, doch was Deutschland fehlt, ist das Agile und Flexible."

Vilve Vene, Fintech-Gründerin und CEO der Modularbank, Estland, Juli 2021

Inhalt

Abbildungsverzeichnis*

* Alle Abbildungen – außer Abb. 1 – sind Veröffentlichungen oder Arbeitsunterlagen des Nationalen Normenkontrollrats oder von ihm in Auftrag gegebenen Gutachten entnommen.

1. Bürokratie – Belastung ohne Ende?

Im Oktober 1957 startete die Sowjetunion den ersten ‚Sputnik' und leitete damit das ‚Weltraum-Zeitalter' ein. Sie gewann damals den Wettlauf gegen die USA, denen es erst einige Monate später gelang, einen Satelliten in den Weltraum zu schicken. „Wie war es möglich, dass die Russen die Amerikaner überholt haben?" wurde der Leiter der amerikanischen Raketenforschung gefragt. Seine Antwort: „Bei der Eroberung des Weltraums sind zwei Probleme zu lösen: die Schwerkraft und der Papierkrieg. Mit der Schwerkraft wären wir fertig geworden, mit dem Papierkrieg nicht."[2]

Diese Antwort macht zweierlei deutlich: zum einen, dass Bürokratie im wahrsten Sinn des Wortes ins Gewicht fällt, zum andern, dass dieses Gewicht in bestimmten Situationen den Ausschlag geben, also von entscheidender Bedeutung sein kann. Was ist also zu tun? Kann Bürokratie wirksam reduziert oder sogar ganz beseitigt werden? Franz Müntefering, damals Vizekanzler in der Bundesregierung, brachte es in der ersten NKR-Zwischenbilanz-Veranstaltung am 11. Mai 2009 auf den Punkt: „Demokratie braucht Bürokratie"[3]. Anders ausgedrückt: In einer Demokratie gibt es Regeln, die in Verfassung und Gesetzen festgelegt sind. Diese Regeln müssen transparent, mit klar erkennbaren Verantwortlichkeiten umgesetzt und nachvollziehbar angewandt werden. Dafür bedarf es geeigneter Verfahren, die von engagierten, verantwortungsvollen Menschen mit einem Minimum an Aufwand und Papier, eben mit ‚schlanker Bürokratie', vollzogen werden. Deswegen Münteferings Schlussfolgerung mit einer Anleihe bei Max Weber: „Bürokratie ist die rationale Form der legalen Herrschaft.[4]" Der Bürokratiebegriff dürfe also nicht per se negativ belegt sein. Ziel müsse es vielmehr sein, die Verfahren zur Umsetzung gesetzlicher, d.h. von den demokratisch legitimierten Mitgliedern des Parlaments verabschiedeter Regeln so effizient wie möglich zu gestalten und damit unnötige Bürokratie zu vermeiden bzw. abzubauen. Vermeidbare Bürokratie und die Akzeptanz demokratischer Entscheidungsstrukturen – beide hängen eng zusammen. Wird dieser Zusammenhang übersehen oder erhält er zu geringe politische Aufmerksamkeit, ist Gefahr im Verzug. Denn Vertrauen und Akzeptanz sind das lebensnotwendige Grundkapital demokratischer Systeme. Dieses Grundkapital kann nicht per Gesetz hergestellt werden, es muss im wahrsten

2 Zitiert nach: Nationaler Normenkontrollrat (Hrsg.), Jahresbericht 2009, Juli 2009, Seite 5.

3 Zitiert nach: Nationaler Normenkontrollrat (Hrsg.), Jahresbericht 2009, Juli 2009, Seite 58.

4 Ebenda.

Sinn des Wortes jeden Tag neu erwirtschaftet werden - ein unverzichtbarer Eckpfeiler für eine freiheitliche Gesellschaft.

Welche Bürokratie ist also notwendig und welche ist entbehrlich? Auf diese einfache Frage gibt es leider keine ähnlich einfache Antwort, weil der Blick auf diese Frage sehr stark von der jeweiligen Erfahrungs- und Interessenlage beeinflusst wird. Aber sie beschreibt die Herausforderung, vor der die Verantwortlichen stehen – also diejenigen, die in Parlamenten und Regierungen immer wieder entscheiden, ob bestimmte politische Zielsetzungen verbindlich werden, damit Gesetzeskraft erlangen, und in welcher Weise sie umzusetzen sind.

*

Eine weitere Schwierigkeit kommt hinzu: die Dimension dessen, was unter Bürokratie verstanden wird[5]. Das Institut für Mittelstandsforschung Bonn hat 2019 in einer Studie zur ‚Bürokratiewahrnehmung von Unternehmen'[6] sehr anschaulich herausgearbeitet, wie weit oder wie eng – je nach Blickwinkel – die Vorstellung von Bürokratie und dem, was hierunter subsumiert wird, gehen bzw. ausfallen kann:

Im Zentrum des Begriffs Bürokratie (Abbildung 1) stehen Informationspflichten, die sich für Bürger und Unternehmen aus gesetzlichen Auflagen ergeben. Jeder Bürger und jedes Unternehmen müssen staatlichen Stellen ihren Wohnort bzw. ihren Unternehmenssitz ebenso mitteilen wie ihre Einkünfte, Umsätze und Gewinne. Für manche Tatbestände wie die Ausstellung des Personalausweises muss man sich sogar persönlich zur zuständigen staatlichen Stelle begeben, damit diese dort registriert werden. Ohne solche Informationen gäbe es keine amtlichen Statistiken, die wiederum als Grundlage für viele staatliche und auch private Entscheidungen unverzichtbar sind. So erinnere ich mich, dass bei einer der vielen Bürokratie-Abbaurunden der Bundesregierung der Vorschlag gemacht wurde, den jährlichen Agrarbericht der Bundesregierung abzuschaffen. Der umgehende energische Protest des Bauernverbandes und anderer landwirtschaftlicher Interessenten machte sehr schnell klar, dass Bürokratieabbau auch von nicht-staatlichen Organisationen natürlich gefordert wird, aber doch bitte

5 Vgl. hierzu auch Werner Jann, Bürokratieabbau: Über einige Missverständnisse der aktuellen Debatte, in: Wirtschaftsdienst 85(10), 2005, S. 627-631; hier werden Begrifflichkeit und Differenziertheit von Bürokratie, Bürokratieabbau und Besserer Rechtsetzung klar und nachvollziehbar herausgearbeitet.

6 Michael Holz, Susanne Schlepphorst, Siegrun Brink, Annette Icks, Friederike Welter, Bürokratiewahrnehmung von Unternehmen, IfM-Materialien Nr. 274, Institut für Mittelstandsforschung Bonn (HRSG.), Juni 2019.

nicht an dieser Stelle. Die Erfahrung des ‚Wasch mir den Pelz, aber mach mich nicht nass' ist etwas, das auch zum selbstverständlichen Inventar aller Bürokratieabbaudiskussionen gehört, die ich in den letzten 30 Jahren erlebt habe.

Abbildung 1: Die Dimension des Bürokratiebegriffs

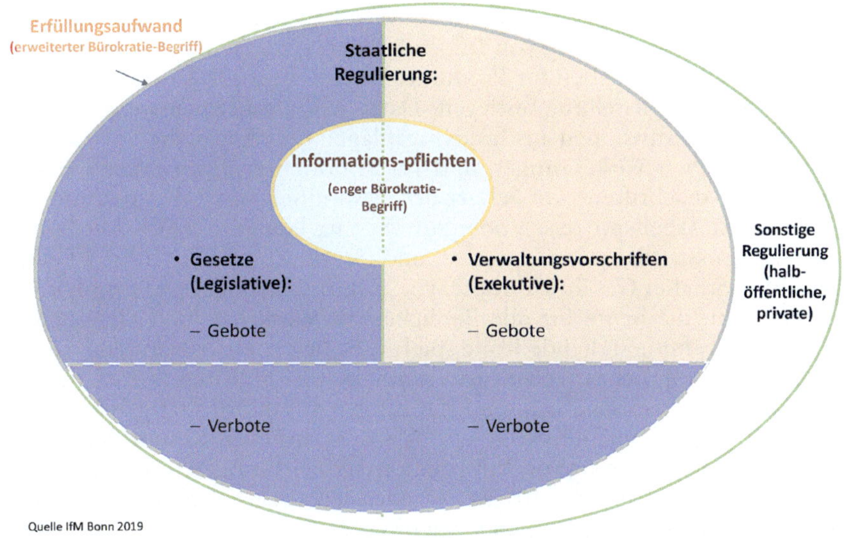

Relevant bleibt aber die Frage, welche Kosten sich eigentlich für die betroffenen Bürger oder Unternehmen ergeben, wenn man alle gesetzlichen Informationsverpflichtungen zusammen betrachtet. Sie stand unvermittelt auf der politischen Tagesordnung, als die Bundesregierung mit der Verabschiedung des Normenkontrollrat-Gesetzes 2006 auch ein konkretes Ziel für den Bürokratieabbau festlegte – und zwar eine Verringerung der Kosten, die durch staatlich auferlegte Informationsverpflichtungen für Unternehmen entstehen, um 25%. Um bestimmen zu können, welches genaue Einsparvolumen diesen 25% entspricht, musste erst einmal die Gesamtheit der Kosten aus Informationsverpflichtungen der Unternehmen gegenüber dem Staat ermittelt werden. Ergebnis nach etwa dreijähriger intensiver Arbeit des Statistischen Bundesamtes zusammen mit Bundesministerien, Vertretern der Wirtschaft und dem Normenkontrollrat: knapp 10.000 gesetzliche Informationsverpflichtungen mit einer Gesamtbelastung der Unternehmen in Deutschland von knapp 50 Milliarden Euro[7].

Die Wahrnehmung von Bürokratie geht aber weit über Informationspflichten hinaus. Wie die obige Graphik zeigt, werden alle Verpflichtungen, die sich aus gesetzlichen Regelungen und deren praktischer Umsetzung ergeben, von den betroffenen Bürgern und Unternehmen als Bürokratie wahrgenommen. Dabei handelt es sich neben den Informationspflichten vor allem um umfangreiche ‚materielle' Verpflichtungen, also Auflagen, die nicht nur die Übermittlung von Informationen verlangen, sondern darüber hinaus staatliche Vorgaben für Produkte, Dienstleistungen sowie deren Herstellung bzw. Bereitstellung festlegen. Dazu gehören beispielsweise die Verringerung von Emissionen aus Industrieanlagen und Autos, die mit zusätzlichen technischen Vorkehrungen und Investitionen erfüllt werden müssen, ebenso wie Vorschriften zum Schutz der Gesundheit von Arbeitnehmern in industriellen Arbeitsprozessen oder zum Schutz landwirtschaftlicher Böden und Reinheitsstandards in Gewässern und Grundwasser. Dies führt zu einer Vielzahl staatlicher Ge- und Verbote, von Rahmenbedingungen und Förderprogrammen, die heute für alle Bereiche von Wirtschaft und Gesellschaft eine wichtige, mitgestaltende Rolle spielen. Es liegt auf der Hand, dass diese ‚materiellen' Verpflichtungen eine wesentlich größere Wirkung entfalten als die reinen Informationspflichten. Erfahrungen aus der Prüftätigkeit des Nationalen Normenkontrollrats zeigen, dass die jährlichen Kosten der Unternehmen für die Erfüllung von Informationsverpflichtungen nur 15 bis 20%[8] betragen im Vergleich zu den weitergehenden ‚materiellen' Verpflichtungen, letztere also den wesentlich gewichtigeren Kostenfaktor darstellen. Für die mit der Umsetzung aller Verpflichtungen aus gesetzlichen Regelungen – also Informationspflichten und ‚materielle' Verpflichtungen zusammengenommen - verbundenen Kosten hat das Normenkontrollrat-Gesetz den Begriff ‚Erfüllungsaufwand' (‚compliance cost') eingeführt.

Man könnte denken, dass mit diesem erweiterten Bürokratiebegriff, der ja alle Folgebelastungen für Bürger und Unternehmen aus gesetzlichen Regelungen einbezieht, alles abgedeckt wird, was unter Bürokratie verstanden und – noch wichtiger - im Alltag wahrgenommen wird. Die Befragungen des Instituts für Mittelstandsforschung zeigen aber, dass dem nicht so ist. Weitere Vorgaben, auch wenn diese nicht von staatlichen Stellen kommen, können im Unternehmensalltag gleichwohl eine wichtige Rolle spielen – etwa Verpflichtungen aus Kunden-Lieferanten-Beziehungen, Vorschriften

---

7 Siehe dazu auch Kapitel 2, Seite 26 Fußnote 29.

8 Vgl. Nationaler Normenkontrollrat (Hrsg.), Jahresbericht 2014, Seite 7; abrufbar unter: www.normenkontrollrat.bund.de.

von Selbstverwaltungsorganisationen der Wirtschaft (Kammern), Berufsgenossenschaften und Normungsinstituten. Auch diese Verpflichtungen durch halb-staatliche und private Einrichtungen und Verträge werden von den Betroffenen vielfach als Bürokratie angesehen und führen daher bei nicht wenigen Akteuren zu einer weit gefassten Wahrnehmung von Bürokratie.

Wenn von Bürokratie die Rede ist, dann sind die dargestellten Begriffe, Abgrenzungen und Definitionen eine wichtige Hilfe, um Konzepte zur Begrenzung oder Verringerung der damit verbundenen Belastungen für Bürger und Unternehmen zu entwickeln. Dabei sollte man aber etwas Anderes nicht vergessen – und zwar die Frage, wie diese Belastungen von den Betroffenen erlebt werden, d.h. wie Umfang und Intensität von Vorgaben und Kontrollinformationen im Einzelfall wahrgenommen werden. Dies wiederum hängt naturgemäß von den jeweiligen Personen, den betroffenen Unternehmen und deren Umfeld ab: Handelt es sich um ein großes oder kleines Unternehmen? Wird Bürokratie weiter oder enger definiert? Welche Ressourcen stehen zur Bearbeitung staatlicher Vorgaben zur Verfügung? Haben die handelnden Personen viel oder wenig Erfahrung im Umgang mit bürokratischen Anforderungen? Werden alle für das Unternehmen relevanten Gesetze und Verordnungen erkannt? Wie werden sie bewertet und interpretiert? Je nach Antwort auf diese und ähnliche Fragen kann die Wahrnehmung von Bürokratie und die Reaktion auf entsprechende Belastungen sehr unterschiedlich ausfallen.

Diese Unterschiedlichkeit im Einzelfall gilt sicher auch für die interessante Frage, wie hoch denn eigentlich die Belastung eines typischen Unternehmens in Deutschland mit Bürokratie, also mit staatlichen Informationspflichten, Vorgaben, Ge- und Verboten, etc. in der Praxis ausfällt. Interessanterweise gibt es dazu sehr wenige konkrete Untersuchungen und Informationen – wahrscheinlich, weil es eben stark auf den Einzelfall ankommt. Der Normenkontrollrat ist dieser Frage dennoch in vier Fällen nachgegangen: ein Handwerksbetrieb[9], ein mittelständischer Automobilzulieferer[10], eine Studie zum Gastgewerbe[11] sowie eine Studie von Deloitte zu den beiden Branchen Maschinenbau und Versicherungen[12]. In allen Fällen wurde ermittelt, in welchem Umfang staatliche Vorschriften und Auflagen die jeweiligen Unternehmen betreffen und welche Kosten (‚Erfüllungsauf-

9 Siehe dazu Nationaler Normenkontrollrat (Hrsg.), Jahresbericht 2019, Seite 38.

10 Siehe dazu Nationaler Normenkontrollrat (Hrsg.), Jahresbericht 2016, Seite 54.

11 DIHK – Deutscher Industrie- und Handelskammertag (Hrsg.), Bürokratiebelastung für Unternehmen bremsen, Eine Studie am Beispiel Gastgewerbe, Berlin, März 2020.

12 Siehe hierzu A. Becker und D. Coppi, Studie Kostenbarometer Regulatorik (KostBar), Deloitte (Hrsg.), 2021; abrufbar unter www.normenkontrollrat.bund.de.

wand') durch die Erfüllung dieser Verpflichtungen verursacht werden. Das Verblüffende war, dass sich in den ersten drei Fällen – obwohl Branche, Größe, Örtlichkeit, Umfeld und Zeitpunkt der Untersuchung durchaus unterschiedlich waren – eine Größenordnung dieser Kosten im Verhältnis zum Umsatz von etwa 3% ergab[13]; im vierten Fall, bei dem methodisch etwas anders vorgegangen wurde, waren es 7% vom Gesamtaufwand; in allen Fällen damit eine Größenordnung, die auf den ersten Blick nicht unbedingt spektakulär erscheint. Wenn man aber bedenkt, dass eine Umsatzrendite von 3% im Allgemeinen schon ein ordentliches Unternehmensergebnis bedeutet – und ähnliches dürfte analog auch für 7% vom Gesamtaufwand gelten -, dass also die Folgekosten gesetzlicher Vorschriften am Ende des Tages den Unterschied ausmachen können zwischen einem Gewinn, der die weitere Existenz des Unternehmens sichert, und einem Verlust, der die Zukunft des Unternehmens möglicherweise in Frage stellt, dann wird deutlich, dass Anstrengungen zur Begrenzung von Bürokratie (in welcher Abgrenzung und Definition auch immer) auf das unbedingt Notwendige durchaus Sinn machen, ja für den Staat als Verursacher mehr als geboten erscheinen.

Dieses Gebot der Kostenbegrenzung gilt um so mehr, wenn man die Dynamik von Gesetzgebung und die damit verbundenen Folgekosten in Rechnung stellt. Jedes Jahr werden dem Normenkontrollrat von den Bundesressorts etwa 350 bis 400 Entwürfe für Gesetze und Verordnungen zusammen mit den Schätzungen der damit verbundenen Folgekosten für Bürger, Unternehmen und Verwaltung vorgelegt. Auch wenn viele dieser Vorschläge Änderungen bereits bestehender gesetzlicher Regelung zum Gegenstand haben, sich also zusätzliche Kosten bzw. Entlastungen nur aus einem Teil von ihnen ergeben, so erhöht sich damit doch der Bestand an staatlichen Regulierungen mehr oder weniger kontinuierlich. Dass dies relevante Folgekosten für Bürger, Wirtschaft und Verwaltung mit sich bringt, ist sicher keine Überraschung. Diese Kosten für die Entscheidungsträger in Kabinett und Parlament so transparent zu machen, dass Minister und Abgeordnete wissen, was sie eigentlich entscheiden, genauer: welche Kosten sie mit ihren Entscheidungen tatsächlich auslösen und welche Verantwortung sie damit für ganz konkrete Kostenbelastungen von Bürgern und Unternehmen übernehmen – darum geht es, wenn von Bürokratieabbau und Besserer Rechtsetzung die Rede ist.

---

13 Beim Gastgewerbe waren 14 Unternehmen Teil der Studie, bei denen sich eine Spannbreite von 1,2 bis 6% des Umsatzes ergab.

2. Ein neuer Anlauf – Politik will wissen, was sie tut

Am 1. Juni 2006 beschloss der Deutsche Bundestag mit den Stimmen der damaligen Großen Koalition von CDU/CSU und SPD und gegen die Stimmen von Bündnis 90/Die Grünen und Der Linken bei Stimmenthaltung der FDP das Gesetz zur Einsetzung eines Nationalen Normenkontrollrats[14]. Dies war insofern mehr als bemerkenswert, als hier zum ersten Mal in Deutschland ein institutionell-organisatorisch abgesicherter und damit offensichtlich ernst gemeinter Ansatz auf den Weg gebracht wurde, das Thema Bürokratie entschlossen anzugehen.[15]

Was war vorausgegangen? In den Niederlanden war es Ende der 1990er Jahre gelungen, mit dem sog. ‚Standardkosten-Modell' eine Methode zu entwickeln, mit der Bürokratie – genauer: Belastungen für Bürger und Unternehmen aus staatlich auferlegten Informationsverpflichtungen – quantifiziert, also gemessen werden konnten.

Wie Abbildung 2 zeigt, werden dabei – vereinfacht ausgedrückt - die Kosten zur Erfüllung staatlicher Informationspflichten in einer standardisierten Form für jede Aktivität im Einzelfall ermittelt (Zeitaufwand in Stunden x Lohnsatz/Std.), dann mit der Anzahl der betroffenen Bürger bzw. Unternehmen (‚Fallzahl') multipliziert, um die Gesamtkosten der jeweiligen Informationsverpflichtung zu beziffern. Diese Quantifizierung war insofern für Deutschland so etwas wie ein Durchbruch, als frühere Initiativen zur Verringerung von Bürokratie weniger an mangelndem politischem Willen als an der Unmöglichkeit gescheitert waren, entsprechende Belastungen in Zahlen auszudrücken, also rechenbar und messbar zu machen. Ich erinnere mich noch sehr gut an die sog ‚Waffenschmidt-Kommission'[16] (benannt nach ihrem Vorsitzenden, dem Abgeordneten und Parlamentarischen Staats-

---

14 Gesetz zur Einsetzung eines Nationalen Normenkontrollrats vom 14.8.2006, BGBl. I S. 1866; siehe dazu auch Anlage 1.

15 Siehe hierzu auch die Dissertation von Antonia Schurig, Bessere Rechtsetzung im europäischen Vergleich, Nomos-Verlag, 2020.

16 Vgl. zur längerfristigen Entwicklung der Besseren Rechtsetzung seit den 1960er Jahren: Sylvia Veit, Bessere Rechtsetzung durch Gesetzesfolgenabschätzung? Deutschland und Schweden im Vergleich, Wiesbaden 2010, S. 61 – 81. Sie zeigt, dass viele Ideen und Anliegen der Besseren Rechtsetzung bereits in den 1970er und 1980er Jahren diskutiert wurden, allerdings ohne nachhaltige Ergebnisse.

sekretär Horst Waffenschmidt[17]) in den Jahren 1983 bis 1998, die mit viel politischer Unterstützung und ambitionierten Vorsätzen zum Abbau von Bürokratie gestartet war, am Ende aber an genau dieser Frage gescheitert ist: der Unmöglichkeit, eine Vielzahl einzelner Bürokratie-Probleme und Vorschläge zu ihrer Behebung zu einem Gesamtprogramm zusammenzufügen – und zwar in Form von Messungen und daraus abgeleiteten Kosten, die wiederum in vergleichbare und kontrollierbare Abbauverpflichtungen für einzelne Bundesministerien oder andere verantwortliche Behörden übersetzt werden konnten.

Das war mit Hilfe des Standardkosten-Modells jetzt möglich geworden und hatte in den Niederlanden zur Einsetzung eines unabhängigen Beratungsgremiums der Regierung namens ACTAL (‚AdviesCollege Toetsing Administrative Lasten') geführt. Dieses Gremium sorgte ab 2003 für Transparenz bei den Bürokratieberechnungen zu neuen Gesetzgebungsvorschlägen von Parlament und Ministerien und überwachte darüber hinaus die Umsetzung des von der Regierung beschlossenen Bürokratieabbau-Ziels von 25%. Diese neuen Ansätze zur Bewältigung des leidigen Bürokratieproblems[18] wurden auch in Deutschland bekannt, wo etwa die Bertelmann-Stiftung das Thema mit einem „Positionspapier zur Anwendung international bewährter Bürokratiekostenmessverfahren in Deutschland" 2005 aufgriff und mit den ‚International Regulatory Reform Conferences' eine Plattform bot, um die neuen Ideen zu Begrenzung und Abbau von Bürokratie und zur Nutzung des Standardkosten-Modells in Wissenschaft, Politik und Verwaltung bekannt zu machen.

---

17 Horst Waffenschmidt, den ich selbst in den 1980er und 1990er Jahren kennen und schätzen gelernt habe, war im Bonner Politik-Kosmos eine ungewöhnliche Persönlichkeit: überzeugter protestantischer Christ, Rheinländer, langjähriger Kommunalpolitiker und Bundestagabgeordneter, talentiert im Umgang mit jedermann – ob Bundeskanzler oder Kioskinhaber, beharrlich (manchmal für einige schon ‚fast nervend') in seinem Einsatz für viele Hilfsprojekte (z.B. Rettung des Doms in Königsberg, deutsche Minderheiten im Osten), vertrauenswürdig – und irgendwie mochte ihn jeder, und zwar über Parteigrenzen hinweg. Er starb viel zu früh 2002 im Alter von 68 Jahren.

18 Frank Frick, Tobias Ernst, Henrik Brinkmann, „Positionspapier zur Anwendung international bewährter Bürokratiemessverfahren in Deutschland, 2005; Henning Kreibohm, J.Zülka, H. Kaltenbrunner, „Standardkosten-Modell", Erstes Deutsches Handbuch für das Messen und Reduzieren administrativer Belastungen für Unternehmen und Betriebe in Deutschland in Anlehnung an das ‚International Standard Cost Manual', im Auftrag der Fachhochschule des Mittelstandes, Bielefeld, 2005.

Abbildung 2: Das Standardkosten-Modell im Überblick

Das Standardkosten-Modell im Überblick

Anfang der 1990er Jahre wurde in den Niederlanden ein Instrument entwickelt, mit dem Bürokratiekosten berechnet werden können. Dieses Instrument hat sich mittlerweile als international anerkanntes sog. „Standardkosten-Modell" etabliert und wird in zahlreichen Staaten sowie auf der EU-Ebene genutzt.

Praktische Anwendbarkeit

Das Standardkosten-Modell ist einfach zu handhaben. Es ermöglicht die flächendeckende Messung der mit dem Gesetzesbestand verbundenen Informationskosten für die gesamte Volkswirtschaft. Zudem kann es auch regelmäßig bei der Schätzung der Informationskosten bei neuen Gesetzentwürfen eingesetzt werden.

Belastbare Ergebnisse

Mit Hilfe des Standardkosten-Modells lassen sich sowohl in qualitativer als auch in quantitativer Hinsicht belastbare Ergebnisse ermitteln. Sie geben einen detaillierten Einblick in die einzelnen Arbeitsschritte und liefern so Anhaltspunkte für Reduzierungspotenziale. Nicht zuletzt lassen sich mit der monetären Bewertung gesetzlicher Informationspflichten erstmals quantitative Abbauziele formulieren, und die Entwicklung der Bürokratiekosten für die Wirtschaft kann sachgerecht bewertet werden.

Beispiel: Was kostet eine Arbeitsbescheinigung?

Zur Berechnung der Bürokratiekosten wird dabei zunächst gefragt, was ein Arbeitgeber tun muss, um eine Arbeitsbescheinigung ausstellen zu können (vgl. Abb. unten). Anschließend wird bestimmt, welcher Zeitaufwand mit dem Sammeln personenbezogener Daten und dem Ausfüllen des vorgeschriebenen Formulars verbunden ist. Multipliziert mit den Arbeitskosten des Sachbearbeiters im Unternehmen werden schließlich die durchschnittlichen Kosten zur Bearbeitung einer einzelnen Informationspflicht berechnet.

Anschließend wird die Anzahl der jährlich in Deutschland auszufertigenden Arbeitsbescheinigungen ermittelt. Einzelkosten mal Menge ergibt so die Bürokratiekosten, die in Deutschland durch die Informationspflicht „Arbeitsbescheinigung" entstehen.

Standardaktivitäten	Zeitaufwand in Minuten	x	Lohnsatz in €/Stunde	x	Fallzahl	=	Bürokratiekosten in €
Formular ausfüllen	3,0		28,50		6.500.000		9.262.500
Berechnungen durchführen	5,0		28,50		6.500.000		15.437.500
Überprüfen der Einträge	4,0		28,50		6.500.000		12.350.000
Kopieren, Archivieren	2,5		28,50		6.500.000		7.718.750
Gesamt	**14,50**		**28,50**		**6.500.000**		**44.768.750**

Diese Ideen erreichten auch die deutsche Politik, und zwar in der Person des damaligen 1. Parlamentarischen Geschäftsführers der CDU/CSU-Bundestagsfraktion, Dr. Norbert Röttgen[19]. Er hatte sich für das Thema Bürokratieabbau interessiert, sich international kundig gemacht und schon im Mai 2005 – unmittelbar nach Ankündigung der Neuwahlen zum Deutschen Bundestag durch Bundeskanzler Schröder – eine Arbeitsgruppe „beauftragt, innovative Ideen zum Bürokratieabbau anderswo aufzufinden, eigene zu entwickeln und diese sodann zu deren Umsetzung zu formulieren."[20] Ihm gelang es, eine bereits ziemlich präzise Absichtserklärung hierzu im Koalitionsvertrag unterzubringen[21].

Innerhalb der neuen Bundesregierung war dieses Vorhaben alles andere als ein Selbstläufer. Befürworter dieses Projekts waren innerhalb der Bundesregierung der Chef des Bundeskanzleramts, Thomas de Maizière, und Staatsministerin Hildegard Müller sowie das Bundeswirtschaftsministerium. Zurückhaltend bis ablehnend waren die Reaktion bei den übrigen Ressorts, denn die Vorstellung, dass ein neues, unabhängiges Gremium Gesetzgebungsvorschläge bzw. die sie begleitenden Folgekostenschätzungen vor der Kabinettbefassung noch einmal ‚prüfen' sollte, erweckte Unbehagen, auf jeden Fall alles andere als Begeisterung – bei nahezu allen Ressorts. Dies galt in besonderer Weise für Bundesjustizministerin Brigitte Zypries und ihren Staatssekretär Lutz Diwell. Beide sahen die Zuständigkeit ihres Hauses für die ‚Rechtsförmlichkeitsprüfung' aller Gesetzgebungsvorhaben tangiert, wenn nicht sogar in Frage gestellt.

Um so wichtiger war die Entschlossenheit in den Koalitionsfraktionen, dieses Vorhaben durchzusetzen. Dies galt nicht nur für Norbert Röttgen und seine Mitstreiter in der CDU/CSU. Röttgen gelang es auch, seinen Partner bei der SPD-Bundestagsfraktion, deren damaligen 1. Parlamentarischen Geschäftsführer Olaf Scholz, von der Relevanz dieses Projekts zu überzeugen. Unterstützung kam auch vom wirtschaftspolitischen Sprecher der SPD-Bundestagsfraktion, Rainer Wend, von der für Bürokratieabbau

---

19 Heute Vorsitzender des Auswärtigen Ausschusses des Deutschen Bundestages.

20 Vgl. Hans-Georg Kluge (der auch Vorsitzender dieser Arbeitsgruppe war), Vom politischen Projekt zum Gesetz – wie es zur Einführung des Standardkosten-Modells und zur Entstehung des Nationalen Normenkontrollrates kam, abgedruckt in: 10 Jahre Nationaler Normenkontrollrat – Eine Dokumentation, Nationaler Normenkontrollrat (Hrsg.), September 2016, Seite 21-29, abrufbar unter www. normenkontrollrat.bund.de.

21 Siehe hierzu Koalitionsvertrag 2005, S. 74f; hier wurden bereits eine Reihe konkreter Einzelpunkte genannt wie das Standardkosten-Modell, eine Bestandsmessung, Ankündigung eines Abbauziels und Einrichtung eines unabhängigen Normenkontroll-Rats.

zuständigen Abgeordneten Andrea Wicklein[22] sowie von den früheren SPD-Kommunalpolitikern Henning Kreibohm[23] und Jochen Zülka. Es kam also nicht von ungefähr, dass der „Entwurf eines Gesetzes zur Einsetzung eines Nationalen Normenkontrollrates“ nicht per Kabinettbeschluss dem Bundestag zugeleitet wurde, sondern am 9. Mai 2006 von den beiden Koalitionsfraktionen eingebracht wurde. Auch eine in solchen Fällen sonst übliche ‚Formulierungshilfe‘ durch die Bundesregierung wurde in Kenntnis des Widerstands in vielen Ressorts von den Koalitionsfraktionen nicht in Anspruch genommen. Am 1. Juni 2006 wurde das Normenkontrollrats-Gesetz vom Deutschen Bundestag verabschiedet[24], und zwar in einer Fassung, die die wesentlichen Kernpunkte der entsprechenden Passage im Koalitionsvertrag mit wenigen Abstrichen ‚unbeschädigt über die Ziellinie brachte‘.[25]

Bemerkenswert ist im Rückblick der schnelle, eher informelle, über nur wenige Personen und Stationen laufende Weg, auf dem diese neuen Gedanken zur Bürokratiebekämpfung ihren Weg von Holland nahezu ohne Umwege in die deutsche Politik und geradewegs in die laufenden Koalitionsverhandlungen gefunden haben, gefolgt von ihrer Konkretisierung im Entwurf des Normenkontrollrat-Gesetzes und seiner Verabschiedung durch den Deutschen Bundestag. Die Tatsache, dass der Normenkontrollrat auf der Grundlage eines gesetzlichen, also parlamentarischen Auftrags arbeitet - im Gegensatz zu einer (jederzeit wieder änderbaren) untergesetzlichen Beauftragung durch eine Regierung - kann in ihrer Bedeutung kaum überschätzt werden. Sie ist die wesentliche Ursache für das vergleichsweise große Maß an Unabhängigkeit des Normenkontrollrats, um das er von seinen Schwester-Räten in anderen europäischen Ländern und seinem Brüsseler Pendant, dem Regulatory Scrutiny Board[26] der EU-Kommission, doch immer wieder beneidet wird.

22 Andrea Wicklein ist seit September 2019 als Nachfolgerin von Wolf-Michael Catenhusen Mitglied des Normenkontrollrats.

23 Mitglied des 2006 berufenen ersten Normenkontrollrats.

24 Zum Wortlaut des Gesetzes vergleiche Anlage 1.

25 Vgl. hierzu im Einzelnen Hans-Georg Kluge, a.a.O., Seite 25-26.

26 bis 2014: ‚Impact Assessment Board‘.

Abbildung 3: Der Normenkontrollrat im Regierungssystem der Bundesrepublik Deutschland

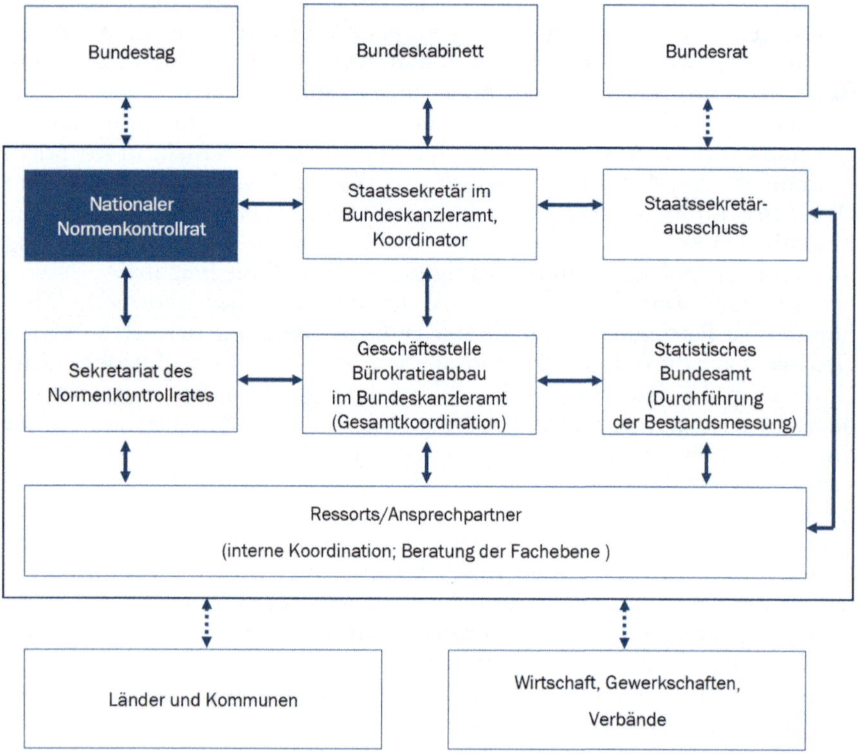

Am 19. September 2006 fiel der Startschuss: Die Mitglieder des Normenkontrollrates[27] wurden vom Bundespräsidenten berufen und erhielten in Anwesenheit von Bundeskanzlerin Angela Merkel, Vizekanzler Franz Müntefering sowie der zuständigen Staatsministerin Hildegard Müller von Bundespräsident Horst Köhler im Schloss Bellevue ihre Urkunden. Folgende Botschaft gab der Bundespräsident dem Rat mit auf den Weg:

27 Mitglieder des Normenkontrollrats in der Erstbesetzung 2006: Johannes Ludewig (Vors.), Wolf-Michael Catenhusen (stellv. Vors.), Hermann Bachmaier, Hans D. Barbier, Gisela Färber, Henning Kreibohm, Franz Schoser (Berufung an Stelle von Dennis Snower), Dennis Snower (Rücktritt nach 3 Monaten), Johann Wittmann.

„Normen sind wie Schmetterlinge an sich etwas Schönes, ja Nützliches. Aber wenn die Normen überhandnehmen, dann wirken sie ähnlich verheerend wie die Miniermotte – ein Schadschmetterling, der schon ganze Kulturlandschaften kahlgefressen hat. Ein Zuviel an Normen und an Bürokratie unterminiert die Kräfte der Unternehmen. Es kostet sie Zeit und Geld – und zwar Milliarden Euro pro Jahr. ... Ab heute tut sich was. Ab heute helfen Sie, liebe Mitglieder des Normenkontrollrates, der Bundesregierung und indirekt auch dem Bundesgesetzgeber dabei, nicht noch immer mehr Normen auf die Deutschen loszulassen. ... Meine Unterstützung ist Ihnen dabei sicher."[28]

*

Unmittelbar danach traf sich der Rat zur konstituierenden Sitzung im Bundeskanzleramt. Die Tagesordnung für das 5-Jahres Mandat war klar: Etablierung des sog. Ex ante-Verfahrens, d.h. Benennung und Quantifizierung der Kosten von Informationspflichten in der Kabinettvorlage für jede neue gesetzliche Regelung – das sog. ‚Preisschild' -, damit jedes Kabinettsmitglied – und danach auch jeder Abgeordnete im Bundestag – weiß, welche Folgekosten er mit seiner Entscheidung für die Betroffenen auslöst, welche Verantwortung er damit übernimmt. Hinzu kamen Begleitung und Kontrolle des 25%-Bürokratieabbauziels der Bundesregierung bis 2011. Und auf beiden Feldern wurde zugleich Neuland betreten. Ich war mir bewusst, dass der Rat von Anfang an unter Beobachtung stand. Und ich war selbst sehr gespannt, wie sich dieser neu zusammengesetzte 8-Mitglieder-Rat – alle mit ganz unterschiedlichen fachlichen, beruflichen und politischen Hintergründen - zusammenfinden würde.

Die größte unmittelbare Herausforderung war sicher die sog. ‚Bestandsmessung', d. h. die Erfassung aller Informationsverpflichtungen für Unternehmen in der Gesamtheit der bestehenden, in Kraft befindlichen Gesetze und Verordnungen. Nie zuvor war hierzulande so etwas versucht worden. Notwendig war diese Messung, um bestimmen zu können, wie denn das zu erreichende Ziel von 25% weniger Bürokratie für die Wirtschaft genau zu beziffern sei. Nur wenn man 100% kennt, kann man schließlich 25% als absolutes Einsparziel errechnen und in einem weiteren Schritt entsprechende Einsparvorschläge entwerfen – so weit so richtig. Damit stellte sich für den neu ernannten Normenkontrollrat aber gleich die nächste Frage: Wer kann diese gigantisch anmutende Arbeit im Auftrag von Bundesregie-

---

28 Nationaler Normenkontrollrat (Hrsg.), 10 Jahre Nationaler Normenkontrollrat – Eine Dokumentation, September 2016, Seite 41-42.

rung und Normenkontrollrat mit Aussicht auf Erfolg in die Hand nehmen? Andere Länder und die Kommission in Brüssel ließen so etwas in der Regel durch Unternehmensberater oder Wirtschaftsprüfer bewerkstelligen. Bei uns stand dagegen sehr schnell die Frage im Raum, ob nicht das Statistische Bundesamt hierfür besser geeignet sei – als etablierter Dienstleister für Politik und Ministerien und als eine Einrichtung mit viel Erfahrung im Umgang mit Zahlen, Statistiken, angewandter Mathematik und Befragungen unterschiedlichster Art, vor allem aber als ein öffentlicher Dienstleister, der dauerhaft als Unterstützer und Berater zur Verfügung stehen und nicht nach Erledigung seines Auftrags mit all seinen gewonnen Erfahrungen und Einsichten einfach verschwinden würde. Letzteres gab den Ausschlag – und erweist sich im Rückblick als der Beginn einer bis heute andauernden, engen, vertrauensvollen und erfolgreichen Zusammenarbeit zwischen Normenkontrollrat und Statistischem Bundesamt – übrigens einzigartig in Europa. In keinem anderen europäischen Land hat sich eigenartigerweise eine vergleichbare Unterstützung bei Bürokratiemessung und -abbau durch Einbeziehung öffentlicher Statistik- und Zahlenexperten ergeben wie in Deutschland. Diese kommt auch den Bundesministerien zugute, die die Hilfe des Statistischen Bundesamtes bei Berechnungen zu Informationspflichten und – seit 2011 - Erfüllungsaufwand in Anspruch nehmen können und davon auch häufig, besonders in komplizierteren Fällen, Gebrauch machen.

Das Ergebnis der Bestandsmessung lautete: 9.519 Informationspflichten aus 1.263 gesetzlichen Regelungen (Gesetze und Verordnungen), verbunden mit einer Belastung der Unternehmen von 49,3 Milliarden Euro[29] – ermittelt innerhalb von 3 Jahren; nimmt man die Überwindung letzter Meinungsverschiedenheiten und Unstimmigkeiten hinzu, waren es am Ende doch fast 5 Jahre. Mit dabei waren an erster Stelle das Statistische Bundesamt, daneben viele Experten aus der Wirtschaft, Vertreter von Bundesministerien und Kanzleramt sowie der Normenkontrollrat. Insgesamt war es eine große gemeinsame Anstrengung, die nicht nur die Quantifizierung der damit verbundenen Kosten möglich gemacht, sondern allen Beteiligten ein Gespür dafür vermittelt hat, wie umfassend nahezu alle Lebensbereiche von vielfältigen staatlichen Informationspflichten erfasst werden. Wie intensiv in diesen Jahren zusammengearbeitet worden ist, wird nicht zuletzt daran deutlich, dass während des ersten NKR-Mandats von 2006 bis 2011 in nahezu jeder Woche (abgesehen von den üblichen Ferienzeiten) eine Sitzung des Normenkontrollrates stattgefunden hat – eine Häufigkeit, die in den folgenden zwei NKR-Mandatszeiten nicht mehr erreicht worden ist.

29 Diese Angaben stammen aus einer Sonderauswertung der ONDEA-Datenbank durch das Statistische Bundesamt in 2021.

*

Das war die eine Seite der Medaille. Die andere bestand in der vielleicht noch etwas größeren Herausforderung an Bundesregierung und Bundesministerien, die jetzt ermittelte 25%-Einsparverpflichtung in Höhe von 12,5 Milliarden Euro durch geeignete Einsparvorschläge zu unterlegen. Es würde hier zu weit führen, den 5-jährigen ‚Leidensweg' im Einzelnen nachzuzeichnen, der notwendig war, um diese Einsparverpflichtung Schritt für Schritt mit konkreten gesetzlichen Maßnahmen zur Reduzierung der Kosten aus Informationspflichten für Unternehmen auszufüllen. Eine ungezählte Anzahl von Sitzungen auf Arbeitsebene und danach in aller Regel auch auf Staatssekretärsebene – flankiert durch wiederholte Erinnerungen des Bundeskabinetts an die im Grundsatz beschlossene Einsparverpflichtung von 25% - war notwendig, um die Bundesministerien überhaupt zu bewegen, geeignete Vorschläge zu entwickeln. Die vorherrschende Grundstimmung in den ‚Häusern' war, dass alle Informationspflichten unabdingbar notwendig seien, es für entsprechende Reduzierungen somit eigentlich gar keinen Spielraum gäbe. Erst die beharrliche ‚Bearbeitung' der Staatssekretäre in diesen ‚Häusern' durch die für Bürokratieabbau zuständigen Staatsminister(in) im Bundeskanzleramt – nacheinander Hildegard Müller, Hans Bernhard Beus (Staatssekretär), Hermann Gröhe und Eckart von Klaeden – in der Regel in einer konzertierten Aktion mit dem Normenkontrollrat, führte dazu, dass ab 2009 ernsthafte Vorschläge mit spürbaren Entlastungswirkungen auf den Tisch kamen (siehe hierzu Abbildung 4, Seite 29). Genannt sei hier beispielsweise das Bilanzrechtsmodernisierungsgesetz von 2009, mit dem etwa bei der Erstellung von Jahresabschlüssen die Schwellenwerte für die Abgrenzung zwischen den Unternehmensgrößenklassen ‚klein, mittel und groß' erhöht wurden, so dass mehr Unternehmen als klein bzw. mittelgroß eingestuft werden konnten und damit in den Genuss geringerer Prüfungspflichten und anderer Erleichterungen bei der Rechnungslegung kamen. Gleichzeitig wurden Bilanzierungs- und Buchführungspflicht sowie die Pflicht zur Stichtagsinventur nach dem Handelsgesetzbuch für ca. 500.000 Unternehmen abgeschafft – zusammengefasst eine Entlastung um immerhin 2,5 Mrd. Euro pro Jahr.

Mit rd. 4 Mrd. Euro an Einsparungen noch wirksamer war die zwei Jahre später folgende Vereinfachung der elektronischen Rechnungsstellung[30]. Dabei ging es darum, die technischen Anforderungen an Unternehmen, die

30 Dieser Vorschlag wurde dadurch ermöglicht, dass die auf EU-Ebene tätige Stoiber-Gruppe ihrerseits vorgeschlagen hatte, die EU-rechtlichen Voraussetzungen für die Vereinfachung der elektronischen Rechnungsstellung zu schaffen. Vgl. dazu Kapitel 5, Seite 60.

dem Finanzamt ihre Rechnungen elektronisch übermitteln, durch Verzicht auf die elektronische Signatur auf ein realistisches Maß zurückzuführen. Die Höhe der Entlastung spricht für sich selbst. Hätte es das 25%-Einsparziel nicht gegeben, wer weiß, wie viele weitere Jahre die Finanzverwaltung auf der elektronischen Signatur bestanden hätte – völlig unnötig, wie die Erfahrungen ab 2011 gezeigt haben.

Man sieht an diesen beiden Beispielen sehr schön, wo wichtige Stellschrauben für Bürokratie-Einsparungen liegen: einmal bei der konsequenten und intelligenten Nutzung der Digitalisierung und zum anderen bei der systematischen und regelmäßigen Überprüfung relevanter Schwellenwerte. Hier liegt auch ein wesentlicher Teil der Erklärung, warum wir beim Bürokratieabbau nur so schleppend vorankommen: Bei der Digitalisierung liegt die deutsche Verwaltung etwa 10 Jahre gegenüber Ländern wie Dänemark und Österreich zurück, kann also das hier bestehende große Potenzial für Kostenreduzierung und Effizienzsteigerungen nur unzureichend mobilisieren. Und bei der Überprüfung von Schwellenwerten gibt es keinen systematischen Ansatz von Politik und Verwaltung. Ob hier etwas geschieht, hängt immer davon ab, ob ein Politiker, eine Partei oder eine Fraktion die Initiative ergreift oder eben nicht – und dies, obwohl immer Hunderttausende vor allem kleiner Unternehmen betroffen sind.

In diesen Zusammenhang gehört auch das immer wiederkehrende Thema der Soll-/Ist-Besteuerung, d.h. bis zu welcher Umsatzschwelle kleine Unternehmen so besteuert werden, dass sie die Umsatzsteuer erst dann an das Finanzamt abführen müssen, wenn ihr Kunde die entsprechende Rechnung auch bezahlt hat. Dabei erhält das Finanzamt die Umsatzsteuer in jedem Fall, schlimmstenfalls etwas später; für das kleine Unternehmen kann es aber existenzentscheidend sein, ob es die Umsatzsteuer praktisch vorstrecken muss, ohne zu wissen, wann und ggf. ob der jeweilige Kunde überhaupt die ausgestellte Rechnung einschließlich der dazugehörenden Mehrwertsteuer bezahlen wird. Hier liegt einer der neuralgischen Punkte, an denen sich zeigt, welchen Stellenwert kleine und mittlere Unternehmen, die sog. KMU, für die deutsche Politik wirklich haben.

Noch etwas gehörte zu dieser Übung 25%-Bürokratieabbau: Bundesregierung und Normenkontrollrat haben nach teilweise kontrovers geführten Diskussionen klargestellt, dass es sich bei diesem Abbauziel um ein Nettoziel handelt, d.h. dass es um einen nachhaltigen Abbau geht, der auch in den Folgejahren nicht durch neue Bürokratie an anderer Stelle verwässert bzw. konterkariert werden darf. Um dies dauerhaft sicherzustellen, wurde 2012 der sog. ‚Bürokratiekostenindex' eingeführt. Er misst kontinuierlich, wie sich die Kostenbelastung der Unternehmen aus Informationspflichten - nach der erreichten Verringerung um 25% - weiterdentwickelt hat. Der letzte Stand (März 2021) lag bei 97,64 – also weiterhin unter dem Stand nach Umsetzung des 25%-Bürokratieabbauziels (100) im Jahr 2011.

Fazit: Das 2006 von der Bundesregierung beschlossene Bürokratieabbauziel von 25% bzw. 12,5 Mrd. Euro ist bis 2011 nahezu vollständig erreicht worden.

Abbildung 4: Wesentliche Maßnahmen zur Erreichung des 25%-Abbauziels

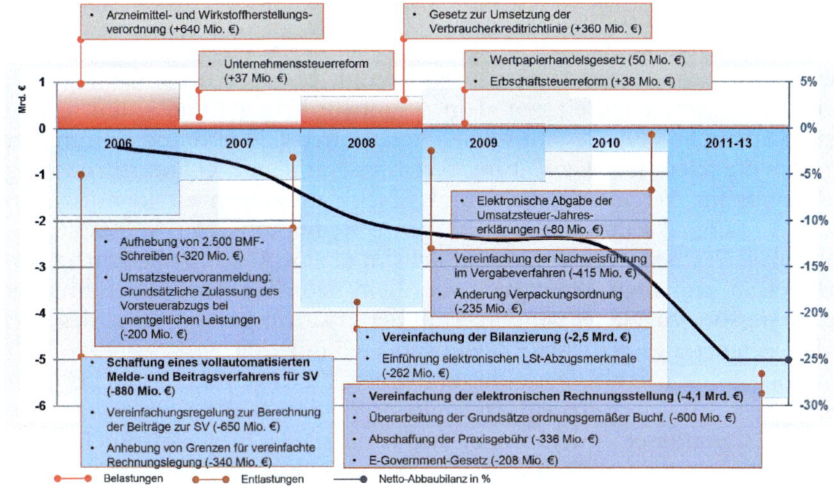

Wenn man – wie ich - den dazu notwendigen ‚Leidensweg' von Anfang bis Ende mitgegangen ist, d.h. die kontroversen, meist lustlosen, zähen und zeitweise endlos erscheinenden Debatten zwischen Ressorts, Bundeskanzleramt und Normenkontrollrat miterlebt, besser: mit durchlitten hat, dann spürt man die Gewissheit, dass diese Abbaumaßnahmen ohne den Druck des am Anfang stehenden politischen Commitments der Bundesregierung von 2006 niemals realisiert worden wären! Unter dem Strich ist festzuhalten: Ihr Programm ‚Bürokratieabbau und Bessere Rechtsetzung' von 2006 hat die damalige Bundesregierung – wenn auch mit einigen Umwegen und Verzögerungen - beharrlich und nachhaltig umgesetzt.

*

Außerhalb dieses Programms und auch außerhalb des unmittelbaren gesetzlichen Auftrags des Normenkontrollrat-Gesetzes standen die sog. ‚Einfacher-zu-Projekte'. Diese Initiativen hatte der Normenkontrollrat bei seiner regelmäßigen Prüftätigkeit zu Informationspflichten und Bürokratiebelastungen identifiziert und auf den Weg gebracht, wenn er auf gesetzliche Regelungen gestoßen war, bei denen nach dem Eindruck der Betroffenen oder der Vollzugsbehörden der bürokratische Aufwand in keinem angemessenen Verhältnis zum jeweiligen Nutzen stand. Erste Fälle waren 2009 die Themen Wohngeld und Elterngeld, gefolgt von den Projekten ‚Einfacher zum Studenten-BAFÖG', ‚Aufenthalts- und Arbeitsgenehmigungen für ausländische Fachkräfte', ‚Entbürokratisierung des Alltags in Arztpraxen' sowie ‚Fälligkeit der Sozialversicherungsbeiträge'.

Im Mittelpunkt stand der Vollzug von Bundesgesetzen, und zwar durch die jeweils zuständigen Behörden von Bund, Ländern und/oder Kommunen. In Zusammenarbeit mit dem verantwortlichen Bundesministerium, dem Statistischen Bundesamt sowie interessierten Ländern und Kommunen wurden die relevanten Verwaltungsverfahren mit dem Ziel untersucht, Möglichkeiten für Vereinfachungen und Beschleunigungen zu identifizieren. In allen Fällen konnte daraus eine ganze Reihe konkreter Verbesserungsvorschläge erarbeitet werden, die jeweils in einem Abschlussbericht zusammengefasst und allen Beteiligten, vor allem natürlich dem federführenden Bundesressort, zugeleitet wurden – mit der Erwartung, diese Vorschläge mit Hilfe geeigneter gesetzlicher Regelungen auch umzusetzen.

So wurden beispielsweise die Ergebnisse des ‚Arztpraxenprojekts'[31] am 28. August 2015 vom damaligen stellvertretenden NKR-Vorsitzenden Wolf-Michael Catenhusen – dem Leiter und ‚Animateur' dieses anspruchsvollen Vorhabens - gemeinsam mit den Trägern der Selbstverwaltung des Gesundheitswesens, dem Bundesministerium für Gesundheit und dem Statistischen Bundesamt in Berlin in einer Konferenz mit Fachjournalisten vorgestellt. Die Ergebnisse zeigten, dass Arzt- und Zahnarztpraxen jährlich mit mehr als 4 Milliarden Euro an Bürokratiekosten belastet waren – in jeder Arztpraxis durchschnittlich jährlich ausgelöst durch mehr als 2.800 Überweisungen, 600 Arbeitsunfähigkeitsbescheinigungen und 300 Heilmittelverordnungen, alles in allem 16,5 Personentage pro Jahr. Hinzu kommen Behandlungspläne und viele weitere Informationspflichten, die durch Arzt-, Psychotherapeuten- und Zahnarztpraxen zu erledigen sind. Durchschnittlich 96 Tage pro Jahr ist eine Person pro Praxis mit der Erledigung bürokratischer Vorgaben beschäftigt.

Anliegen aller Projektbeteiligten war es, auf der Basis dieser Analyse konkrete Vorschläge zu entwickeln, um die erheblichen Bürokratiebelastungen durch Vereinfachungen und Beschleunigungen von Verfahren und Pro-

31 Vergleiche hierzu Nationaler Normenkontrollrat (Hrsg.), Jahresbericht 2016, September 2016, Seiten 51-52.

zessen zu reduzieren. Konsequenter IT-Einsatz sowie einfachere, einheitliche und zugleich bessere Formulare waren dabei wichtigste Ansatzpunkte. Dies führte im Ergebnis zu 20 Handlungsempfehlungen, von denen in den 5 Jahren bis 2020 immerhin 19 umgesetzt wurden.

Besonders interessant war das Projekt ‚Fälligkeit von Sozialversicherungsbeiträgen' – und zwar weil seit der Vorverlegung der Fälligkeit auf den Vormonat im Jahr 2006 die Verbände der Wirtschaft bei keinem anderen Thema so lautstark über bürokratischen Aufwand in Kombination mit Verlust an Liquidität geklagt haben. Die Überlegung des Normenkontrollrats war, die Diskussion dadurch zu versachlichen, dass Alternativen zur Reduzierung der bürokratischen Belastungen ermittelt und in ihren Folgewirkungen gegenübergestellt würden, um dann – soweit möglich - Akzeptanz für eine sachlich nachvollziehbare, bürokratieärmere Lösung zustande zu bringen. Mit Hilfe des Statistischen Bundesamtes wurden solche Alternativen ermittelt, ebenso die dazugehörenden Einsparpotenziale im Vergleich zum Status Quo. Im Ergebnis zeigte sich, dass das sog. ‚erleichterte Berechnungsverfahren' (Verwendung des Vormonats als Berechnungsgrundlage, Differenzen zum Monatsende werden im Folgemonat verrechnet) am besten abschnitt, weil es einerseits die Liquiditätslage der Rentenkasse nicht in Frage stellte, gleichzeitig aber zu einer Bürokratie-Entlastung der Unternehmen um mindestens 64 Millionen Euro führte. Dieser Vorschlag wurde vom Bundesministerium für Arbeit und Soziales aufgenommen und im Rahmen des Zweiten Bürokratieentlastungsgesetzes 2017 umgesetzt. Ergebnis: Der Wunsch vieler Unternehmen, bei der Fälligkeit der Sozialversicherungsbeiträge zum Status Quo Ante, also zum Zustand vor 2006 zurückkehren, ist nicht verstummt, schon der Gedanke an eine zusätzliche Liquidität von derzeit über 30 Milliarden Euro bleibt verständlicherweise immer attraktiv. Aber im Gefolge der Neuregelung hat das Thema sehr viel von seiner ursprünglichen Brisanz verloren. Es gibt wieder Mittelstandsveranstaltungen, bei denen die Fälligkeit der Sozialversicherungsbeiträge nicht zur Sprache kommt.

3. Wenn Transparenz der Folgekosten – dann auch richtig

Eine zunehmende Erkenntnis aller Beteiligten im Verlauf der ersten NKR-Mandatszeit (2006-2011) war, dass Informationsverpflichtungen und die damit verbundenen Kosten für Bürger, Unternehmen und Verwaltung eine wichtige, weil durchaus spürbare Rolle spielen, dass diese Belastungen aber eben doch nur den kleineren Teil der gesamten Folgekosten darstellen, die sich aus gesetzlichen Regelungen ergeben. Der größere Teil sind ‚inhaltliche' oder ‚materielle' Folgekosten, d.h. Auflagen, mit denen der Gesetzgeber z.B. Vorgaben für die Bereitstellung, Herstellung und Vertrieb von Produkten und Dienstleistungen macht. Der Emissionsschutz ist dafür ein gutes Beispiel: Die Betreiber einer Industrieanlage unterliegen zum einen Informationsverpflichtungen, indem sie regelmäßig an die zuständigen staatlichen Stellen berichten müssen, in welchem Umfang innerhalb bestimmter Zeiträume bestimmte Stoffe freigesetzt werden. Sie müssen darüber hinaus aber auch – und das ist in aller Regel der kostenintensivere Teil - sicherstellen, dass gesetzlich festgelegte Obergrenzen für die Emission dieser Stoffe eingehalten werden (‚inhaltliche' Pflichten) – etwa mit Hilfe von Filtern und damit verbundenen Investitionen. Beide gesetzlichen Verpflichtungen – die zur Information und die zur Begrenzung von Schadstoffemissionen – müssen gleichermaßen erfüllt werden. Für die damit verbundenen Kosten hat sich die Bezeichnung ‚Erfüllungsaufwand' (international: ‚compliance cost') durchgesetzt.

Dieses umfassendere, ganzheitliche Verständnis von Folgekosten gesetzlicher Regelungen gewann gegen Ende der Legislaturperiode 2005-2009 immer mehr an Unterstützung, nicht nur bei den betroffenen Unternehmen, sondern auch in der Politik. Beide ‚Communities' hatten gelernt, mit staatlichen Informationspflichten und den daraus resultierenden Kosten umzugehen; Standardkosten-Modell, Bestandsmessung und Ex ante-Schätzungen für jedes neue Gesetz waren eine gute Schule. Je vertrauter man damit wurde, desto klarer wurde gleichzeitig, dass die gefühlten ebenso wie die tatsächlichen Belastungen der Unternehmen, aber auch der Bürger und Verwaltungen deutlich über die Bereitstellung von Informationen hinausgingen – eine Realität, auf die der Normenkontrollrat frühzeitig aufmerksam gemacht hatte.

Erfreulich war, wie schnell der Gedanke, gesetzliche Folgekosten umfassend - also so, wie sie von Unternehmen auch wahrgenommen werden – transparent darzustellen, von der Politik aufgegriffen und umgesetzt wurde

- erst in den Koalitionsvereinbarungen nach der Bundestagswahl 2009, dann durch die Änderung des NKR-Gesetzes im März 2011. Damit hatten Bundesregierung und Bundestag die Voraussetzungen geschaffen, Folgekosten gesetzlicher Regelungen so darzustellen, wie sie von den Adressaten dieser Regelungen – Bürger, Unternehmen und Verwaltungen – wahrgenommen und erfahren wurden.

Was bedeutete das in der Praxis? So wie bereits in Sachen Informationspflichten und deren Kostentransparenz eingeübt, ging es jetzt darum, bei jedem einzelnen Gesetz und jeder einzelnen Verordnung den bereits erwähnten Erfüllungsaufwand zu ermitteln, also sämtliche mit dieser Regelung verbundenen Folgekosten, und zwar anhand eines Leitfadens, den Ressorts, Bundeskanzleramt und Normenkontrollrat gemeinsam erarbeitet haben.[32] Damit wurde sichergestellt, dass die jeweiligen Zahlen mit einer einheitlichen Methodik ermittelt werden, also vergleichbar sind und zusammengefasst werden können. Letzteres besorgt der ‚Monitor Erfüllungsaufwand', den der Normenkontrollrat regelmäßig veröffentlicht und aktualisiert.

In Abbildung 5 wird der Erfüllungsaufwands graphisch dargestellt – und zwar in einer Kurve, mit der die Veränderungen des jährlichen Erfüllungsaufwands – Belastungen ebenso wie Entlastungen - aus den einzelnen gesetzlichen Regelungen zusammengenommen, saldiert und abgebildet werden. In dieser Darstellung verläuft unterhalb der roten Kurve der Gesamtbelastungen eine blaue Linie, welche die Kostenbelastung der Unternehmen darstellt. Der größte Teil der Folgekosten aus staatlicher Regulierung belastete bisher die Unternehmen. Seit 2018 allerdings nehmen die Belastungen der Verwaltung, insbesondere durch Personalkosten, im Gefolge einzelner Gesetze (z.B. zur Ganztagsbetreuung und zu energieeffizienten Fahrzeugen) deutlich zu. Diesem neuen Trend muss mehr Aufmerksamkeit geschenkt werden. Im Vergleich zu Unternehmen und Verwaltungen fallen demgegenüber die Belastungen der Bürger deutlich geringer aus.

Noch etwas fällt an dieser Monitor-Kurve sofort auf: Es gibt keine kontinuierliche Entwicklung in eine bestimmte Richtung. Es sind vielmehr einige wenige Gesetzgebungsvorhaben, die das Kostenniveau deutlich verschieben, in der Regel nach oben, gelegentlich auch nach unten.

32 Text des Leitfadens abrufbar unter https//www.normenkontrollrat.bund.de/nkr-de/service/publikationen/leitfaeden-und-beschluesse.

Abbildung 5: Entwicklung des Erfüllungsaufwands

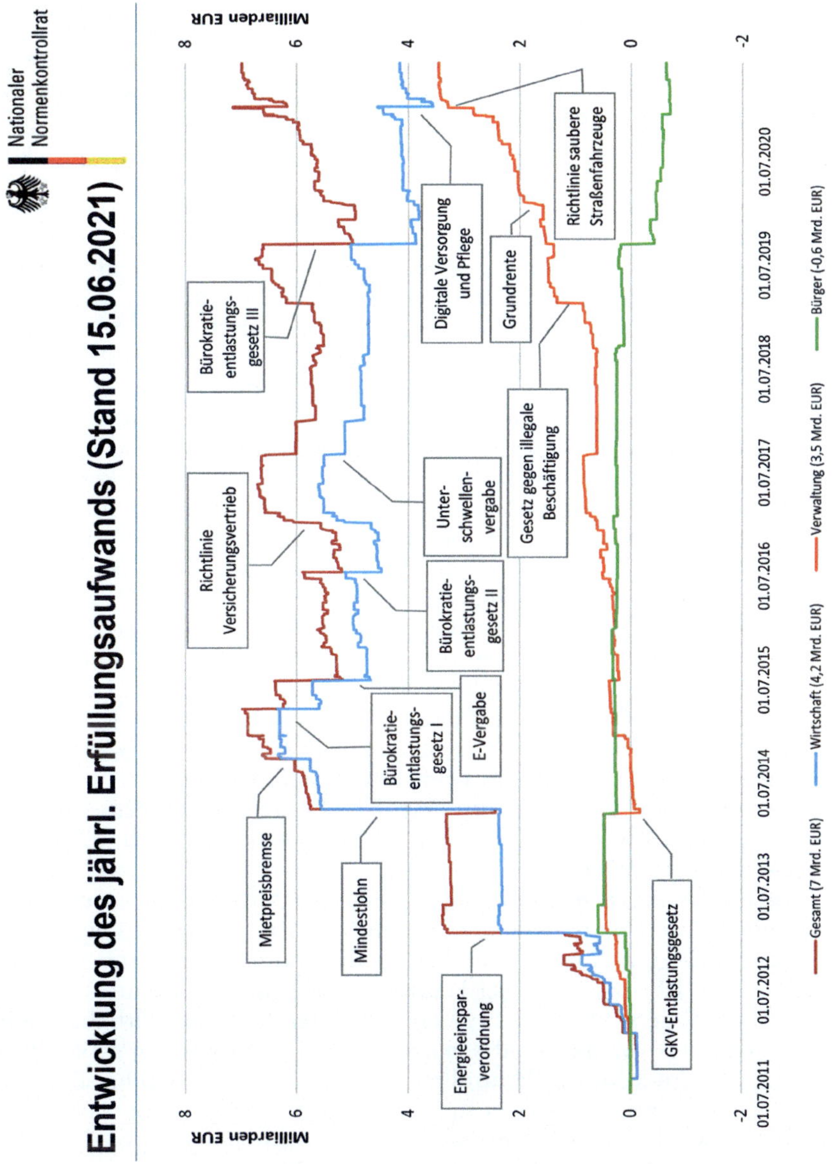

Augenfällig wird dies mit der Energieeinspar-Verordnung, die im Jahr 2012 neue, kostenintensive Standards, vor allem für die Wärmedämmung obligatorisch machte, und zwar für alle gewerblichen und privaten Neubauten. Die Folge: Sprunghafter Anstieg der Kurve des ‚Monitors Erfüllungsaufwand' um rd. 1,7 Mrd. Euro – mit ebenso sprunghaft zusätzlichen Belastungen für Unternehmen und Bürger.

Ein noch stärkerer Kostentreiber war im Frühjahr 2014 das Mindestlohn-Gesetz. Ursächlich dafür war die politische Entscheidung der Bundesregierung, die Lohnuntergrenze nicht mehr durch Tarifpartner oder andere privatwirtschaftliche Vereinbarungen festlegen zu lassen, sondern erstmals in Deutschland auf gesetzlichem Weg. Mit dem entsprechenden Gesetzgebungsvorschlag war seitens des Normenkontrollrats – auch und gerade wegen der besonderen Bedeutung des Regelungsvorhabens - zu verfahren wie bei allen anderen: das zuständige Bundesministerium hatte zu ermitteln, welche unmittelbaren Folgekosten aus dieser Neuregelung zu erwarten waren – Berechnungen, die dann vom Normenkontrollrat auf Nachvollziehbarkeit und Plausibilität hin zu prüfen waren. Und hier kam es zu dem ersten gravierenden Konflikt zwischen dem Normenkontrollrat und der Bundesregierung, genauer der damaligen Bundesministerin Andrea Nahles: Ihr Haus, das zuständige Bundesministerium für Arbeit und Soziales (BMAS), wollte einfach keine Schätzung der zu erwartenden Folgekosten vorlegen, obwohl uns aus einem intensiven Meinungsaustausch mit dem Deutschen Institut für Wirtschaftsforschung (DIW) und aus einer eigenen Anhörung bekannt war, dass es in Fachkreisen durchaus entsprechende Kostenschätzung gab. Wiederholte nicht-öffentliche Mahnungen des Normenkontrollrats auf Arbeits- und dann auf Leitungsebene mit Verweis auf die klaren Anforderungen des Normenkontrollrat-Gesetzes in Sachen Kostentransparenz blieben ohne Antwort. In der Stellungnahme zur Kabinettvorlage konnte der Normenkontrollrat deshalb keine konkreten Angaben zum Erfüllungsaufwand machen, sondern musste sich auf ‚grundsätzliche Bedenken' beschränken.

Diese ‚grundsätzlichen Bedenken' in einer wichtigen Sache veranlassten mich als Vorsitzenden des NKR, zu einem Mittel zu greifen, das eigentlich nicht Teil einer guten Zusammenarbeit ist: die Kommunikation über öffentliche Medien. Ich sprach mit der Frankfurter Allgemeinen Zeitung, die am folgenden Tag, dem 14. April 2014, auf der ersten Seite des Wirtschaftsteils titelte: „Ohrfeige für die Bundesregierung" und dann aus der vorläufigen Stellungnahme des Normenkontrollrats zitierte, dass das zuständige Bundesministerium offensichtlich nicht tun wolle, was das Normenkontrollrat-Gesetz in aller Klarheit vorschreibe: Vorlage einer vollständigen Schätzung der Folgekosten zu dem vorgelegten Entwurf des Mindestlohn-Gesetzes. Das hatte Wirkung: Binnen weniger Tage legte das BMAS Kostenschätzungen vor – damals immerhin 9,6 Milliarden Euro[33] -, zu denen der NKR dann in der üblichen Weise Stellung nahm. Diese Stellungnahme leitete der Normenkontrollrat unmittelbar dem Ausschuss für Arbeit und Soziales des Deutschen Bundestages zu. Damit war gewährleistet, was das NKR-Gesetz vorschreibt: dass diejenigen, die entscheiden – also die Abgeordneten – ihre Entscheidung in Kenntnis der Folgewirkungen treffen, die von der zu verabschiedenden gesetzlichen Regelung ausgelöst werden.

Dieses Vorgehen hatte Signalwirkung über den konkreten Anlass des Mindestlohn-Gesetzes hinaus: Alle Ressorts hatten verstanden, dass das Aussitzen durch Nicht-Lieferung von Folgekosten-Schätzungen am Ende nicht funktioniert. Der Normenkontrollrat war fest entschlossen, notfalls auch mit Hilfe der Öffentlichkeit den Regeln des Normenkontrollrat-Gesetzes zur Herstellung von Folgekostentransparenz Geltung zu verschaffen. Einige Wochen später ließ Sigmar Gabriel, damaliger Vizekanzler und Bundeswirtschaftsminister, mich am Rande einer Veranstaltung wissen, dass einige der neu in die Regierung gekommenen Bundesminister und Staatssekretäre wohl geglaubt hätten, die Vorlage von Kostenschätzungen bei neuen Gesetzgebungsvorhaben läge im Ermessen der Ministerien. Er könne mir aber versichern, dass in der Zwischenzeit die Anforderungen des Normenkontrollrat-Gesetzes bekannt seien und derartige ‚Missverständnisse' sich nicht wiederholen würden.

Apropos Sigmar Gabriel: Als ich im Herbst 2014 in meinem Büro im Bundeskanzleramt zusammen mit einigen Mitarbeitern über die Vorbereitung des von der Bundesregierung angekündigten Bürokratieentlastungsgesetzes diskutierte, klingelte das Telefon. Am anderen Ende der Leitung war – ohne zwischengeschaltetes Vorzimmer - Bundesminister Sigmar Gabriel. Seine Botschaft: Der Normenkontrollrat habe doch viel Erfahrung mit Maßnahmen zum Abbau von Bürokratie, und ob wir bereit seien, an der Vorbereitung des neuen Bürokratieentlastungsgesetzes im Bundeswirtschaftsministerium aktiv mitzuwirken. Meine spontane Antwort war natürlich ‚Ja', begleitet von dem Gefühl der angenehmen Überraschung, dass der zuständige Bundesminister sich offensichtlich persönlich um dieses Vorhaben kümmerte. Von da an hat der Normenkontrollrat regelmäßig an den

33 Grundlage für diese Schätzung des BMAS waren Daten aus dem sog. Sozio-ökonomischen Panel (freiwillige Befragung von Bürgern) des Deutschen Instituts für Wirtschaftsforschung (DIW) aus dem Jahr 2012. Diese Schätzung wurde vom Statistischen Bundesamt im Rahmen der Nachmessung auf Basis der 2014 durchgeführten Verdiensterhebung (verpflichtende Befragung von 60.000 Betrieben aller Branchen) auf 5,2 Milliarden Euro angepasst.

ansonsten internen Vorbereitungsgesprächen im Bundeswirtschaftsministerium teilgenommen und einen durchaus relevanten Beitrag zur inhaltlichen Substanz des 700-Millionen-Euro-Bürokratieentlastungsgesetzes I geleistet.

Sigmar Gabriel war und blieb im Übrigen der einzige Bundesminister, den ich in meinen 15 Jahren als NKR-Vorsitzender kennengelernt habe, der hier und bei weiteren Gelegenheiten ein durchaus aktives persönliches Interesse an der Arbeit des Normenkontrollrats gezeigt hat. Er bot mir an, dass ich ihn immer, wenn ich es für nötig hielte, kurzfristig erreichen könne, und gab mir dafür eine spezielle Telefonnummer und eine besondere e-mail-Adresse. Von beidem habe ich nur zwei Mal Gebrauch gemacht – und der Vizekanzler war, obwohl in beiden Fällen auf Reisen, jeweils innerhalb weniger Stunden am Telefon. Dieses persönliche Interesse in Kombination mit zuverlässiger Erreichbarkeit hätte ich mir auch bei anderen Ministern gelegentlich durchaus gewünscht.

4. Neue Meilensteine für bessere Gesetze

Ex post- Evaluierung

Die Logik ist verblüffend einfach: Wer neue Gesetze für die Zukunft macht und die damit verbundenen Folgekosten ‚ex ante' schätzt, müsste eigentlich auch ein Interesse haben, ‚ex post' zu prüfen, was daraus geworden ist. Kein Unternehmen würde Investitionen gleich welcher Art auf den Weg bringen und diese anschließend sich selbst überlassen. Ebenso würde kein Bürger sein Geld in ein Haus oder eine Wohnung stecken, ohne sich anschließend darum zu kümmern, ob das Geld ihm zu dem verholfen hat, was er sich gewünscht und vorgestellt hat. Nur bei der Gesetzgebung war es bis vor kurzem immer anders. Traditionell wurden Gesetze gemacht, um politische Ideen und daraus abgeleitete Verbesserungsabsichten mit Hilfe von Rechtsnormen umzusetzen. War das geschehen, wurde es als Erfolg verbucht und öffentlich verkauft – womit zugleich das Ende der politischen Aktion erreicht war. Nur in vergleichsweise wenigen Einzelfällen wurde etwas Weiterführendes, auf die Zukunft des Gesetzes Bezogenes hinzugefügt: Festlegung einer Überprüfung in 3, 4 oder 5 Jahren, was denn aus diesem Gesetzgebungsvorhaben geworden ist, ob die Ziele, die man erreichen wollte, auch tatsächlich erreicht wurden - und wenn ja, ganz oder nur teilweise? Und was ist aus den angenommenen Folgekosten für Bürger, Unternehmen und Verwaltung geworden, die man bei Verabschiedung des Gesetzes – wenn nach solchen Folgekosten überhaupt gefragt worden war - in einer bestimmten Höhe vorausgeschätzt hatte? Haben sich diese Ex ante-Schätzungen bestätigt oder nicht, und wenn nicht, welche Ursachen lassen sich dafür feststellen?

Diese eigentlich naheliegenden Fragen stellten sich dem Normenkontrollrat ab dem Jahr 2012, nachdem beim Thema Kostentransparenz der Übergang von den Informationspflichten hin zum Erfüllungsaufwand, also zur Gesamtheit aller Folgekosten, mit der Novellierung des Normenkontrollrat-Gesetzes im Jahr 2011 geschafft war. Die Ex ante-Betrachtung – was bringt ein neues Gesetz und welche Folgekosten gehen damit einher – hatte eine solide, stimmige und tragfähige Grundlage erhalten. Damit stellte sich aber auch die Frage, ob sich denn die Annahmen, die der jeweiligen Ex ante-Betrachtung zugrunde lagen – sowohl im Blick auf die angestrebten politischen Ziele als auch den damit einhergehenden Kostenaufwand - in der Zukunft als richtig bestätigen würden. Eine zugegebenermaßen nicht ganz unwichtige Frage, hing von ihrer Beantwortung doch der Erfolg der ganzen Gesetzgebung und der damit verbundenen politischen Anstrengung ab.

Tatsache war auf jeden Fall, dass es zum damaligen Zeitpunkt kein systematisches Verfahren gab, das eine solche Überprüfung im Nachhinein – also ex post – sicherstellte. Auch zuvor, d.h. in der gesamten deutschen Rechtssetzungsgeschichte der letzten 200 Jahre, hatte es so etwas nicht gegeben – für mich als Ökonomen eigentlich kaum zu fassen. Ein Mal mehr fühlte ich mich in meiner langjährigen Erfahrung bestätigt, dass Politik und Gesetzgebung viel zu wichtig sind, als dass man sie allein den Juristen, genauer den Verwaltungsjuristen, überlassen darf. Wie dem auch sei, dieser Befund veranlasste den Normenkontrollrat, die Frage nach einer solch systematischen Ex post-Überprüfung gesetzlicher Regelungen auf die Tagesordnung seines Dialogs mit der Bundesregierung zu setzen.

Die Diskussion mit der Bundesregierung – vertreten durch den Staatssekretärsausschuss Bürokratieabbau und Bessere Rechtsetzung – war schwierig und zäh. Insbesondere auf der Arbeitsebene war die schon bekannte, reflexartige Reaktion festzustellen: Alles, was mit einem Mehr an Arbeit verbunden sein könnte, wurde abgelehnt. Weil die Beratungen nach meinem Eindruck nicht voran gingen, habe ich selbst an einigen Treffen der mit der Prüfung eines möglichen Ex post-Evaluierungsverfahrens beauftragten Arbeitsgruppe teilgenommen, bei dem die Bundesministerien in der Regel durch – auf jeden Fall im Vergleich zu mir – eher jüngere Kollegen vertreten waren. Die vorgetragenen Argumente waren durchweg defensiv-negativ. Die Notwendigkeit einer nachträglichen Prüfung wurde generell in Abrede gestellt, für die zusätzlich notwendige Arbeit gebe es keine Personalkapazitäten, und eine geeignete Methodik für derartige Überprüfungen stehe nicht zur Verfügung. Überlegungen, dass eine solch systematische Evaluierung die Qualität von Gesetzgebung ganz allgemein verbessern und nachhaltiger machen könnte, dass die Rückkoppelung mit den praktischen Erfahrungen der Gesetzesanwendung bei Bürgern und Unternehmen vielleicht notwendig sei, um gesetzliche Regelungen Schritt für Schritt praxistauglicher, bürgernäher und damit wirksamer zu machen – solche Überlegungen wurden von Ressortvertretern nicht geäußert. Und wenn sie von Seiten des Normenkontrollrats oder des Kanzleramtes vorgetragen wurden, fanden sie keinerlei Unterstützung. Obwohl ich sicher nicht zu Depressionen neige, habe ich mich nach solchen Sitzungen niedergeschlagen gefragt, was für junge Leute eigentlich von den Bundesministerien rekrutiert werden bzw. nach welchen Kriterien solche Einstellungen erfolgen. Sollte es hier nicht auch darauf ankommen, ob ein Bewerber den Ehrgeiz mitbringt, eine inhaltlich gute Leistung abzuliefern und dabei die Belange des Gemeinwesens fest im Auge zu haben?

Gleichwohl, die Beharrlichkeit, mit der der Normenkontrollrat seine begründeten Argumente immer wieder vortrug, verfehlte ihre Wirkung nicht. Zahlreiche Telefonate mit den Staatssekretären der Ressorts begleiteten die Vorbereitung der entscheidenden Sitzung des Staatssekretärsausschusses. Der Vorsitzende, Eckart von Klaeden, Staatsminister im Bundeskanzleramt, unterstützte die Position des Normenkontrollrats und warb ebenfalls für die Einführung einer systematischen Ex post-Evaluierung. Am 23. Januar 2013 – übrigens der Geburtstag meiner Ende 2018 verstorbenen Frau – war es dann soweit. Eine klare Mehrheit der Staatssekretäre sprach sich dafür aus, grundsätzlich nach drei bis fünf Jahren zu prüfen, wie sich Gesetze und Verordnungen in der Praxis bewährt haben, also eine Evaluierung vorzunehmen.[34]

Um diese Überprüfung auf relevante gesetzliche Regelungen zu konzentrieren, wurde gleichzeitig ein Schwellenwert eingeführt, und zwar ein Erfüllungsaufwand der jeweiligen Regelung von mehr als 1 Million Euro. Weiterhin möglich blieben natürlich freiwillige Evaluierungen auch unterhalb des genannten Schwellenwertes, etwa im Blick auf die besondere politische Bedeutung eines Vorhabens oder besondere Unsicherheiten hinsichtlich der zu erwartenden Auswirkungen auf den Erfüllungsaufwand oder den Verwaltungsvollzug. Wichtigstes Kriterium für die Evaluierung war und ist aus der Sicht des Normenkontrollrats die Zielerreichung, denn Regelungen, die ihr Ziel verfehlen, verursachen zwangsläufig unnötigen Erfüllungsaufwand. Anwendung finden sollte die neue Regelung für Regelungsvorhaben, die ab dem 1. März 2013 in die Ressortabstimmung für eine Kabinettentscheidung eingebracht werden.

Diese Entscheidung des Staatssekretärsausschusses vom 23. Januar 2013 bedeutete zweierlei: einmal eine Zäsur in der Geschichte der Rechtsetzung in Deutschland. Zum ersten Mal gab es jetzt eine bindende Verpflichtung der Regierung, nicht nur Gesetze auf den Weg zu bringen, sondern nach einer angemessenen Zeit der praktischen Anwendung nicht nur in Einzelfällen, sondern systematisch ex post zu überprüfen, ob die mit dem Gesetz verbundenen Ziele tatsächlich erreicht worden sind. Insofern darf diese Entscheidung im Blick auf die deutsche Rechtgeschichte zu Recht historisch genannt werden!

Zugleich war diese Weichenstellung ein wichtiger Schritt in Richtung Bessere Rechtsetzung, also für bessere gesetzliche Regelungen. Anders als bisher sollen ab jetzt die praktischen Erfahrungen mit der Anwendung von Gesetzen und Verordnungen analysiert und ausgewertet werden und dann

---

34 Vergleiche hierzu den Text des Beschlusses zum Evaluierungskonzept der Bundesregierung in Anlage 2.

zu entsprechenden Anpassungen dieser gesetzlichen Regelungen führen. Abbildung 4 zeigt den ‚Kreislauf guter Gesetzgebung', der daraus entstehen könnte – vergleichbar dem Kontinuierlichen Verbesserungsprozess (KVP), wie er in Unternehmen hierzulande schon lange zum Alltag gehört.

Abbildung 6: Ziele und Konzept des systematischen Evaluierungsverfahrens

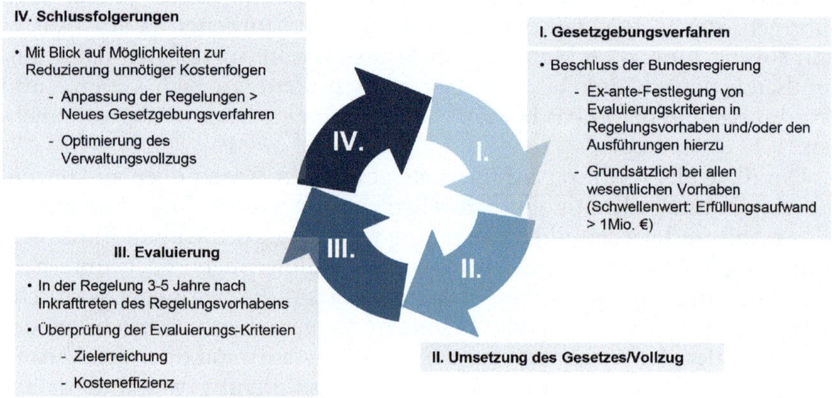

Zur Entscheidung vom 23. Januar 2013 gehört allerdings auch, dass sie den ‚Architekten und Handwerkern' der Gesetzesvorbereitung in den Ministerien mit der Ex post-Evaluierung zwar einen neuen zusätzlichen Orientierungspunkt vorgab, dass sie aber wichtige Einzelheiten zur praktischen Umsetzung dieser nachträglichen Überprüfung offenließ. Dazu gehörte z.B. die wichtige Frage, welche Vorkehrungen denn bei der Verabschiedung eines Gesetzes getroffen werden müssen, damit drei bis fünf Jahre später eine Ex post-Evaluierung überhaupt sinnvoll durchgeführt werden kann. Ist etwa das Ziel des Gesetzes, dessen Erreichung ja später überprüft werden soll, in der Gesetzgebungsvorlage ausreichend klar definiert? Mit Hilfe welcher Indikatoren soll die Zielerreichung später gemessen werden und woher kommen die dafür notwendigen Daten?

Hinzu kommt das Thema Qualitätsprüfung bzw. -sicherung der Evaluierung. Denn dass Bundesministerien die von ihnen selbst vorbereiteten Gesetze einige Jahre später ausschließlich in eigener Regie evaluieren, dürfte sie im Blick auf die dabei notwendige Objektivität vielleicht doch ein wenig überfordern, zumal wenn die Rückantworten aus der Praxis der jeweils Betroffenen und des Verwaltungsvollzugs eher kritisch als bestätigend ausfallen. Wichtig sind weiterhin die Schlussfolgerungen, die sich aus der

Ex post-Überprüfung ergeben, und die Stellungnahme des zuständigen Ressorts dazu. Zudem müssen Schlussfolgerungen und Stellungnahme zusammen mit der Evaluierung in geeigneter Weise veröffentlicht werden.

Diese Fragen waren uns im Normenkontrollrat bei der Beschlussfassung am 23. Januar 2013 bewußt. Angesichts des massiven Widerstands in den Ressorts – mehr noch auf der Arbeitsebene als bei den Leitungen der Ministerien - war es aus meiner Sicht aussichtslos, die dafür notwendigen Festlegungen bereits zu diesem Zeitpunkt auf der Arbeitsebene zu diskutieren und entsprechende Beschlüsse des Staatssekretärsausschusses mit Aussicht auf Erfolg vorzubereiten. Vor diesem Hintergrund entschied ich mich dafür – in Abstimmung mit Staatsminister Eckart von Klaeden und den Kollegen im Normenkontrollrat -, zunächst eine Art Grundsatzbeschluss herbeizuführen und diesen sich erst einmal zu einem normalen Baustein unseres Systems Besserer Rechtsetzung entwickeln zu lassen. In einem zweiten Schritt müsste dann die notwendige Vervollständigung erfolgen.

Dass bis zu diesem zweiten Schritt fast 7 Jahre vergehen würden, hätte ich im Januar 2013 allerdings nicht gedacht. Die Gründe hierfür waren vielfältig: Bundestagswahl 2013, Flüchtlingskrise 2015/2016, Einführung der ‚One-in-one-out'-Regel, Bundestagswahl 2017, E-Government und Digitalisierung. Alle diese besonderen ‚Höhepunkte' forderten den Normenkontrollrat in unterschiedlicher Weise und verlangten ein beträchtliches Engagement – zeitlich ebenso wie inhaltlich. Wichtig war, den zweiten noch ausstehenden Schritt zur Vervollständigung des Evaluierungskonzepts nicht aus dem Auge zu verlieren.

Mit dieser Zielsetzung vergab der Normenkontrollrat im September 2013 ein Gutachten zur „Durchführung von Ex post-Evaluierungen – Gute Praktiken und Erfahrungen in anderen Staaten". Dieses Gutachten lieferte hilfreiche Hinweise zur praktischen Durchführung von Evaluierungen in Großbritannien, Kanada, Schweden, der Schweiz sowie der EU-Kommission. Insbesondere zeigte sich, dass Ex post-Evaluierungen in diesen Ländern zum Standardrepertoire der Besseren Rechtsetzung gehörten, ebenso wie eine neutrale Qualitätssicherung der dargestellten Ergebnisse und deren regelmäßige Veröffentlichung. Dieses Gutachten wurde allen Ministerien und Interessenten zur Verfügung gestellt, um den Einstieg in diesen Teil des ‚Evidence Based Decision Making' zu erleichtern.

Darüber hinaus habe ich das Thema Evaluierung und die noch ausstehende Vervollständigung des Grundsatzbeschlusses vom Januar 2013 immer wieder gegenüber der Bundesregierung angesprochen, insbesondere gegenüber dem zuständigen Staatsminister im Bundeskanzleramt und in den Sitzungen des Staatssekretärsausschusses. So stand beispielsweise am 19. Januar 2017 das vom Normenkontrollrat entwickelte ‚Phasenmodell für eine gute Evaluation', das meine Stellvertreterin Sabine Kuhlmann für den Normenkontrollrat ausgearbeitet hatte[35], auf der Tagesordnung der Staatssekretäre. Ein Mal mehr wurden die Argumente ausgetauscht, allerdings erneut ohne einen Durchbruch, d.h. ohne eine Mindestübereinstimmung zur Durchführung von Evaluierungen zu erreichen. Vor allem in Sachen Qualitätssicherung war das Vertrauen der Staatssekretäre in Fähigkeiten und Mut der eigenen Häuser zu Objektivität, Qualität und Transparenz offenbar noch nicht groß genug. Diesen Stand der Dinge spiegelte auch das ‚Arbeitsprogramm Bessere Rechtsetzung und Bürokratieabbau 2018' wider, das knapp zwei Jahre später, am 12. Dezember 2018, vom Bundeskabinett verabschiedet wurde: „Wir werden die Erfahrungen mit den ersten Evaluierungen nach den von der Bundesregierung im Jahr 2013 getroffenen Vereinbarungen auswerten und die systematische Evaluierung von Gesetzen verbessern und fortentwickeln. ... Wir prüfen, wie wir die Qualitätssicherung von Evaluierungen standardisieren und die Transparenz des Evaluierungsprozesses sowie der Mitwirkungsmöglichkeiten betroffener Kreise erhöhen können." Diese etwas ‚wolkigen' Formulierungen ließen noch keine wirkliche Entscheidungsbereitschaft erkennen.

Angesichts dieser Unklarheiten entschied sich der Normenkontrollrat Ende 2018 dafür, in eigener Regie einen weiteren Schritt zu tun: Auch ohne einen Beschluss des Staatssekretärsausschusses sollten die Ressorts bei der Vorlage neuer Regelungsvorhaben oberhalb des Schwellenwertes von 1 Million Euro Erfüllungsaufwand aufgefordert werden, im Blick auf die vorzusehende Evaluierung Auskünfte zu dem sog. ‚Dreiklang' zu geben, d.h. zu dem Ziel des Gesetzes, zu den Indikatoren zur Messung der Zielerreichung und zur Bereitstellung der dafür notwendigen Daten – mit der Begründung, dass anders der Grundsatzbeschluss zur Ex post-Evaluierung vom 23.1.2013 nicht sachgerecht umzusetzen sei. Das Überraschend-Erfreuliche war, dass dieser Aufforderung durch die Mitarbeiter des NKR-Sekretariats im Rahmen ihrer üblichen Kontakte mit den Ressortkollegen zur Vorbereitung der NKR-Stellungnahme zunächst etwas zögerlich, dann aber immer häufiger Folge geleistet wurde, auch wenn das in einzelnen Fällen immer wieder mit schwierigen Diskussionen verbunden war. Im Ergebnis wurde die Lieferung der Informationen zum ‚Evaluierungs-Dreiklang' durch die Bundesministerien von den Mitarbeiterinnen und Mitarbeitern des NKR-Sekretariats unter Führung von Florian Spengler im Verlauf von 1 ½ Jahren durchgesetzt - ohne irgendeinen förmlichen Beschluss, mit wirkungsvoller

---

35 Einzelheiten hierzu siehe Nationaler Normenkontrollrat (Hrsg.), Jahresbericht 2017, Juni 2017, Seite 31.

Überzeugungskraft, durch praktische Handhabung! Eine mehr als bemerkenswerte Leistung!

Ermutigt durch diese Fortschritte beschloss der Normenkontrollrat, diese neu entwickelte Praxis des Umgangs mit dem ‚Evaluierungs-Dreiklang' zusammen mit den anderen, 2013 noch offen gebliebenen Punkten – Qualitätssicherung, Schlussfolgerungen, Veröffentlichung - durch einen weiteren Beschluss des Staatssekretärsausschusses zu formalisieren. Dafür wurde ein Konzept entwickelt - erneut maßgeblich gestaltet von meiner Kollegin Sabine Kuhlmann - und Staatsminister Hendrik Hoppenstedt als dem Vorsitzenden des Staatssekretärsausschusses zugeleitet – mit der Bitte, einen entsprechenden Beschluss des Ausschusses herbeizuführen. Gleichwohl wiederholte sich der zähe Diskussionsprozess, den wir schon bei der Vorbereitung des ersten Evaluierungsbeschlusses 2012/13 erlebt hatten: Abwehrreflexe auf der Arbeitsebene der Ressorts bei jedem einzelnen Punkt des Vorschlags, kein Interesse an einer verbindlichen, qualitätsorientierten Ausgestaltung des Evaluationsverfahrens und vor allem Ablehnung aller Überlegungen, die möglicherweise zu einem Mehr an Arbeit führen könnten. So bedurfte es auch hier zahlreicher Einzelgespräche und Telefonate, um eine Mehrheit der Staatssekretäre für diesen aus unserer Sicht logischen zweiten Schritt in Sachen Ex post-Evaluierung zu gewinnen.

Am 26. November 2019 war es dann soweit: Der Staatssekretärsausschuss beschloss in Anwesenheit der beiden Vorsitzenden des Normenkontrollrats nach längerer Diskussion die Vorlage zur „Fortentwicklung der Evaluierungskonzeption der Bundesregierung"[36]. Wichtig war die Festschreibung folgender Kernpunkte:

- Durchführung des ‚Evaluierungs-Dreiklangs' (Ziele des Gesetzes, Kriterien zur Messung der Zielerfüllung, Datenbereitstellung für die Messung) bei der Vorbereitung neuer gesetzlicher Regelungen
- Qualitätssicherung der Evaluierung
- Einbindung des Statistischen Bundesamtes (soweit es den Erfüllungsaufwand betrifft)
- Einbindung von Ländern, kommunalen Spitzenverbänden, Fachkreisen und Verbänden – allerdings mit dem einschränkenden Zusatz „in geeigneter Weise" und „soweit betroffen"
- Stellungnahme der Ressorts zu der Frage, "welche Schlussfolgerungen bzw. weiteren Vorgehensweisen sie aus den Evaluierungsergebnissen ziehen" bzw. ableiten sowie

36 Zum Wortlaut des Beschlusses vergleiche Anlage 3.

- Veröffentlichung von Evaluierung und Stellungnahme auf einer zentralen Online-Plattform der Bundesregierung.

Diese Anforderungen sind auf alle Evaluierungen mit Bezug auf gesetzliche Regelungen anzuwenden, die ab Anfang 2020 vom Bundeskabinett verabschiedet wurden. Damit ist die Grundlage des ‚historischen' Evaluierungs-Beschlusses vom 23. Januar 2013 jetzt vervollständigt, solide und tragfähig.

*

‚One-in-one-out'

Gleiches ließ sich vom Thema Bürokratieabbau nach Umsetzung des 25%-Abbauziels im Jahr 2011/12 nicht sagen. Der Normenkontrollrat drängte deswegen auf ein neues quantitatives Abbau-Ziel, um den ‚Druck im System', also den Druck auf die Ministerien, die Folgekosten neuer Gesetzgebung so stark wie möglich zu begrenzen, aufrecht zu erhalten. Dieser Vorschlag des Normenkontrollrats wurde in den Koalitionsverhandlungen von CDU/CSU und SPD nach den Bundestagswahlen 2013 jedoch nicht aufgegriffen. Eine objektive Schwierigkeit bestand wohl darin, dass sich das erfolgreiche Modell des 25%-Abbaus von Kosten aus Informationspflichten nicht einfach auf den wesentlich umfassenderen Erfüllungsaufwand übertragen ließ – schon, weil ein solches Ziel – ausgedrückt in %-Punkten - voraussetzt, dass 100 % bekannt sind. Bereits bei den Informationspflichten hatte die damit verbundene Bestandsmessung gezeigt, wie groß der Zeit- und Personalaufwand war, um den Gesamtkostenaufwand aus Informationspflichten zu ermitteln. Das ließ sich für den viel umfassenderen Erfüllungsaufwand sicherlich nicht wiederholen, zumal es auch in anderen Ländern hierfür kein Vorbild gab.

Die Alternativen bestanden aus der Sicht des Normenkontrollrats entweder in der Vorgabe eines absoluten Abbauziels für den Erfüllungsaufwand – z.B. zwischen 5 und 10 Milliarden Euro für die laufende Legislaturperiode – oder in der in Großbritannien praktizierten sog. OIOO (One-in-one-out)-Regel, die sich auch – je nach politischem Ehrgeiz - in eine OITO (One-in-two-out)-Regel zuspitzen ließ. Sehr schnell war zu erkennen, dass die ‚Begeisterung' für ein absolutes Abbau-Ziel in Bundesregierung und Ministerien sehr gering war. Zu präsent war noch die Erinnerung an die endlosen und ermüdenden Diskussionsrunden der Ressorts, mit denen das 25%-Abbauziel zu den Kosten aus Informationspflichten über insgesamt 6 Jahre hinweg nur mit größter Mühe umgesetzt werden konnte.

Als im ersten Halbjahr 2014 immer deutlicher wurde, dass auf Seiten der Politik der Widerstand gegen ein neues absolutes Abbauziel nicht zu überwinden war, entschied sich der Normenkontrollrat nach ausführlicher, teilweise kontroverser interner Diskussion für einen Strategiewechsel – d.h. für den Versuch, die Bundesregierung für die Option One-in-one-out (OI-OO) zu gewinnen. Die Überlegung, die sich damit verband, war einfach: Wenn schon ein nennenswertes Netto-Abbauziel im Blick auf die gesetzlichen Folgekosten nicht erreichbar war, dann machte es Sinn, mit Hilfe der OIOO-Regel zumindest eine Deckelung dieser Kosten anzustreben. Dafür sprach auch, dass es für dieses Modell in Großbritannien bereits mehrjährige Erfahrungen gab, dass man in der praktischen Umsetzung also nicht bei Null anfangen musste.

Eine günstige Gelegenheit, diese Neuorientierung gegenüber der Bundesregierung zur Sprache zu bringen, bot der 6. Oktober 2014. An diesem Tag war die Übergabe unseres Jahresberichts 2014 an die Bundeskanzlerin vorgesehen, und zwar im Rahmen unserer Veranstaltung zur Halbzeitbilanz des laufenden NKR-Mandats im Bundeskanzleramt. Unmittelbar vorher war ein etwa halbstündiges Gespräch zwischen der Bundeskanzlerin, Staatsminister Helge Braun und dem Normenkontrollrat angesetzt, vertreten durch den damaligen stellvertretenden Vorsitzenden Wolf-Michael Catenhusen und mich. In dieser kleinen Runde präsentierten wir unseren Vorschlag zur Einführung einer One-in-one-out-Regel für die Folgekosten gesetzlicher Regelungen der Bundesregierung für Unternehmen. Die Bundeskanzlerin stellte dazu Fragen, etwa danach, wie diese Regel praktisch umgesetzt werden könne. Wir erläuterten, dass nicht ein neues Gesetz durch die Aufhebung eines bestehenden Gesetzes zu ‚kompensieren' sei, sondern 1 Euro an zusätzlichen Folgekosten durch die Einsparung ebenfalls eines Euro an anderer Stelle, beides möglichst im Zuständigkeitsbereich des jeweiligen Bundesministers. Das Gespräch endete, weil alle Teilnehmer zu der Zwischenbilanz-Veranstaltung aufbrechen mussten, ohne dass die Bundeskanzlerin zu unserem Vorschlag Zustimmung oder Ablehnung signalisiert hätte.

In meiner Eröffnungsrede präsentierte ich den Jahresbericht des Normenkontrollrats – und unsere neue Überlegung zur Einführung einer OI-OO-Regel. Die Antwort der Bundeskanzlerin in ihrer Rede war so etwas wie eine Sensation: Sie sei bereit, die Einführung einer solchen Regel zu prüfen. Das war nach unseren bisherigen Erfahrungen mit den sehr langsamen und zähen Diskussionen über Abbau von Bürokratie, Begrenzung gesetzlicher Folgekosten oder Ex post-Evaluierung etwas ganz Neues: Tatsächliche Offenheit, einen zumindest in Deutschland ganz neuen Weg ernsthaft zu prüfen! Mein Adrenalinspiegel stieg!

Der nächste wichtige Schritt auf diesem gerade begonnenen Weg stand unmittelbar bevor: Nach der Mittagspause unserer Halbzeit-Bilanz-Veranstaltung war Vizekanzler Sigmar Gabriel der erste Redner. Es kam jetzt entscheidend darauf an, was er als die damalige Nr. 1 der SPD in der Bundesregierung zu diesem Vorstoß in Richtung OIOO sagen würde. In meiner kurzen Begrüßung präsentierte ich erneut unsere Überlegung für dieses neue, in Großbritannien praktizierte System zur Begrenzung gesetzlicher Folgekosten. Die vorangegangene Einlassung der Bundeskanzlerin zu diesem Thema erwähnte ich nicht. Danach war Sigmar Gabriel an der Reihe, und er begann mit einigen anerkennenden Worten für die Arbeit des Normenkontrollrats. Und dann dachte ich plötzlich, wir alle seien in einem Film, und zwar ausnahmsweise einem guten. Denn der Vizekanzler benutzte fast die gleichen Worte wie die Bundeskanzlerin – er sei bereit, diese neuen Überlegungen des Normenkontrollrats zur Begrenzung gesetzlicher Folgekosten für Wirtschaft und Unternehmen ernsthaft zu prüfen. Ein Paukenschlag! Damit hatte an diesem Nachmittag sicher keiner der 150 Teilnehmer der Halbzeit-Bilanz-Veranstaltung des NKR gerechnet. Innerhalb weniger Minuten war eine Tür aufgestoßen worden, und unsere Aufgabe würde ab sofort darin bestehen, mit allen Mitteln zu verhindern, dass diese Tür wieder zugeschlagen würde – egal von wem! Dieser 6. Oktober 2014 war in unserem NKR-Kalender ab sofort kein Tag wie jeder andere!

Und dann ging alles ganz schnell. Bereits im Dezember 2014 – also nur 2 Monate später – wurde im Bundeskabinett ein Eckpunktepapier beschlossen, das auch die Erarbeitung eines ‚One-in-one-out'-Konzeptes enthielt. Dieses Konzept wurde danach in einer Staatssekretärsgruppe weiter ‚ausbuchstabiert' und keine drei Monate später, am 3. März 2015 im Staatssekretärsausschuss abschließend behandelt, um bereits am 25. März 2015 im Bundeskabinett verabschiedet zu werden. Es wäre fast wie im Märchen gewesen, wenn es da nicht doch einen Zwischenfall gegeben hätte.

Anlass dafür war die Diskussion im Staatssekretärsausschuss am 3. März 2015, wie denn in dem Fall zu verfahren sei, dass sich ein Ressort bei Vorlage eines neuen Gesetzes nicht in der Lage sehe, die damit verbundenen Folgekosten im eigenen Geschäftsbereich bis zum Ende der laufenden Legislaturperiode durch Reduzierung des Erfüllungsaufwands an anderer Stelle zu kompensieren. Die Lösung sollte darin bestehen, dass der Staatssekretärsausschuss Bürokratieabbau eine Deckelung der zu erbringenden Kompensation beschließen könne, wenn der neu aufgebaute Erfüllungsaufwand nachvollziehbar die Kompensationsfähigkeit des Ressorts übersteigen würde. Der Normenkontrollrat hielt dem entgegen, dass eine solche Deckelung die OIOO-Regel faktisch außer Kraft setzen würde und von daher nicht beschlossen werden könne, ohne dass der Normenkontrollrat zu einem solchen Beschlussvorschlag vorher angehört werde – und zwar zu der Frage, ob die vorgesehene Kompensation, insbesondere der Erfüllungsaufwand, nachvollziehbar und plausibel dargestellt sei. Andernfalls bestünde die Gefahr, dass die Ressorts mit entsprechenden Deckelungsbeschlüssen im gegenseitigen Einvernehmen die OIOO-Regel unterlaufen könnten. Der Staatssekretärsausschuss wollte diese obligatorische Anhörung des Normenkontrollrats vor einem möglichen Deckelungsbeschluss nicht akzeptieren und lehnte den entsprechenden Vorschlag des Normenkontrollrats ab.

Der Normenkontrollrat sah durch diesen Staatssekretärs-Beschluss Logik und Akzeptanz des Beschlusses zur Einführung einer OIOO-Regel grundsätzlich in Frage gestellt. Als Vorsitzender beschloss ich, mich in dieser zentralen Frage direkt an Bundeskanzlerin und Vizekanzler zu wenden. Die Folge war, dass der Staatsminister im Bundeskanzleramt, Helge Braun, am 19. März per Mail einen Brief an alle Mitglieder des Staatssekretärsausschusses schickte, in dem es hieß: „In Vorbereitung der Kabinettsitzung haben Frau Bundeskanzlerin und Herr Bundesminister Gabriel konkret vereinbart, dass dem Wunsch des NKR entsprochen werden soll, im Vorfeld möglicher Beschlüsse über eine Deckelung von Kompensationserfordernissen angehört zu werden. Ich bitte daher um Zustimmung zur Aufnahme der in der anliegenden Fassung der Konzeption einer One in, one out – Regel kenntlich gemachten Passage bis Freitag, den 20. März 2015, 12.00 Uhr per Mail ...". Damit war der vorangegangene Beschluss des Staatssekretärsausschusses kassiert und das letzte Hindernis für den Beschluss des Bundeskabinetts am 25. März 2015 zur Einführung der OIOO-Regel aus dem Weg geräumt[37].

Wenige Wochen später wurde der Zeitpunkt des Inkrafttretens vom ursprünglich vorgesehenen Termin 1. Juli 2015 zurückverlegt auf den 1. Januar 2015. Eventuelle Komplikationen für eine unterjährige Darstellung von neuem Erfüllungsaufwand und entsprechenden Kompensationen sollten vermieden werden. Das bedeutete im Ergebnis: Der Zeitraum zwischen dem politischen Signal, eine OIOO-Regel für Deutschland zu prüfen, und deren konkreter Einführung belief sich am Ende auf weniger als 3 Monate! Ich kann mich an kaum ein politisches Vorhaben von vergleichbarer Bedeu-

---

37 Zum Wortlaut dieses Kabinettbeschlusses siehe Anlage 4. Es hat später – genau am 17.6.2021 – einen einzigen Fall von Kostendeckelung aufgrund mangelnder Kompensationsfähigkeit gegeben, und zwar im Zusammenhang mit dem Gesetz zur Weiterentwicklung der Treibhausgasminderungs-Quote (Bundesratsdrucksache 152/21). Hier wären traditionell kalkulierte Kosten in Höhe von gut 4 Milliarden Euro zu kompensieren gewesen, verursacht durch ein Gesetz, dessen Auflagen erst 2030 voll wirksam werden. Dieser lange Zeithorizont von fast 10 Jahren wirft neue methodische Fragen auf, z.B. Kostenveränderungen im Gefolge zwischenzeitlicher Preis-, Nachfrage und Innovationsveränderungen, zu denen der Staatssekretärsausschuss beschlossen hat, externe Expertise einzuholen (Vorschlag des NKR) und in diesem konkreten Einzelfall die Nicht-Kompensation zu genehmigen. Der NKR hatte hierzu vorher eine positive Stellungnahme abgegeben.

tung in den letzten Jahrzehnten in Deutschland erinnern, bei dem der Weg von der Idee bis zu deren Umsetzung so kurz und schnell gewesen wäre! Wie schön wäre es, wenn das Schule machen würde!

Nach dem Ringen um die richtigen Beschlüsse kam der Alltag der praktischen Anwendung. Welche Rolle hat die OIOO-Regel für die Entwicklung des Erfüllungsaufwands ab 2015 gespielt? Die nachstehende Grafik zeigt diese Entwicklung:

Schon der erste Blick auf Abbildung 7 zeigt, in welche Richtung sich der Erfüllungsaufwand tendenziell bewegt – nach unten. Genauer ausgedrückt: Seit der Einführung der OIOO-Regel Anfang 2015 bis Anfang 2021, also innerhalb von 6 Jahren, hat sich der Erfüllungsaufwand für die Wirtschaft – verursacht durch bundesdeutsche Gesetzgebung - per Saldo um mehr als 3 Milliarden Euro reduziert – eine Entwicklung, bei der drei speziell zur Reduzierung des Erfüllungsaufwands konzipierte Bürokratieentlastungsgesetze (BEG) der Bundesregierung eine maßgebliche Rolle gespielt haben. Insbesondere das BEG III vom September 2019[38] mit einem Volumen von 1,1 Milliarden Euro sorgte u.a. mit der Einführung einer elektronischen Arbeitsunfähigkeitsbescheinigung und Vereinfachungen bei Meldescheinen im Hotelgewerbe für einen deutlichen Abbau an Belastungen. An diesem positiven Trend ändert sich auch nichts, wenn man den Erfüllungsaufwand hinzurechnen würde, der durch EU-Richtlinien verursacht wird. Der Rückgang beliefe sich immer noch auf gut 2 Milliarden Euro. Nicht einbezogen sind dabei allerdings die Folgekosten, die sich in diesem Zeitraum aus EU-Verordnungen ergeben haben, also aus unmittelbar geltendem EU-Recht, das – anders als EU-Richtlinien - nicht mehr durch den deutschen Gesetzgeber in nationales Recht übertragen werden muss, um in Deutschland Rechtskraft zu erlangen.

Dieser Befund führt zu der spannenden Frage nach Ursache und Wirkung. Anders ausgedrückt: Ist die positiv-rückläufige Entwicklung des Erfüllungsaufwands seit 2015 auf die Einführung der OIOO-Regel zurückzuführen oder wäre sie auch ohne diesen Beschluss zustande gekommen? Wie bei allen 'Wenn-dann'-Fragen gibt es darauf natürlich keine eindeutige Antwort. Auffallend ist, dass es im Verlauf der Entwicklung im Zusammenhang mit einzelnen Gesetzgebungsvorhaben beträchtliche Schwankungen, also Zuwächse bzw. Abnahmen von Erfüllungsaufwand, gegeben hat, dass aber über die Jahre seit 2015 hinweg – deutlich anders als in den vorangegangenen Jahren[39] – per Saldo ein Rückgang festzustellen ist.

---

38 BGBl. I (2019), S. 1746-1751.

39 Siehe hierzu auch Abbildung 5, Seite 35.

Abbildung 7: Erfüllungsaufwand One-in-one-out-Monitor

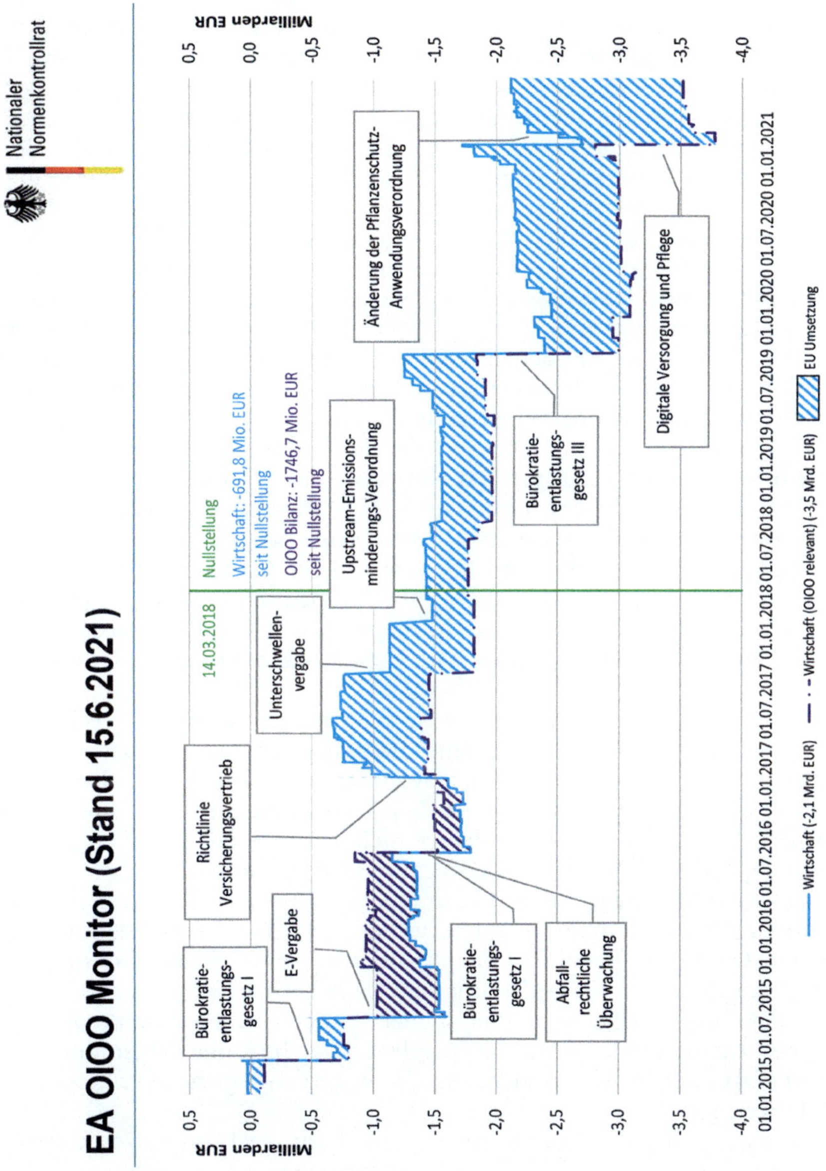

Was im Rahmen der Prüftätigkeit des Normenkontrollrats darüber hinaus festzustellen ist, kann so beschrieben werden: Die Sorgfältigkeit der Ressorts bei der Vorbereitung neuer Gesetzgebungsideen und -initiativen hat deutlich zugenommen. Es wird geprüft, zu welcher Größenordnung an Folgekosten ein Vorhaben voraussichtlich führen wird und ob dafür ggf. Kompensationsmöglichkeiten im eigenen Zuständigkeitsbereich vorhanden sind bzw. im weiteren Verlauf der Legislaturperiode erwartet werden können. In jedem Fall bringt der in Zahlen und Euros ausgedrückte Erfüllungsaufwand einen – je nach Größenordnung – kleineren oder größeren Rechtfertigungszwang mit sich, d.h. die Frage, ob der Nutzen eines Vorhabens zu den jeweiligen Folgekosten in einem angemessenen Verhältnis steht. Ich erinnere mich beispielsweise an das sog. ‚Markttransparenzstellengesetz' des Bundeswirtschaftsministeriums im Jahr 2012, mit dem die Transparenz bei der Preisbildung von Benzin- und Dieselkraftstoffen erhöht werden sollte. Der ursprüngliche Entwurf sah neben der Meldung von Preisangaben durch die Tankstellenbetreiber auch die Mitteilung der dazugehörenden Kraftstoffmengen vor, enthielt aber keinerlei Angaben zu den damit verbundenen Kosten. Auf Verlangen des Normenkontrollrats wurden die Kostenschätzungen nachgereicht. Dabei zeigte sich, dass allein die Bereitstellung der Mengendaten, die – anders als die Preise - gar nicht im Mittelpunkt des politischen Interesses standen, zu einmaligen Kosten von 70 Millionen Euro führten. Der Wirtschaftsausschuss des Deutschen Bundestages folgte der Einschätzung des Normenkontrollrats, dass dieser Kostenaufwand als unverhältnismäßig anzusehen sei, und strich diese Anforderung aus dem Gesetzentwurf.

Wichtiger als solche konkreten Korrekturen ist der mittelbare Einfluss der OIOO-Regel: Jeder Ministeriumsmitarbeiter kennt sie und hat sie inzwischen bei der Vorbereitung einer gesetzlichen Regelung im Hinterkopf. Damit stehen die Folgekosten bei den Vorbereitungsarbeiten immer mit auf der Tagesordnung. Das bedeutet nicht – auch das ist wichtig -, dass die Folgekosten bzw. deren Kompensation die inhaltlichen Arbeiten an einem Gesetzesentwurf dominieren, die inhaltlichen Anliegen also ggf. automatisch zurücktreten müssten, wenn es mit der Kompensation nicht klappt. Die OIOO-Regel ist eine Orientierung, eine Willenserklärung der Bundesregierung, deren Bedeutung durch die Formalisierung als Kabinettsbeschluss unterstrichen wird. Sie ist aber kein Gesetz. Sie verstärkt also den Rechtfertigungsdruck, wenn die Folgekosten in die Höhe gehen, und sorgt dafür, dass diese Kosten immer mitgedacht werden – nicht mehr, aber auch nicht weniger.

So weit, so gut – könnte man sagen, wenn nicht gleichzeitig festzustellen wäre, dass die Einschätzung der betroffenen Unternehmen zu Bürokratie und Praxistauglichkeit von Gesetzen unverändert – vorsichtig ausgedrückt - zurückhaltend ausfällt. Wie passt das zusammen – rückläufige Belastung des gemessenen Erfüllungsaufwand einerseits, andererseits Rückmeldungen aus den Betrieben, dass die wahrgenommene und gefühlte Bürokratie eher zu- als abnimmt?

Ein wichtiger Punkt in dieser etwas unübersichtlichen Gemengelage sind sicher die bereits erwähnten EU-Verordnungen. Sie werden in Brüssel von Ministerrat und Parlament der EU beschlossen und wirken sich unmittelbar in den Betrieben hierzulande aus, ohne dass vorher transparent wird, welche konkreten Kostenfolgen sich für Unternehmen daraus ergeben und ohne, dass diese Kostenfolgen durch einen effektiven OIOO-Mechanismus begrenzt werden. Letzteres soll sich noch im Verlauf des Jahres 2021 ändern, nachdem Kommissionspräsidentin Ursula von der Leyen kurz nach ihrem Amtsantritt im Herbst 2019 angekündigt hat, dafür Sorge tragen zu wollen, dass dieses ihr aus Deutschland bekannte OIOO-Prinzip auch bei der EU-Kommission eingeführt wird. Der entsprechende Vorschlag der Kommission liegt seit April 2021 auf dem Tisch. Er soll im zweiten Halbjahr im Rahmen einer Pilotphase erprobt und Anfang 2022 in Kraft treten. Es bleibt abzuwarten, inwieweit dieser neue Vorschlag der Kommission zu besserer Kostentransparenz und Kostenbegrenzung auf der europäischen Ebene führen wird.

Vielleicht noch wichtiger dürfte sein, dass auch Länder und Kommunen in Deutschland, bei denen ja in den allermeisten Fällen die praktische Durchführung und Umsetzung gesetzlicher Regelungen liegt, Bürokratieabbau und Kostenbegrenzung so ernst nehmen, dass es für mehr als für Sonntagsreden reicht. Obwohl auf der Bundesebene seit immerhin 14 Jahren mit durchaus vorzeigbaren Ergebnissen an diesem Thema gearbeitet wird, tut sich bei Ländern und Gemeinden recht wenig. Lediglich Sachsen und Baden-Württemberg haben eigene Initiativen für weniger Bürokratie und bessere Gesetze auf den Weg gebracht, die von unabhängigen Normenkontrollräten dieser Länder begleitet und kontrolliert werden. So viel Problembewusstsein und Mut hatten die anderen 14 Landesregierungen bisher nicht, obwohl das von ihnen jeweils zu verantwortende ‚Dickicht' von Gesetzen und Verordnungen, Erlassen und Verwaltungsvorschriften, Durchführungsverordnungen und Einzelfallregelungen eine ernsthafte, unabhängige Überprüfung auf Sinnhaftigkeit und Effizienz durchaus verdient hätte.

Bei dieser defensiven, in erster Linie auf rechtssichere Anwendung von Rechts- und Verwaltungsvorschriften orientierten Einstellung kann es nicht verwundern, dass die Chancen, die die Digitalisierung den Verwaltungen für bessere und vor allem bürgerfreundliche Dienstleistungen bietet, hierzulande bisher kaum genutzt worden sind. 10 Jahre Rückstand gegenüber

Nachbarländern wie Dänemark, Österreich und anderen in Europa – und das in einem Land, in dem vor 150 Jahren die moderne Verwaltung erfunden wurde - wer hätte das gedacht? Was würde z.B. der preußische Reformer Freiherr vom Stein sagen, wenn er erfahren würde, dass die österreichische Verwaltung heutzutage in vielen Bereichen moderner und leistungsfähiger aufgestellt ist als deutsche Behörden? Man wagt kaum sich vorzustellen, wie wir die aktuelle Corona-Krise bewältigt hätten, wenn Bund, Länder und Kommunen mit ihren Verwaltungen ihre Hausaufgaben in Sachen Modernisierung und Digitalisierung beizeiten erledigt hätten. Vielleicht ist die Corona-Pandemie ja am Ende ein Weckruf – obwohl dieselbe Hoffnung nach der Flüchtlingskrise 2015/16 auch schon da war und dann nach der Bundestagswahl 2017 im zurückflutenden Alltagsbetrieb schlicht untergegangen ist.

Auch für die Bundesregierung gibt es bei OIOO noch unerledigte Hausaufgaben. Die wichtigste erscheint mir, dass der Erfüllungsaufwand, um den es bei dieser Regel geht, nur die laufenden, sich jährlich wiederholenden Kosten erfasst, dass demgegenüber die sog. ‚Einmal-Kosten' – z.B. Investitionen in moderne IT-Hardware und -Software - nicht enthalten sind und damit auch von der OIOO-Regel nicht erfasst werden. Wer einmal versucht hat, diese ‚Differenzierung' in einer Versammlung von Mittelständlern zu vermitteln, der weiß, wie weit diese Zuordnung oder besser Unordnung von der Realität in den Betrieben entfernt ist. Der Normenkontrollrat hat bereits vor zwei Jahren Lösungen für die Überbrückung dieser Diskrepanz zwischen ministerialen und betrieblichen Vorstellungen entwickelt – etwa analog zu gängigen Abschreibungsregeln die Verteilung dieser Einmal-Kosten über die folgenden 10 Jahre. Zu einer solch starken Annäherung von Politik an die wirtschaftliche Realität reichte am Ende der Mut der Staatssekretäre nicht – trotz der Aussicht auf mehr Akzeptanz und Glaubwürdigkeit gerade bei kleinen und mittleren Unternehmen, für die die Politik nach eigener Aussage ja in besonderer Weise unterwegs ist.

*

Eu Ex ante-Verfahren

Die Verbesserung der Transparenz gesetzlicher Folgekosten, die Einführung der OIOO-Regel sowie die Durchführung systematischer Ex post-Evaluierungen – alle diese Schritte dienten dazu, die Qualität gesetzlicher Regelungen in Deutschland zu verbessern und den damit verbundenen Erfüllungsaufwand zu begrenzen. Dieser Ansatz bot allerdings von Anfang an insofern eine offene Flanke, als Qualität und Folgekosten gesetzlicher Regelungen hierzulande nicht nur von nationaler Gesetzgebung beeinflusst werden, sondern zu einem erheblichen und zunehmenden Teil auch von europäischen Rechtsakten. Diese wiederum werden in Brüssel vorbereitet und verabschiedet, und zwar mit Verfahren, bei denen Kostentransparenz, Kostenbegrenzung und Qualität der Rechtsetzung nicht notwendigerweise denselben Stellenwert aufweisen. Von daher hat sich der Normenkontrollrat schon sehr bald nach Beginn seiner Arbeit dafür eingesetzt, diesen Grundsätzen auch bei der Vorbereitung europäischer Rechtsakte mehr Geltung zu verschaffen. Denn den jeweils Betroffenen – Bürgern wie Unternehmen - ist es egal, woher ihre Belastungen kommen. Sie wollen, dass diese auf ein Minimum begrenzt werden.

Mit dieser Zielsetzung hat der Normenkontrollrat schon im Jahr 2007 Gespräche mit denjenigen in der Bundesregierung geführt, die sich in besonderer Weise um die Vorbereitung europäischer Rechtsetzung kümmern. Die Frage war, was kann von deutscher Seite aus getan werden, um in Brüssel zu einer besseren Folgenabschätzung von EU-Regelungen zu kommen, insbesondere im Blick auf Kostentransparenz und Kostenbegrenzung. Ergebnis war der Beschluss der sog. ‚Europa-Staatssekretäre' vom 8. Oktober 2007, mit Ergänzungen im April 2009. Dieser Beschluss - das sog. ‚EU Ex ante-Verfahren' - verpflichtete alle Ressorts zu prüfen, ob die Vorschläge der Kommission für europäische Richtlinien und Verordnungen plausible und nachvollziehbare Folgekostenabschätzungen enthalten. Fehlen solche Kostenschätzungen oder sind sie unzureichend, wirken die Vertreter der Bundesregierung in den Ratsgremien auf entsprechende Verbesserungen oder das Nachholen solcher Berechnungen hin und werben dabei um die Unterstützung anderer Mitgliedstaaten. Kommt die EU-Kommission dem nicht nach, nimmt das federführende Ressort eine eigenständige Kostenabschätzung vor und übermittelt diese dem NKR.

Ziel dieses Verfahrens war, soweit es geht, darauf hinzuwirken, dass in den Ratsgremien, in erster Linie natürlich in den Ratsarbeitsgruppen, die Quantifizierung der Folgekosten für die jeweils Betroffenen zum Thema gemacht wird. Dabei sollte deutlich gemacht werden, dass es dort nicht nur um einen Interessensausgleich zwischen Mitgliedstaaten geht, sondern auch um Klarheit hinsichtlich der Folgewirkungen für Bürger und Unternehmen. Am wirkungsvollsten wäre es natürlich, wenn der deutsche Vertreter in den Ratsgremien Unterstützung aus anderen Ländern für die Aufforderung an die EU-Kommission mobilisieren könnte, fehlende oder unzureichende Folgekostenschätzungen vorzulegen bzw. nachzubessern. Zum anderen ist es für den Vertreter der Bundesregierung in diesen Verhandlungen wichtig, dass er möglichst genau weiß, worüber er eigentlich verhandelt, also welche Folgekosten sich aus diesem Vorschlag für Bürger, Unternehmen und Verwaltungen in Deutschland ergeben[40]. Nur wenn das transparent, erkennbar und bewusst geworden ist, kann man verantwortungsvoll nach tragfähigen Kompromissen suchen.

Die Umsetzung dieses ersten Anlaufs zu einem wirkungsvollen EU Ex ante-Verfahren stand unter keinem guten Stern. Schon die praktische Einführung der verabredeten Verfahren in und zwischen den Ressorts funktionierte mehr schlecht als recht und nahm ungewöhnlich viel Zeit in Anspruch. Vor allem war die zur Verfügung stehende Zeit zwischen dem Kommissionsbeschluss über eine Richtlinie oder Verordnung einerseits und dem Beginn der Verhandlungen in der Ratsarbeitsgruppe sowie der Fertigstellung der sog. ‚Umfassenden Bewertung' (Information des Deutschen Bundestags über den Kommissionsvorschlag) in der Regel zu knapp, um eine brauchbare Schätzung der Folgekosten des Kommissionsvorschlags vorzulegen. Daraus zog die Bundesregierung am 11. Dezember 2014 in ihren ‚Eckpunkten zur weiteren Entlastung der mittelständischen Wirtschaft von Bürokratie' insofern Konsequenzen, als sie zum EU Ex ante-Verfahren ankündigte, „... spätestens zum 1. Januar 2016 das bisherige Verfahren (zu) konsolidieren und (zu) straffen und künftig ausgewählte und geeignete Legislativvorschläge der Kommission auf den zu erwartenden Erfüllungsaufwand für Deutschland quantitativ (zu) untersuchen."

Ergebnis dieser Ankündigung war ein gutes Jahr später der Beschluss eines erweiterten EU Ex ante-Verfahrens. Diese Erweiterung bestand im Kern darin[41], dass das Verfahren deutlich früher ansetzte: nicht erst mit dem Beschluss der EU-Kommission über einen Vorschlag für eine Richtlinie oder Verordnung, sondern bereits mit der Veröffentlichung des Jahresarbeitsprogramms der Kommission, in dem die Vorhaben aufgelistet sind, die die Kommission im Verlauf des Jahres vorzulegen beabsichtigt. Sind darunter Vorhaben, die aus deutscher Sicht einen hohen Aufwand erwarten lassen, so übersendet die Bundesregierung eine Stellungnahme an die Kommission u.a. mit dem Hinweis, dass eine umfassende und nachvollziehbare Folgenabschätzung erwartet wird. Gleichzeitig werden Vorstudien zu Folgeabschätzungen (‚inception impact assessments') und Kurzbeschreibungen (‚roadmaps') zu einzelnen Vorhaben der Kommission – wenn vorhanden - ausgewertet, um die Bewertung für die Unterrichtung des Deutschen Bun-

40 Bei dieser Einschätzung greife ich u.a. auch auf meine persönliche Erfahrung als deutscher Vertreter in der Ratsarbeitsgruppe Energie von 1979 bis 1981 zurück.

41 Wie funktioniert das EU Ex ante-Verfahren? – siehe dazu im Internet unter: https://www.normenkontrollrat.bund.de/nkr-de/internationales/einfluss-europäischer-regelungen/eu-ex-ante-verfahren.

destages (‚Umfassende Bewertung') sowie die Verhandlungen in der Ratsarbeitsgruppe vorzubereiten.

Spannend wird es, sobald die Kommission einen Regelungsvorschlag veröffentlicht. Dann hat das zuständige Bundesministerium zu prüfen, ob die Folgenabschätzung der Kommission vorhanden, ob sie vollständig ist und ob ggf. von der Kommission Nachbesserungen zu verlangen sind. Kommt die Kommission dem nicht nach, legt das Ressort eine eigene Folgenabschätzung vor. Zeigt die Folgenabschätzung der Kommission einen Erfüllungsaufwand für Bürger, Wirtschaft und Verwaltung, der EU-weit über 35 Millionen Euro jährlich hinausgeht, muss das Ressort in jedem einzelnen Fall eine eigene Kostenschätzung für die Auswirkung in Deutschland erstellen, zu der der Normenkontrollrat eine Stellungnahme abgeben kann[42].

Hat sich dieses Verfahren bewährt? Bis Herbst 2019 (Ende des Mandats der letzten EU-Kommission) haben Bundesregierung und NKR nach diesem Verfahren 344 Legislativvorschläge der EU-Kommission geprüft, 22 davon haben sich als potenziell kostenintensiv herausgestellt. Die entsprechenden Schätzungen der Ressorts zu den Folgekosten für Deutschland waren aus der Sicht des Normenkontrollrats in Ordnung. Anlass zu Beanstandungen gaben jedoch weiterhin die Folgeabschätzungen der Kommission. Teilweise fehlten Quantifizierungen der Folgekosten, vor allem aber ist es sehr oft schwierig, die Annahmen nachzuvollziehen, die den Folgeabschätzungen der Kommission zugrunde liegen. Hier ist mehr Transparenz geboten, um die Berechnungen der Kommission zu verstehen und diese prüfen zu können und ggf. daraus eigene Schätzungen für Deutschland abzuleiten. In dieser Hinsicht sehe ich durchaus noch Verbesserungsbedarf.

Dies gilt auch für das derzeit praktizierte EU Ex ante-Verfahren. Dieses läuft bisher als rein internes Verfahren zwischen Bundesministerien, Bundeskanzleramt und Normenkontrollrat. Selbst dem Deutschen Bundestag werden Schätzungen zu den Folgekosten einzelner EU-Gesetzgebungsvorhaben für Deutschland nicht zugeleitet. Obwohl bekannt ist, dass es diese Kostenschätzungen gibt, hat der Europa-Ausschuss des Deutschen Bundestages seinerseits hierfür bisher kein Interesse gezeigt. Wesentlich gravierender allerdings ist, dass Vertreter von Wirtschaft und Unternehmen an den Schätzungen, wie sich Vorschläge der Kommission für die Betriebe auswirken werden, bis heute nicht beteiligt werden. Bei allem Respekt vor Wissen und

---

42 Die etwas willkürlich anmutende Schwelle von 35 Millionen Euro ist das Ergebnis eines typischen Kompromisses: Der Normenkontrollrat hatte zunächst 20 Millionen vorgeschlagen, das Bundeswirtschaftsministerium 50 Millionen – der Kompromiss belief sich dann auf 35 Millionen.

Erfahrung der Bundesministerien erscheint es fast schon erschreckend, dass diese Analyse zukünftiger Auswirkungen neuer gesetzlicher Regelungen auf Unternehmen und Betriebe in Deutschland von den Beamten allein vorgenommen wird. In einem zunehmend komplexen Umfeld in Wirtschaft und Gesellschaft, national wie international, liegt eine Zusammenarbeit mit denen, die unmittelbar betroffen sind, doch im ureigensten Interesse der Bundesregierung. Dafür wirbt der Normenkontrollrat bereits seit einiger Zeit. Da wir gute Argumente haben, bin ich zuversichtlich, dass es hier bald Fortschritte geben wird!

5. Was macht Europa?

Die Pioniere in Sachen Bürokratiebekämpfung in Europa waren die Niederlande. Dort wurde in den 1990er Jahren das Standardkosten-Modell entwickelt und das Ziel ausgegeben, die Kosten aus gesetzlichen Informationsverpflichtungen um 25% abzubauen

Dieses Konzept – Transparenz zu den Kosten aus Informationspflichten bei neuen Regelungsvorhaben sowie eine Reduzierung der Kosten aus dem bereits vorhandenen Regelungsbestand - machte wenige Jahre später Schule sowohl bei der EU-Kommission in Brüssel als auch in Großbritannien und Deutschland.[43] Dabei gab es Unterschiede in einer Reihe von Einzelheiten, aber der Beginn orientierte sich überall am niederländischen Vorgehen.

So startete die EU-Kommission im Januar 2007 ein ‚Aktionsprogramm zum Abbau von Verwaltungslasten' mit dem Ziel, „auf Unternehmen lastende bürokratische Hürden in der EU bis 2012 um 25% zu reduzieren"[44]. Mit der Erarbeitung geeigneter Vorschläge beauftragte die EU-Kommission ein Jahr später die sog. ‚Hochrangige Expertengruppe (HLG)[45]', besser bekannt unter dem Namen ihres Vorsitzenden, des ehemaligen Bayerischen Ministerpräsidenten Dr. Edmund Stoiber, als ‚Stoiber-Gruppe'[46]. Sie konnte zurückgreifen auf Vorarbeiten eines Konsortiums aus Capgemini, Deloitte und Ramboll Management, das eine ganze Reihe von teilweise weitreichenden Einsparmöglichkeiten quer durch die wichtigsten politischen Aufgabenfelder der EU-Kommission identifiziert und vor allem auch quantifiziert hatte. Diese Einsparoptionen wurden in den folgenden Jahren – das Mandat der Stoiber-Gruppe wurde insgesamt zwei Mal bis zum Oktober 2014 verlängert - in insgesamt rund 50 Sitzungen ausführlich diskutiert und hin- und hergewendet.[47]

---

43 Antonia Schurig, a.a.O.

44 Pressemitteilung der EU-Kommission Nr. IP 07/77.

45 High Level Group.

46 In dieses Gremium wurden neben anderen externen Experten auch der Vorsitzende des Nationalen Normenkontrollrats sowie die Vorsitzenden der vergleichbaren unabhängigen Gremien in Großbritannien (Regulatory Policy Committee), den Niederlanden (Adviescollege Toetsing Adminitratieve Lasten) und – etwas später – der Tschechischen Republik (Regulatory Impact Assessment Board) berufen.

47 Als Mitglied der ‚Stoiber-Gruppe' sind mir die mit einer gewissen Regelmäßigkeit zu erwartenden Erläuterungen des Vorsitzenden ‚zur politischen Lage in Europa und der Welt' in Erinnerung geblieben. Die gemeinsamen Sitzungen dienten insofern nicht nur der Arbeit an vielfältigen Vorschlägen zur Verringerung von Bürokratie, sondern durchaus auch der eigenen politischen Weiterbildung. Auch wenn dies jeweils einen Teil der

Im Laufe der mehr als sechs Jahre entstand so Schritt für Schritt ein umfangreiches Paket mit einem Gesamt-Einsparvolumen von immerhin 33,4 Milliarden Euro. Dabei betraf der weitreichendste Vorschlag den Bereich Steuern. Die Stoiber-Gruppe schlug vor, die Rechnungsstellung dadurch zu vereinfachen, dass diese auf elektronischem Weg erfolgen konnte. Allein durch diese eine Maßnahme ergab sich ein EU-weites Einsparpotenzial von 18,8 Milliarden Euro – ein weiteres Beispiel dafür, dass manchmal, wenn der politische Wille dazu da ist, mit einigen wenigen gesetzlichen Änderungen sehr viel bewegt werden kann.

Allerdings fanden diese Vorschläge nicht bei allen in der Stoiber-Gruppe wie auch in der Kommission immer nur Beifall. Hart umkämpft zwischen Stoiber-Gruppe und der EU-Kommission war beispielsweise die sog. ‚Tachographenpflicht'[48] für gewerbliche Fahrzeuge. Während die Stoiber -Gruppe mit Blick auf die vielen betroffenen Handwerksbetriebe Fahrzeuge innerhalb eines Radius von 150 km rund um den Unternehmenssitz ausnehmen wollte (Einsparung 59 Millionen Euro), war die EU-Kommission nicht bereit, über 100 km hinauszugehen (Einsparung 53 Millionen Euro). Im Allgemeinen sorgte aber die Rückendeckung des Vorsitzenden durch Kommissionspräsident José Manuel Barroso, der zwei Mal selbst an den Sitzungen der ‚Stoiber-Gruppe' teilnahm, und durch den zuständigen Kommissar Günter Verheugen dafür, dass die erarbeiteten Einsparvorschläge bzw. ihre wesentlichen Inhalte anschließend durchweg als formelle Vorschläge der EU-Kommission an Rat und Parlament auf den Weg gebracht und dort – mal mit mehr, mal mit weniger Abstrichen – auch verabschiedet wurden.

Bemerkenswert ist in diesem Zusammenhang, was mit dem Vorschlag der Stoiber-Gruppe geschah, Kleinstunternehmen vom Geltungsbereich der europäischen Rechnungslegungs- und Rechnungsprüfungsvorschriften auszunehmen. Diesmal waren es Ministerrat und Europäisches Parlament, die die Ausnahmeregelung so weit einschränkten, dass sich das Einsparvolumen von 6,3 auf 3,4 Milliarden nahezu halbierte – obwohl die Politik in der Öffentlichkeit doch gerade kleinen Unternehmen immer wieder jede Unterstützung in Aussicht stellt!

Zeitlich parallel zur Arbeit der Stoiber-Kommission nahm noch ein anderes Gremium der EU-Kommission seine Arbeit auf: das sogenannte Impact Assessment Board (IAB). Während die Stoiber-Kommission sich um Vorschläge zur Reduzierung bürokratischer Belastungen aus bereits be-

---

Sitzungszeit in Anspruch nahm, gab es nach meiner Beobachtung niemanden, der diese ‚politischen Bereicherungen' des Sitzungsprogramms im Rückblick missen möchte!

48 Pflicht zum Einbau von Geräten zur Messung und Aufzeichnung von Lenk- und Ruhezeiten in gewerblichen Fahrzeugen.

stehenden Gesetzen und Verordnungen kümmerte, war die Aufgabe des 7-köpfigen IAB die Überprüfung der ‚impact assessments', also der Gesetzesfolgenabschätzungen zu neuen Regulierungsvorschlägen aus den Generaldirektionen der EU-Kommission. Auf den ersten Blick war die Tätigkeit des IAB damit durchaus vergleichbar mit der des Normenkontrollrats in Deutschland und ähnlicher Gremien in anderen europäischen Ländern. Ein wesentlicher Unterschied bestand allerdings darin, dass die Mitglieder des IAB Kommissionsbeamte waren, die zwar für die Wahrnehmung dieser Aufgabe keinen Weisungen der EU-Kommission unterlagen, deren weiterer beruflicher Werdegang aber eng mit der Kommissionsbehörde verbunden blieb – ein Umstand, von dem nicht zu erwarten war, dass ihn die betroffenen Beamten aus dem Auge verlieren würden, so dass ihre Unabhängigkeit doch als eher begrenzt anzusehen war. Ich fand es damals schade, dass die EU-Kommission nicht den Mut hatte, die ‚impact assessments' ihrer Generaldirektionen einer wirklich unabhängigen Begutachtung hinsichtlich der mit ihnen verbundenen Kostenwirkungen zu unterwerfen, so wie es in Großbritannien, den Niederlanden und Deutschland der Fall war und ist. Das hätte die Glaubwürdigkeit der IAB-Stellungnahmen deutlich verstärkt und sicher auch dem kritisch-konstruktiven Dialog zwischen IAB und Kommissionsdienststellen eine andere Qualität und Durchschlagskraft gegeben.

Diese wiederholte Kritik an der unvollständigen Unabhängigkeit des IAB hat 2015 die Juncker-Kommission bzw. Frans Timmermans, der zuständige Erste Vizepräsident, teilweise aufgegriffen, indem 3 der 7 Positionen des jetzt in Regulatory Scrutiny Board (RSB) umbenannten Kontroll-Gremiums für externe Fachleute reserviert wurden – ein weiterführender Schritt in die richtige Richtung, auch wenn der RSB-Vorsitz weiterhin einem Kommissionsbeamten vorbehalten blieb. Überhaupt ist festzustellen, dass bei der Begutachtung der Gesetzesfolgenabschätzungen sowie der 2010 eingeführten systematischen Ex post-Evaluierungen[49] erhebliche Verbesserungen erreicht worden sind - ganz im Gegensatz zur großen Mehrheit der EU-Mitgliedstaaten, in denen nach wie vor beim Thema Bürokratieabbau und Bessere Rechtsetzung weitgehend Fehlanzeige festzustellen war und ist. Dabei fällt auf, dass das Interesse an Transparenz bei den Folgekosten von Gesetzgebung und an der Begrenzung dieser Folgekosten sich im Wesentlichen auf die Länder in Mittel- und Nordeuropa beschränkt, in Süd- und Osteuropa (mit Ausnahme der Tschechischen Republik) hingegen ist davon – 15 Jahre nach Beginn dieser politischen Öffnung für Transparenz und Kostenbegrenzung - kaum etwas zu spüren.

49 Evaluierungen für Ausgabenprogramme und einzelne Gesetzgebungsbereiche gab es schon vor 2010.

Dass dem so ist, macht sich in Brüssel in ganz besonderer Weise im Ministerrat der EU bemerkbar. Desinteresse und reflexartige Abwehrreaktionen, wenn von konsequenter Betrachtung der Folgekosten von Änderungsanträgen zu Vorschlägen der Kommission die Rede ist, sind nirgendwo in den europäischen Institutionen so spürbar wie im Ministerrat, insbesondere in den fachlich organisierten Ratsarbeitsgruppen. Zu groß ist nach meinem Eindruck bei nicht wenigen Mitgliedstaaten die Angst, dass mehr Transparenz zu den Folgen einzelner Änderungsvorschläge möglicherweise manchem politischen ‚Deal' die Grundlage entziehen könnte. Wer sich Vorteile erhofft, könnte sich ungewohnten Rechtfertigungszwängen ausgesetzt sehen, wenn für jedermann transparent und erkennbar wird, dass diese Vorteile mit erheblichen Folgebelastungen für Unternehmen und/oder Bürger verbunden sind. Wie dem auch sei, in jedem Fall ist festzustellen, dass in den zurückliegenden Jahren alle Versuche der EU-Kommission, EU-Ministerrat und EU-Parlament in ein gemeinsames System von Kostentransparenz und Kostenbegrenzung einzubinden, praktisch vollständig gescheitert sind[50]. Die grundsätzlich gegebene Möglichkeit, in den Ratsarbeitsgruppen Änderungsanträge (‚amendments') auf ihre Folgekosten hin überprüfen zu lassen, hat bisher keine Anwendung gefunden.

In den Ausschüssen des EU-Parlaments können Änderungsanträge von ausreichender Bedeutung von einer speziellen Einheit der Parlamentsdienste auf ihre Kostenfolgen hin untersuchen werden – allerdings nur, wenn die Berichterstatter der im Ausschuss vertretenen Fraktionen sich darauf verständigen. Hier kann aber im Gegensatz zum Rat immerhin festgestellt werden, dass die Zahl solcher ‚impact assessments' zu Änderungsanträgen von EU-Parlamentariern in den letzten Jahren erkennbar zugenommen hat, auch wenn diese noch keineswegs so selbstverständlich geworden sind, wie dies – trotz verbleibender Unzulänglichkeiten - bei Vorschlägen der EU-Kommission insgesamt festzustellen ist.

Zieht man eine Bilanz der Arbeit der EU-Institutionen in Brüssel, so ist unübersehbar, dass die politische Kultur in Sachen Transparenz gesetzlicher Folgekosten und ihrer Begrenzung zwischen EU-Kommission und EU-Ministerrat kaum unterschiedlicher sein könnte – mit dem EU-Parlament irgendwo zwischen diesen beiden Extremen. Dass sich daraus zwangsläufig Divergenzen und Friktionen für die Gestaltung des Gesetzgebungsverfahrens auf europäischer Ebene ergeben, kann nicht überraschen. Dies bleibt nicht ohne Rückwirkungen für Deutschland, denn etwa die Hälfte der Kostenbelastungen aus gesetzlichen Regelungen für Bürger, Unternehmen

50 So auch bei den letzten Verhandlungen zwischen EU-Kommission, Europäischem Parlament und EU-Ministerrat über ein ‚Interinstitutional Agreement' in den Jahren 2015/2016.

und Verwaltung hierzulande kommen aus Brüssel, wird also direkt von den dort gegebenen Bedingungen beeinflusst[51]. Und diese Bedingungen sind in Sachen ‚better regulation' weit von dem entfernt, was die drei europäischen Institutionen leisten könnten!

Nicht zuletzt im Blick auf Brüssel war aus deutscher Sicht die französische Haltung besonders wichtig. Sollte Frankreich sich ebenfalls für ein Konzept zur Kostentransparenz und zur Begrenzung gesetzlicher Folgekosten entschließen, könnte dies aus unserer Sicht so etwas wie einen Durchbruch in Europa nach sich ziehen und hätte sicher auch Auswirkungen auf entsprechende Diskussionen in Brüssel. Mit diesen Überlegungen machten wir uns auf den Weg nach Paris – wir bedeutete dabei für mich entweder zusammen mit anderen NKR-Kollegen oder zusammen mit dem für unser Thema zuständigen Staatsminister im Bundeskanzleramt.

Die erste Reise fand bereits im Januar 2008 statt. Anlaufstelle war – neben dem Secrétariat général des affaires européennes - das Hôtel Matignon, Sitz des französischen Premierministers, und dort der damalige Generalsekretär der Regierung, Monsieur Serge Lasvignes. Ziel war es, einen ersten Kontakt zu unserem Thema Bürokratieabbau, Kostentransparenz und Kostenbegrenzung mit der französischen Regierung herzustellen. Das gelang, auch wenn die Gespräche ergaben, dass man in den Zielsetzungen zwar übereinstimmte, dass aber ein unabhängiges Kontroll- und Beratungsgremium wie der deutsche Normenkontrollrat im französischen Regierungssystem die Vorstellungskraft unserer französischen Gesprächspartner etwas überforderte. Mehr als entschädigt wurden wir durch die Gastfreundschaft von Serge Lasvignes in Form eines wunderbaren Mittagessens in den historischen Räumen eines Palais aus dem 18. Jahrhundert, was wiederum bestätigte: Paris vaut bien un voyage!

Bis zum nächsten Anlauf dauerte es dann immerhin mehr als 5 Jahre, bis zum August 2013. Zum einen gab es in der Zwischenzeit keine Hinweise auf Änderungen in der französischen Sicht der Dinge, zum anderen war der Normenkontrollrat selbst durch die Umsetzung des 25%-Bürokratieabbauziels sowie die Erweiterung seines Mandats über die Kosten für Informationsverpflichtungen hinaus auf die Einbeziehung aller gesetzlichen Folgekosten stark in Anspruch genommen. Staatsminister Eckart von Klaeden und ich trafen wieder Serge Lasvignes, unverändert Generalsekretär der französischen Regierung, im Hôtel Matignon. Diesmal hatten wir das Gefühl, dass es ein stärkeres Interesse an unserem Vorgehen – Kostentransparenz, Kostenbegrenzung, begleitet durch ein unabhängiges Beratungs-

51 Vgl. dazu Nationaler Normenkontrollrat (Hrsg.), Jahresbericht 2014, Seite 67; abrufbar unter www.normenkontrollrat.bund.de.

und Kontrollgremium – gab, nicht zuletzt im Blick auf die Möglichkeit, auch die Arbeit der europäischen Institutionen in Brüssel transparenter und effizienter zu gestalten. Dieses Gespräch wurde ein gutes halbes Jahr später fortgesetzt, zunächst im April ein weiteres Mal in Paris, einen Monat später in Berlin. 2016 vermittelten uns im Normenkontrollrat die Besuche zuerst von Mitgliedern des Conseil d'Etat, dann einige Monate später des Staatssekretärs beim Premierminister, ‚chargé de la Réforme de l'État et de la Simplification', Monsieur Jean-Vincent Placé, den Eindruck, dass es in Paris ein aktives Interesse am deutschen Ansatz zur Besseren Rechtsetzung gäbe.

Nach dem Amtsantritt von Präsident Macron im Mai 2017 folgte insofern die Ernüchterung, als wir feststellen mussten, dass in der neuen französischen Regierung das Interesse an Kostentransparenz und Kostenbegrenzung mit Kontrolle und Beratung durch eine unabhängige Kommission nicht mehr feststellbar war – ausgerechnet unter einem neuen Präsidenten, von dem man sich in der Öffentlichkeit gerade mehr Transparenz und Offenheit versprochen hatte! Ganz überraschend kam diese Wendung für mich nicht, denn wie ich aus meiner Zeit an der École Nationale d'Administration[52] wusste, war ein unabhängiges Gremium als unmittelbar Beteiligter an der internen Vorbereitung von Gesetzen und Verordnungen für unsere Kollegen aus dem französischen Regierungsapparat noch weniger vorstellbar, als dies in Deutschland bei Gründung des Normenkontrollrats 2006 der Fall gewesen war. Auch die durchaus freundschaftliche Atmosphäre in unseren bilateralen Gesprächen sowie die Kraft des Neubeginns unter einem jugendlich erscheinenden neuen Präsidenten konnten diesen Graben am Ende nicht überwinden.

Im Herbst 2013 zeigten die Kontakte mit anderen unabhängigen Räten, die in ihren Ländern ähnliche Aufgaben wie der Normenkontrollrat wahrnahmen, dass das Interesse an einer stärkeren Zusammenarbeit zunahm. Das galt – neben dem niederländischen Actal[53] mit seinem Vorsitzenden Jan ten Hopen – insbesondere für die Kollegen des Regulatory Policy Committee (RPC) in Großbritannien unter dem Vorsitz von Michael Gibbons. Auch dort hatte man 2006 mit einem 25%-Abbauziel (‚administrative burdens') begonnen, das vier Jahre später erreicht wurde. Parallel dazu prüfte das 2009 eingesetzte RPC die Folgekosten neuer gesetzlicher Regelungsentwürfe, und

52 11/1973 – 11/1974.
53 2017 umbenannt in Adviescollege Toetsing Regeldruk (ATR).

zwar von Anfang an nicht nur Kosten von Informationsverpflichtungen, sondern alle ‚costs and benefits'[54].

Um nach Erfüllung des 25%-Abbauziels den Druck zur Kostenbegrenzung aufrecht zu erhalten, ging man in Großbritannien neue Wege. Im April 2011 wurde erstmals die ‚One-in-one-out'-Regel[55] für Belastungen der Wirtschaft eingeführt, die bereits 2013 zu ‚One-in-two-out und 2016 zu ‚One-in-three-out' verschärft wurde. Dabei sind allerdings im Vergleich zu Deutschland einige wichtige methodische Unterschiede zu beachten - wie z.B. die Tatsache, dass ‚costs and benefits' miteinander saldiert werden, die Kosten also für die Anwendung der ‚One-in-one-out'-Regel nur dann durchschlagen, wenn sie größer als der Nutzen sind (sehr selten) oder wenn der Nutzen den Bürgern zugutekommt, die Kosten aber bei den Unternehmen anfallen (was häufiger der Fall ist). Wichtig ist jedoch der Grundgedanke, dass die Belastungen für die Unternehmen – wie immer diese im Einzelnen berechnet werden – faktisch gedeckelt werden – ein Effekt, der den ‚Druck (zur Kostenbegrenzung) im (Gesetzgebungs-) System' aufrechterhält und der Bundesregierung und Normenkontrollrat veranlasst hat, die ‚One-in-one-out'-Regel in Deutschland zu übernehmen.

Nach Großbritannien, den Niederlanden, Deutschland und der EU-Kommission haben in den 2010er Jahren weitere Regierungen die Transparenz gesetzlicher Folgekosten und deren Begrenzung auf ihre politische Tagesordnung gesetzt. Dazu gehörten die skandinavischen Länder Dänemark, Finnland, Norwegen und Schweden sowie die Tschechische Republik. Das Besondere in all diesen Fällen war, dass die Umsetzung dieses Zieles nicht allein Verwaltung und Ministerien überlassen wurde, sondern dass jeweils eine unabhängige Kommission damit beauftragt wurde, von den Ministerien vorgelegte Folgekostenschätzungen auf Vollständigkeit, Nachvollziehbarkeit und Berücksichtigung möglicher kostengünstiger Alternativen hin zu prüfen und entsprechende Stellungnahmen abzugeben.

Diese Parallelität der den Kommissionen gestellten Aufgaben wie auch die ihnen gemeinsame Unabhängigkeit führten ab 2012 schrittweise zu einer stärkeren Zusammenarbeit zwischen diesen nationalen ‚watch-dogs'. Dabei ging es einmal um den naheliegenden Erfahrungsaustausch im Blick auf die praktische Arbeit. So hat der Normenkontrollrat mehrfach Mitglie-

54 „the accuracy and robustness of the costs and benefits; whether the range of policy options assessed support minimising costs and maximising benefits; and the degree to which issues of public risk and the practicalities of ensuring compliance are taken into account" – RPC Annual Report 2010, RPC terms of reference, Seite 7.

55 Vergleiche hierzu die Darstellung der Einzelheiten der ‚One-in-one-out'-Regel in Kapitel 4, Seite 46ff.

der und Mitarbeiter der Schwesterorganisationen in den Niederlanden und in Großbritannien zu eigenen Sitzungen eingeladen, um die dortigen Verfahren sowie die methodischen Grundlagen besser zu verstehen. Gerade zu Beginn der Arbeit des Normenkontrollrats haben die Erläuterungen und Ratschläge der holländischen Kollegen sehr geholfen, sich mit der praktischen Handhabung des Standardkosten-Modells vertraut zu machen und damit die sachgerechte Prüfung der Ministeriumsangaben zu den jeweiligen Folgekosten relativ schnell in Gang zu bringen. Später war es der zeitweilig sehr enge Kontakt mit den britischen Kollegen, durch den wir das ‚One-in-one-out'-System kennen und schätzen lernten, so dass es ab 2015 auf Vorschlag des Normenkontrollrats Bestandteil des deutschen Systems zur Kostenbegrenzung wurde. Auch das Thema Ex post-Evaluierung gesetzlicher Regelungen spielte und spielt bei diesem ‚best practice'-Austausch eine wichtige Rolle.

Neben diesem fachlichen Austausch untereinander gab es noch ein anderes gemeinsames Interesse – Einfluss zu nehmen auf die ‚better regulation'-Diskussion in Brüssel. Die Mitgliedschaft der Vorsitzenden von zunächst 3, später 4 unabhängigen nationalen Kommissionen[56], auch ‚Räte' genannt, in der Stoiber-Kommission war der natürliche Ausgangspunkt für diese Zusammenarbeit. Bei einer ganzen Reihe von Punkten führten ähnliche Erfahrungen auch zu ähnlichen Positionen, was es wiederum nahelegte, sich bereits bei der Vorbereitung entsprechender Diskussionen enger abzustimmen. Besonders deutlich wurde dies bei der Erarbeitung des Abschlussberichts der ‚Stoiber-Kommission', als es um die zukünftige Rolle des ‚Impact Assessment Board' ging und sich die Stoiber-Kommission – sehr zum Ärger mancher Kommissionsbeamten - für eine eindeutige, strukturelle Unabhängigkeit dieses Prüf- und Kontrollgremiums bei der EU-Kommission aussprach.

Diese enger werdende Zusammenarbeit, auch von dem vertrauensvollen persönlichen Einvernehmen der Vorsitzenden getragen und inspiriert, führte 2014/2015 zu dem Wunsch aller Beteiligten, diese schon länger praktizierte Gemeinsamkeit auch in einer angemessenen Weise zu formalisieren und nach außen erkennbar zu machen. Ergebnis war die Gründung des Netzwerks ‚RegWatchEurope', das allen unabhängigen Kommissionen in Europa offensteht, deren Aufgabe die Begutachtung nationaler Gesetzesfolgenabschätzungen, insbesondere der Schätzungen der jeweiligen gesetzlichen Folgekosten ist. Gründungsmitglieder waren die entsprechenden Kommis-

---

56 Nationaler Normenkontrollrat - NKR (D), AdviesCollege Toetsing Administratieve Lasten - ACTAL (NL), Regulatory Policy Copmmittee - RPC (GB) und Regulatory impact Assessment Board – RIAB (CZ).

sionen – vertreten durch ihre Vorsitzenden – aus Deutschland, Großbritannien, den Niederlanden, Schweden und der Tschechischen Republik[57]. Im Jahr 2016 kamen die Kommissionen aus Finnland und Norwegen hinzu[58], 2020 das Danish Business Regulation Forum – DBRF aus Dänemark. Diese Zusammensetzung spiegelt übrigens sehr gut die bereits erwähnte etwas einseitige geografische Verteilung des Interesses an Bürokratieabbau und ‚better regulation' in Europa wider, insbesondere was die Begleitung dieses Themas durch eine unabhängige Kontroll- und Beratungsinstanz betrifft – im Norden stark, in der Mitte geteilt, im Süden und im Osten nahe Null. Es ist sicher nicht ganz abwegig, darin auch einen Indikator unterschiedlicher politischer Kulturen in Europa zu erkennen.

RegWatchEurope organisiert seine Arbeit in erster Linie mit Hilfe regelmäßiger Treffen und des jährlich wechselnden Vorsitzes, den jeweils eines der Mitglieder übernimmt. Für den Austausch von Erfahrungen und best-practice finden mehrmals im Jahr Seminare und Workshops statt, die sich mit bestimmten Einzelfragen beschäftigen und auch Nicht-Mitgliedern offenstehen. Die Kommunikation mit der EU-Kommission konzentriert sich auf den regelmäßigen Dialog mit dem Regulatory Scrutiny Board (RSB) sowie auf Treffen mit dem für ‚better regulation' zuständigen EU-Kommissar, möglichst ein Mal im Jahr. Corona-bedingt hat das letzte Präsenz-Treffen dieser Art mit Kommissions-Vizepräsident Maroš Šefčovič im Januar 2020 stattgefunden, bei dem es um die ‚better regulation'-Pläne für die gerade begonnene Mandatszeit der neuen Von-der-Leyen-Kommission nach den vorangegangenen Wahlen zum Europa-Parlament ging. Dabei spielte naturgemäß das Thema ‚One-in-one-out' eine wichtige Rolle, nachdem die Kommissionspräsidentin wenige Wochen zuvor die Einführung dieser Regel zur Begrenzung gesetzlicher Folgekosten für zukünftige Regelungsvorschläge der EU-Kommission angekündigt hatte. Als damaliger Vorsitzender von RegWatchEurope machte ich gegenüber Vizepräsident Maroš Šefčovič den Vorschlag, in einem gemeinsamen Seminar zusammen mit seinen Mitarbeitern die bisherigen Erfahrungen mit dieser Regel in Großbritannien und Deutschland zu diskutieren und der Kommission zugänglich zu machen. Kommissar Šefčovič griff diesen Vorschlag auf, der wenige Wochen später mit einem digitalen Video-Seminar umgesetzt wurde.

Es dauerte dann doch noch etwa ein Jahr, bis die Kommission im April 2021 ihre Mitteilung ‚Better regulation: Joining forces to make better laws'

---

57 Siehe vorangehende Fußnote sowie Swedish Better Regulagtion Council – SBRC (SWE).

58 Finish Council of Regulatory Impact Analysis – FCRIA (FIN), Norwegian Better Regulation Council – NBRC (NOR).

fertigstellte und veröffentlichte[59]. Das Ergebnis spiegelte die vorangegangene Diskussion wider: Einmal in dem Punkt, dass ‚better regulation' nicht nur ein Thema für die EU-Kommission darstellt, sondern in gleicher Weise für die beiden anderen EU-Institutionen – Rat und Parlament. Nur wenn alle drei Institutionen dieses Anliegen ernst nehmen und tatsächlich danach handeln, kann es am Ende ein Ergebnis geben, das diesem Anspruch gerecht wird. Darauf hatte RegWatchEurope gegenüber dem Vizepräsidenten mehrfach hingewiesen – ebenso wie auf die Defizite, die in dieser Hinsicht beim Parlament und vor allem beim Ministerrat seit Jahren festzustellen waren. In ihrer neuen Mitteilung hat die EU-Kommission dieses Anliegen aufgegriffen und gegenüber Rat und Parlament den offensichtlichen Handlungsbedarf mit deutlichen Worten angemahnt.

Entsprechend der Vorankündigung der Kommissionspräsidentin kündigt die Mitteilung der Kommission darüber hinaus die Einführung der One-one-out-Regel an, wenn auch zunächst einmal nur für die sog. ‚administrative costs', also für die mit der jeweiligen Richtlinie oder Verordnung verbundenen Informationspflichten – und nicht, wie in Deutschland und Großbritannien, für die wesentlich umfassenderen Folgekosten insgesamt, die sog. ‚compliance costs'. Immerhin, es ist ein erster Schritt in die richtige Richtung, der hoffen lässt, dass die One-in-one-out-Regel bei dem 2023 vorgesehenen ‚review' der Kommission mit etwas mehr Mut auf eine breitere und wirkungsvollere Grundlage gestellt wird. Auch in Deutschland ging es zu Beginn um die Informationspflichten, bevor nach einigen Jahren Erfahrung das Ex ante-Prüfsystem auf alle Folgekosten – den ‚Erfüllungsaufwand' – erweitert wurde. Dieser Weg sollte auch in Brüssel beschritten werden. Andernfalls könnten Wirtschaft und Unternehmen zu dem Ergebnis kommen, dass diese One-in-one-out-Regel gemessen an ihrer Alltagserfahrung mit gesetzlichen Folgekosten schlicht zu kurz greift.

Einen besonderen Akzent setzte im zweiten Halbjahr 2020 die deutsche Ratspräsidentschaft. Das Bundeswirtschaftsministerium, für Deutschland auf EU-Ebene federführend für das Thema Bessere Rechtsetzung, trat an mich als damaligen Vorsitzenden von RegWatchEurope mit der Bitte heran, unsere Position zu diesem Thema darzulegen, insbesondere zu entsprechenden Verbesserungen auf der europäischen Ebene. Es war das erste Mal überhaupt, dass eine Ratspräsidentschaft eine solche Offerte für eine inhaltliche Diskussion dieser Art machte. Unsere Antwort war ein Papier mit Überlegungen zu ‚Further Development of Regulatory Oversight at EU-Level' mit konkreten Vorschlägen zu einer verbesserten Gesetzesvorbereitung durch die EU-Kommission.

59 Mitteilung der Kommission vom 29.4.2021, COM(2021) 219 final.

Wichtigster Kritikpunkt war, dass das Regulatory Scrutiny Board bisher nicht berechtigt ist, fehlende ‚impact assessments' von der EU-Kommission einzufordern bzw. für deren Fehlen eine entsprechende Begründung zu verlangen. Dahinter steht die Grundauffassung der Kommissionsadministration, insbesondere des Generalsekretariats der EU-Kommission, dass es am Ende immer möglich bleiben muss, aus politischen Gründen Vorschläge zu machen, deren Folgekosten nicht ausgewiesen werden - sich also sozusagen die Hintertür offen zu halten, falls Kostentransparenz doch einmal nicht opportun erscheinen sollte. Andere Forderungen von RegWatchEurope betrafen Konsultationen mit Verbänden auch zu konkreten Entwürfen von ‚impact assessments', die Qualität von Ex post-Evaluierungen, das ‚Evaluate First'-Prinzip, die volle Unabhängigkeit des Regulatory Scrutiny Board, um nur einige zu nennen. EU-Ministerrat und EU-Parlament sollten ihrerseits dafür Sorge tragen, dass ihre Änderungsvorschläge mit nachvollziehbaren Schätzungen der mit ihnen verbundenen Folgekosten versehen sind, damit Parlamentarier und Regierungsvertreter wissen, welche Folgen mit ihren ‚amendments' verbunden sind.

Das Echo auf diese Vorschläge war mehr als lebhaft: Aus dem ‚Apparat' der EU-Kommission waren Reaktionen der Entrüstung zu vernehmen, wie solch weitgehende Überlegungen überhaupt ernsthaft zur Diskussion gestellt werden könnten. Von einer Bereitschaft, die eigenen ‚better regulation'-Verfahren zumindest einmal selbst-kritisch anzusehen und über begrenzte Verbesserungen wenigstens einmal zu diskutieren, keine Spur!

Beim Ministerrat eröffnete die deutsche Präsidentschaft – ebenfalls erstmalig - die Möglichkeit für RegWatchEurope, unsere Vorschläge in einer Video-Konferenz direkt mit den Mitgliedern der zuständigen Ratsarbeitsgruppe zu diskutieren. Die Stellungnahmen dort entsprachen der schon bekannten geografischen Verteilung des Interesses an ‚better regulation': Zustimmung aus Skandinavien, den Niederlanden, Deutschland und der Tschechischen Republik; Zurückweisungen, teilweise in vehementer Form, aus Süd- und Osteuropa, vor allem bemerkenswerterweise aus Frankreich, Belgien und Luxemburg!

Fazit: Für die große Mehrheit der EU-Mitgliedstaaten ist offensichtlich die Transparenz politischer Prozesse generell, aber auch im Blick auf die Folgekosten gesetzlicher Regelungen und deren Begrenzung, bis heute ein Fremdwort geblieben – zu Hause ebenso wie in Brüssel. Es besteht ersichtlich die Gefahr, dass die Diskussion über ‚better regulation' in Europa, die vor immerhin 15 Jahren begonnen hat, dauerhaft ein Minderheits-Thema bleibt!

6. Der Normenkontrollrat – Motor und Fremdkörper zugleich

Der Nationale Normenkontrollrat ist eine ungewöhnliche, ja einzigartige Einrichtung im Regierungssystem der Bundesrepublik Deutschland. Dies wurde schon bei seiner Einsetzung deutlich, als am 19. September 2006 sowohl Bundespräsident Horst Köhler als auch Bundeskanzlerin Angela Merkel zusammen mit Staatsministerin Hildegard Müller sich die Zeit nahmen, ersterer um die Ernennungsurkunden an die Mitglieder des neu geschaffenen Normenkontrollrats selbst zu übergeben, im zweiten Fall, um bei dieser Berufung persönlich anwesend zu sein. Dies alles für ein damals 8-, später 10-köpfiges Gremium mit der Aufgabe, die Entwürfe gesetzlicher Regelungen vor ihrer Behandlung im Bundeskabinett zu prüfen, und zwar hinsichtlich der Darstellung des mit ihnen verbundenen sog. ‚Erfüllungsaufwands' für Bürger, Wirtschaft und Verwaltung.

Dieser „Erfüllungsaufwand umfasst den gesamten messbaren Zeitaufwand und die Kosten, die durch die Befolgung einer bundesrechtlichen Vorschrift bei Bürgerinnen und Bürgern, Wirtschaft sowie der öffentlichen Verwaltung entstehen."[60] Es geht also um die Folgekosten, die sich aus gesetzlichen Regelungen für die jeweils Betroffenen ergeben. Ziel war, bei der Gesetzgebung künftig nicht mehr nur einfach - wie es bisher immer üblich war - politische Ideen in Rechtstexte zu übertragen und zu beschließen. Die Entscheidungsträger in Kabinett und Parlament sollten sich vielmehr vor ihrer Entscheidung im Klaren darüber sein, welche Kostenwirkungen sie mit ihren Entscheidungen auslösen und welche Verantwortung sie damit übernehmen. Das Ergebnis seiner Prüfung hält der Normenkontrollrat in einer Stellungnahme fest, die dem Gesetzentwurf für die Kabinettbefassung durch das federführende Ressort beigefügt wird und die dann mit dem vom Bundeskabinett beschlossenen Gesetzentwurf dem Parlament zugeleitet und dort in der entsprechenden Bundesrats- bzw. Bundestagsdrucksache veröffentlicht wird.

Das Besondere dabei ist, dass der Normenkontrollrat unabhängig ist, dass also ein unabhängiges Gremium mit einer eigenen, vom demokratisch gewählten Parlament erteilten Legitimation an der internen Vorbereitung von Gesetzentwürfen der Bundesregierung beteiligt ist, ja dass dieses Gremium spätestens mit der Eröffnung der Abstimmung zwischen den Bundesministerien für die Kabinettbefassung (‚Ressortabstimmung') an dem

60 § 2 (1) NKR-G in der Fassung vom 19.6.2020, BGBl. I S. 1328.

ansonsten vertraulichen Abstimmungsprozess beteiligt werden muss. Etwas Vergleichbares hatte es zuvor zu keinem Zeitpunkt gegeben. Diese Besonderheit wird noch deutlicher, wenn man die Stellung des Normenkontrollrats mit derjenigen anderer unabhängiger Kommissionen mit ähnlichem Auftrag in Europa vergleicht. Nur in Deutschland ist die Unabhängigkeit in einem Gesetz festgeschrieben, sie kann also nicht einfach durch einen Regierungsbeschluss relativiert oder sogar abgeschafft werden. Unterstrichen wird dies noch durch die ebenfalls im Gesetz festgelegte 5-jährige Mandatszeit – bewusst ein Jahr länger als die Legislaturperiode – und durch die Tatsache, dass die Arbeit des Normenkontrollrats auf Dauer angelegt ist, also kein Verfallsdatum und damit kein absehbares Ende hat. Insofern muss man Bundesregierung und Bundestag Respekt dafür zollen, dass sie mit der Verabschiedung des Normenkontrollrat-Gesetzes 2006 diesen fast schon 'revolutionären' Schritt unternommen haben, ohne irgendwelche Erfahrungswerte dafür zu haben, wie sich denn ein solches unabhängiges Gremium in den internen Vorbereitungsprozess der Regierung für neue gesetzliche Regelungen einbringen würde - wie also der Spagat zwischen der Unabhängigkeit des Rates einerseits und den vom Grundgesetz und den von den Geschäftsordnungen der Bundesregierung und des Bundestages festgelegten Abläufen für die Gesetzgebung – und hier insbesondere für die Vorbereitung der Kabinettbeschlüsse - andererseits in der Praxis funktionieren würde. Ein wenig Mut gemacht haben dürften dabei vielleicht die Nachrichten aus den Niederlanden, dass dort ein ähnliches Experiment seit dem Jahr 2003 einen erfolgreichen Verlauf genommen habe[61].

Für den erfolgreichen Start dieses Experiments in Deutschland war sicher hilfreich, dass Befürchtungen, die auch in den vorangegangenen Diskussionen im Bundestag eine Rolle gespielt hatten[62], sich sehr schnell als gegenstandslos herausstellten – dass nämlich der Normenkontrollrat möglicherweise seine Beteiligung an der Vorbereitung neuer gesetzlicher Regelungen missbrauchen könne, um sich in die Diskussion über die politischen Inhalte von Regelungsentwürfen einzumischen. Bereits wenige Wochen später wurde mit der Verabschiedung der ersten Stellungnahmen für alle Beobachter erkennbar, dass sich der Normenkontrollrat strikt an die Aufgaben hielt, die das Normenkontrollrat-Gesetz ihm zugewiesen hatte: Prüfung der Berechnungen der Bundesministerien zum Erfüllungsaufwand der jeweili-

61 Vergleiche hierzu auch Kapitel 2.

62 Vgl. hierzu auch die Debatte im Deutschen Bundestag anlässlich der zweiten und dritten Lesung des Entwurfs des Gesetzes zur Einführung eines Nationalen Normenkontrollrats am 1. Juni 2006, in: Deutscher Bundestag, Plenarprotokoll 16/37, 1. Juni 2006, S. 3256 – 3270.

gen Gesetzentwürfe – mit dem Ziel zu klären, ob diese Berechnungen ‚plausibel und nachvollziehbar' sind. Darüber hinaus erweiterte das Normenkontrollrat-Gesetz die Prüfungsbefugnis des Rats in drei Richtungen: Der Normenkontrollrat kann bei einem Regelungsentwurf „Erwägungen zu anderen Lösungsmöglichkeiten" anstellen, „Ausführungen zur Rechts- und Verwaltungsvereinfachung" machen und prüfen, ob bei der Umsetzung von EU-Rechtsakten in nationales Recht über die Vorgaben der EU hinausgegangen wird, d.h. weitergehende Regelungen vorgeschlagen werden, also der Fall des sog. ‚Gold-Plating' vorliegt. Der Normenkontrollrat hat sich seit seiner Einsetzung bei seiner Arbeit und seinen Stellungnahmen sehr genau in diesem, vom Gesetzgeber vorgegebenen Rahmen bewegt. Der Vorwurf, er würde sein Mandat überschreiten und versuchen, Einfluss auf politische Inhalte zu nehmen, ist seit Arbeitsbeginn des Normenkontrollrats nicht ein einziges Mal erhoben worden.

In diesem Zusammenhang ist gelegentlich diskutiert worden, ob unabhängige Kommissionen mit einem Mandat ähnlich dem des Normenkontrollrats das Recht haben sollten, ein - ggf. vorläufiges - Veto gegen die Vorlage eines Gesetzentwurfs zur Beschlussfassung im Kabinett einzulegen, wenn aus ihrer Sicht die geltenden Anforderungen, insbesondere die Vorlage ‚plausibler und nachvollziehbarer' Zahlen zum Erfüllungsaufwand, nicht erfüllt seien[63]. So wünschenswert dies aus der Sicht eines Normenkontrollrats auf den ersten Blick erscheinen mag, so klar war und ist, dass solch ein Veto durch ein nicht gewähltes, sondern durch die Exekutive berufenes Gremium systemfremd wäre. Deswegen ist dies vom Normenkontrollrat aus gutem Grund zu keinem Zeitpunkt erwogen oder gar zur Diskussion gestellt worden.

Dem steht nicht entgegen, dass die Regierung selbst dafür Sorge trägt, dass Gesetzentwürfe, die nicht den Kriterien des Normenkontrollrat-Gesetzes entsprechen, nicht auf die Tagesordnung des Kabinetts gelangen.

63 In diese Richtung geht eine Bestimmung der ‚Better Regulation Guidelines' der EU-Kommission für den Fall eines negativen Votums des Regulatory Scrutiny Boards (RSB), SWD (2017) 350, 7 July 2017, Seite 16: „The Commission's Regulatory Scrutiny Board scrutinizes the quality of all draft IAs and issues one or more opinions on the draft IA report which are also available during the decision-making process. A positive opinion of the RSB is required before an initiative can proceed". Und in der 'Mitteilung der EU-Kommission zur Besseren Rechtsetzung COM (2015) 215 final, 19.5.2015', Seite 7: "The new Board (gemeint: RSB) will assess the quality of the impact assessments which inform political decision-making. Should the Commission decide to take action in the absence of an adequate supporting impact assessment, it will publicly explain why." Siehe hierzu auch: OECD (2018), "Case Studies of RegWatchEurope regulatory oversight bodies and the European Union Regulatory Scrutiny Board", OECD, Paris, Seite 121.

Schließlich sind diese Kriterien im Gesetz festgelegt, haben also Anspruch darauf, respektiert zu werden, auch wenn gleichzeitig einzuräumen ist, dass es Krisen-Situationen oder andere besondere Zwänge geben kann, in denen schnelles Handeln erste Priorität haben muss. In diesen Fällen hat der Normenkontrollrat die Eilbedürftigkeit stets akzeptiert, aber immer gegenüber dem jeweils federführenden Ressort darauf bestanden, dass fehlende Zahlen und Informationen zu einem vereinbarten Zeitpunkt nachgeliefert werden, so etwas wie Kostentransparenz mit zugestandener Verspätung. Das hat über all die Jahre hinweg auch gut funktioniert.

Mehr noch: Es hat eine Reihe von Fällen gegeben, in denen Bundesministerien bei teilweise drastischer Verkürzung der üblichen Fristen auf dem Weg ins Kabinett dennoch erhebliche Anstrengungen unternommen haben (manchmal sprichwörtlich über Nacht oder über das Wochenende), um zum Erfüllungsaufwand der angestrebten gesetzlichen Regelung belastbare Angaben zu liefern. So etwa im April 2021 bei der kurzfristigen Ressortabstimmung für die unmittelbar bevorstehende Kabinettbefassung zur Corona-Testpflicht in Unternehmen[64], für die das federführende Bundesarbeitsministerium trotz erheblichen Zeitdrucks ordentliche Kostenschätzungen vorgelegt hat. Das werte ich als Zeichen dafür, dass die Sinnhaftigkeit von Kostentransparenz und Kostenbegrenzung bei einer zunehmenden Zahl von Kollegen und Kolleginnen in den Ministerien - nach schwieriger Anlaufzeit - inzwischen verbreitet Akzeptanz gefunden hat. Nach 15 Jahren bleibt indessen das Petitum, dass bei der Entscheidung des Chefs des Bundeskanzleramts, ob ein Gesetzgebungsvorhaben auf die Tagesordnung des Kabinetts kommt, die Prüfung, ob die Anforderungen des Normenkontrollrat-Gesetzes zureichend erfüllt worden sind, mehr Gewicht erhält. Nichts befördert die Ernsthaftigkeit der Vorarbeiten in den Ressorts so sehr, wie die Erfahrung, dass die Kabinettbefassung genau von diesem Nachweis tatsächlich abhängig ist. Diesbezüglich gibt es durchaus noch Luft nach oben.

Dies gilt auch für die beiden wichtigen Akteure Wirtschaft und Verbände. Als die Transparenz zu gesetzlichen Folgekosten in den Jahren nach 2006 erstmals Schritt für Schritt Wirklichkeit wurde, als konkrete Zahlen zu den zu erwarteten Belastungen der Unternehmen im Gefolge neuer gesetzlicher Regelungen vorlagen, verband sich damit die Erwartung bei Regierung und Normenkontrollrat, dass diese Zahlen von den Wirtschaftsverbänden kritisch analysiert, kommentiert und ggf. mit eigenen Berechnungen konfrontiert würden. Das stellte sich – bis auf ganz wenige Ausnahmen – sehr schnell als Fehleinschätzung heraus. Die Unternehmen und deren Interessenvertreter waren offensichtlich gar nicht an den Kostenfolgen als sol-

64 Zweite Verordnung zur Änderung der SARS-CoV-2-Arbeitsschutzverordnung.

chen und den daraus sich ergebenden Gesamtbelastungen ihrer Mitglieder interessiert. Die Verbände machten weiter wie vorher, d.h. ihr Augenmerk konzentrierte sich unverändert nur auf die spezifischen ‚inhaltlichen Stellschrauben' in den Gesetzentwürfen, die direkt die Interessen ihrer jeweiligen Mitglieder berührten. Alles andere blieb von zweitrangiger Bedeutung.

Von daher sind die Wirtschaftsverbände bis heute nur in seltenen Fällen in der Lage, die Folgekostenberechnungen der Bundesministerien nachzuvollziehen oder diesen sogar eigene Berechnungen gegenüberzustellen. Entsprechend qualifizierte Mitarbeiter wurden nicht eingestellt oder weitergebildet. Als Begründung wird meist angegeben, man verfüge nicht über entsprechende Zahlen und die Bereitschaft der Mitgliedsunternehmen, diese ggf. kurzfristig zu liefern, sei gering. Ergebnis: Der Normenkontrollrat führt die Diskussion mit den Ressorts zu Erfüllungsaufwand, ‚zu One-in-one-out', zu Evaluierungsanforderungen und zu ‚gold-plating' allein. Werden die Wirtschaftsvertreter gefragt, signalisieren sie in aller Regel Unterstützung für die Position des Normenkontrollrats, selbst aktiv beigetragen zur kritischen Durchleuchtung, welche Folgen der jeweilige Gesetzentwurf denn nach sich ziehe, haben sie bisher kaum – und dies, obwohl all dies unmittelbar Wirtschaft und Unternehmen zugutekommt. Diese ernüchternde Erfahrung gehört auch zur Bilanz der zurückliegenden Jahre.

Dass sich der Normenkontrollrat als ‚Mitspieler' bei der regierungsinternen Gesetzesvorbereitung etabliert hat, hat sicher auch damit zu tun, dass er zwar kein Veto-Recht im Blick auf die anvisierte Kabinettsbefassung besitzt, dass der Rat aber mit Nachdruck darauf hinwirkt, dass den Prüfpunkten des Normenkontrollrat-Gesetzes Rechnung getragen wird. Normalerweise wird dies durch Kontakte zwischen Normenkontrollrat und Bundesministerien im Vorfeld der Kabinettbefassung auf der Arbeitsebene sichergestellt. Die etwa 15 Mitglieder des Sekretariats des Normenkontrollrats habe sich im Laufe der Jahre den Ruf erworben, dass sie mit spürbarer Ausdauer und Beharrlichkeit ebenso wie mit fachlicher Kompetenz bei den Bundesressorts Informationen und Zahlen einfordern, damit die notwendige Folgekostentransparenz gewährleistet wird. Maßgeblichen Anteil an dem Aufbau dieses ‚Standings' hatten Alwin Henter, Dominik Böllhoff und Florian Spengler, die seit 2006 nacheinander das Sekretariat des Normenkontrollrats geleitet und geprägt haben.

Wenn die Einforderung von Daten und Informationen aus der Sicht des Normenkontrollrats nicht zum gewünschten Ergebnis führt, nimmt der zuständige Berichterstatter des Normenkontrollrats[65] Kontakt mit dem

65 Jedes Mitglied des Normenkontrollrats übernimmt diese Berichterstatter-Aufgabe für ein oder zwei Bundesministerien.

zuständigen (beamteten) Staatssekretär des federführenden Ressorts auf. In aller Regel gelingt es auf dieser Ebene, zu einem für Ressort und Normenkontrollrat akzeptablen Ergebnis zu kommen. Gelingt dies nicht, schaltet sich der Vorsitzende des Normenkontrollrates ein. Je nach Situation wird der jeweilige Bundesminister und/oder der zuständige Staatsminister im Bundeskanzleramt angesprochen. In besonders heiklen Fällen macht der Vorsitzende den Chef des Bundeskanzleramtes darauf aufmerksam, dass hier aus der Sicht des Normenkontrollrats eine oder mehrere noch offene Fragen einer Behandlung des Gesetzentwurfs im Bundeskabinett entgegenstehen. Das führt nicht immer zur umgehenden Klärung dieser Fragen noch vor der anstehenden Kabinettsitzung, zumindest aber zur Zusicherung des Ressorts, die fehlenden Angaben bis zu einem festen Termin, auf jeden Fall rechtzeitig zur Beratung des Regelungsentwurfs im zuständigen Ausschuss des Deutschen Bundestages nachzuliefern.

Diese Nachlieferung von Daten zu den jeweiligen Folgekosten war beispielsweise ein Dauerthema im Zusammenhang mit der Flüchtlingskrise 2015/2016, genauer bei den Asylpaketen I bis IV sowie weiterer Regelungen zur Beschleunigung von Asylverfahren. Angesichts der besonderen Eilbedürftigkeit und Notwendigkeit, auf die Krise und ihre Auswirkungen zügig zu reagieren, kritisierte der Normenkontrollrat in seiner Stellungnahme zur Behandlung der Vorschläge im Bundeskabinett zwar die fehlenden Angaben zu den Kostenfolgen dieser Regelungsentwürfe, akzeptierte aber die Zusicherung des zuständigen Bundesinnenministeriums, die fehlenden Daten innerhalb eines halben Jahres nachzuliefern. Zwischen Juni und September 2016 wurde diese Zusage - nach mehreren ‚Erinnerungen‘ - eingelöst, gefolgt von der üblichen Qualitätskontrolle dieser Daten. Dabei zeigte sich nicht ganz überraschend, dass sich bereits innerhalb des halben Jahres zwischen Kabinettsbefassung und Daten-Nacherfassung im Gefolge erster praktischer Erfahrungen nicht unerhebliche Korrekturen der ersten überschlägigen Kostenschätzungen ergeben hatten.

Ausdauer und Beharrlichkeit können gelegentlich bei der Einforderung von Angaben zu Folgekosten auf besondere Proben gestellt werden. Das Mindestlohn-Gesetz von 2014 ist dafür ein gutes Beispiel. So betraf die kontroverse Diskussion zu diesem Gesetzgebungsvorhaben nicht nur die Kosten im Gefolge zu erwartender Lohnanhebungen, sondern auch die der sog. ‚Aufzeichnungspflichten‘, d.h. der mit diesem Gesetz geschaffenen neuen Verpflichtungen des Arbeitgebers, Beginn, Ende und Dauer der Arbeitszeit festzuhalten und diese für Kontrollen zwei Jahre lang verfügbar zu halten. Das zuständige Bundesministerium für Arbeit und Soziales sah sich seinerzeit nicht in der Lage einzuschätzen, welchen zusätzlichen Kosten aus diesen Verpflichtungen für die Unternehmen zu erwarten seien. Aber der

Normenkontrollrat hat nach der Verabschiedung des Mindestlohn-Gesetzes das zuständige Bundesministerium immer wieder daran erinnert, dass die entsprechenden Kostenquantifizierung noch ausstehe.

Angesichts dieser Passivität kam dem Normenkontrollrat die Regel zu Hilfe, dass das Statistische Bundesamt bei allen gesetzlichen Regelungen mit nennenswerten Kostenfolgen nach zwei Jahren eine sog. ‚Nachmessung' vornimmt, also prüft, ob und inwieweit sich die ex ante geschätzten Kosten nach Inkrafttreten in der Praxis bestätigt haben. In diesem Zusammenhang wurden von den Statistikern in Wiesbaden auch die Kosten ermittelt, die sich aus den Dokumentations- und Berichtspflichten der Unternehmen im Gefolge des Mindestlohn-Gesetzes ergaben. Die entsprechenden Zahlen lagen ab Sommer 2018 vor, wurden aber vom Ressort nicht zur Veröffentlichung freigegeben. Zu groß war wohl die Befürchtung, das Bekanntwerden von Zusatzkosten in einer solchen Größenordnung könne zu neuen grundsätzlichen Diskussionen über das Mindestlohn-Gesetz führen. Es bedurfte noch einer Reihe weiterer ‚Erinnerungen' des Normenkontrollrats, bis die Folgekosten der Aufzeichnungspflichten des Mindestlohn-Gesetzes schließlich im Frühsommer 2019 mit dem Jahresbericht der Bundesregierung zu Bürokratieabbau und Besserer Rechtsetzung öffentlich wurden – immerhin jährliche Kosten in Höhe von 236 Millionen Euro! In zeitlicher Hinsicht dürfte dies der bisher gravierendste Verstoß eines Bundesministeriums gegen die eindeutigen Vorschriften des Normenkontrollrat-Gesetzes gewesen sein. Es darf bezweifelt werden, ob ohne die Beharrlichkeit des Normenkontrollrats die Informationen zu den ‚Aufzeichnungspflichten' überhaupt jemals das Licht der Öffentlichkeit erblickt hätten.

Das Mindestlohn-Gesetz hatte noch ein weiteres Nachspiel. Nach seinem Inkrafttreten ging es sehr schnell um die Frage, ob die im Gesetz vorgesehenen Anpassungen des Mindestlohns in den Folgejahren bzw. die damit verbundenen Folgekosten für die Wirtschaft als Erfüllungsaufwand anzusehen seien. Wegen der zu erwartenden Größenordnungen dieser Kosten hätte dies ggf. einen erheblichen Einfluss auf die Gesamtentwicklung des Erfüllungsaufwands und auf die Handhabung der 2015 eingeführten ‚One-in-one-out'-Regel gehabt. Anders als bei den ‚Aufzeichnungspflichten' kam es hier sehr schnell zu ernsthaften Gesprächen zwischen Normenkontrollrat und Vertretern des Bundesministeriums für Arbeit und Soziales bis hin zu Bundesminister Hubertus Heil. Weiterführend war dabei die Überlegung, dass das Mindestlohn-Gesetz keine politischen Festlegungen zur Höhe der jeweiligen Anpassung durch die Bundesregierung oder das Bundesministerium vorsah, sondern stattdessen eine unabhängige ‚Mindestlohnkommission', deren Empfehlungen sich nachlaufend an der Tarifentwicklung orientieren sollten. Der Umstand, dass die zusätzlichen Kosten im

Gefolge von Anpassungen des Mindestlohns nicht politischen Festlegungen, sondern letztlich der allgemeinen Tarifentwicklung – also Entscheidungen der Tarifpartner – folgen, erlaubte es, diese durchaus relevanten Kosten nicht dem Erfüllungsaufwand, sondern den ‚weiteren Kosten' zuzuordnen. Damit war eine Lösung gefunden, die anschließend in einem Briefwechsel zwischen Bundesminister Hubertus Heil und dem Vorsitzenden des Normenkontrollrats festgehalten wurde. Mein persönliches Fazit: Sind Gespräche ernst gemeint und ergebnisorientiert, lassen sich auch für schwierige Fragen Lösungen finden!

Schrittweise Etablierung und zunehmende Akzeptanz des Normenkontrollrats hatten noch eine weitere Wirkung: Der Handlungsspielraum des Normenkontrollrats vergrößerte sich, um das Grundanliegen der Besseren Rechtsetzung weiter voranzutreiben. Aus der Arbeit für eine bessere Transparenz gesetzlicher Folgekosten und ihrer Begrenzung ergab sich die Einsicht, dass dieses Ziel nur zu erreichen sei, wenn es mit dem Anliegen einer besseren Rechtsetzung zu einem Gesamtkonzept verbunden würde. Wer ex ante nach den Folgekosten gesetzlicher Regelungen fragt, stößt z.B. sehr schnell auf die Frage, in welcher Weise denn ex post danach gefragt wird, was aus diesen gesetzlichen Regelungen und den damit verbundenen Kostenschätzungen nach ihrem Inkrafttreten geworden ist. Denn nur wenn diese Frage beantwortet wird, können bei der nächsten Novellierung sinnvolle Veränderungen vorgenommen werden. Ex ante und ex post stehen so gesehen in einem nicht auflösbaren Zusammenhang.

Es ist bei Lichte besehen eigentlich mehr als erstaunlich, dass dieses Grundprinzip nicht schon früher zu entsprechenden Regelungen für die Gesetzgebung geführt hat – etwa in der Form: keine Gesetzesnovelle ohne vorangehende Ex post-Evaluierung der in Kraft befindlichen Regelung. Gleichwohl hat es immerhin bis 2013 gedauert, dass die Bundesregierung – genauer: der ‚Staatssekretärsausschuss Bürokratieabbau und Bessere Rechtsetzung' - die Ex post-Evaluierung grundsätzlich verpflichtend vorgeschrieben hat. Noch einmal 6 Jahre wurden benötigt, um auch die Methodik für solche Ex post-Evaluierungen auf einen verbindlichen einheitlichen Mindeststandard zu bringen. Weitere Meilensteine für eine bessere Rechtsetzung waren die Einführung der ‚One-in-one-out'-Regel und des EU ex ante-Verfahrens. Andere noch offene Punkte warten noch auf gute Lösungen, z.B. die Nutzen-Frage, d.h. wie wird bei der Gesetzesvorbereitung der Nutzen transparent gemacht und – soweit möglich – quantifiziert. Andere Länder wie z.B. Großbritannien machen schon viele Jahre vor, wie das praktisch funktionieren kann.

Zu dieser Entwicklung hin zu einer besseren Rechtsetzung konnte der Normenkontrollrat in den zurückliegenden Jahren relevante, anerkannte

Beiträge leisten. Seine Unabhängigkeit, seine Möglichkeit, außerhalb der Ministerialhierarchien aktiv zu werden, notfalls über Hierarchiestufen hinweg Anstöße zu geben und für das mutige Betreten von Neuland zu werben – all das hat mitgeholfen, eine Dynamik in Gang zu bringen, die sich in den etablierten Hierarchien von Ministerien eher selten entwickelt. Dabei hat sicher eine Rolle gespielt, dass der Normenkontrollrat – anders als andere unabhängige Kommissionen - durch seine kontinuierliche Einbindung in den Vorbereitungsprozess für neue gesetzliche Regelungen eine besondere Nähe zum Arbeitsalltag von Bundesministerien und Kanzleramt besitzt und diesen Arbeitsalltag an vielen Berührungspunkten immer wieder miterlebt. Beides hilft ihm, Vorschläge zu machen, die einerseits anspruchsvoll sind, die andererseits aber die realen Bedingungen des Regierungsgeschäfts, also das, was bei gutem Willen und mit einigen zusätzlichen Anstrengungen geht und was nicht geht, nicht aus dem Auge verlieren. Insofern macht die Verbindung einer unabhängigen Kommission mit der alltäglichen Regierungsarbeit nicht nur Sinn, sie schafft vielleicht erst die Bedingungen, die helfen, notwendige Veränderungen auf den Weg zu bringen.

Ein Instrument, das dem Normenkontrollrat bei diesen Vorstößen immer wieder geholfen hat, ist die Vergabe von Gutachten. Sie eröffnen die Möglichkeit, Themen zu platzieren, die aus seiner Sicht für die Weiterentwicklung der ‚Besseren Rechtsetzung' ebenso wie für die Modernisierung der Verwaltung – und beides hängt ja sehr eng miteinander zusammen – von Bedeutung sind. So war es 2013 z.B. eine Untersuchung zur „Ex post-Evaluation – Gute Praktiken und Erfahrungen in anderen Staaten", mit der der Normenkontrollrat – 10 Monate nach dem Grundsatzbeschluss des Staatssekretärsausschusses - die Diskussion zu den Anforderungen an die praktische Durchführung einer systematischen Ex post-Evaluierung in Deutschland angestoßen hat – eine Initiative, die schließlich im Jahr 2019, nach vielen Diskussionen und Verzögerungen, zu weiterführenden Beschlüssen des zuständigen Staatssekretärsausschusses geführt hat.

In besonderer Weise gilt dies für die Digitalisierung der öffentlichen Verwaltung. Hier hatte nicht zuletzt die Flüchtlingskrise 2015 offengelegt, dass die IT-Systeme von Polizei, Bund, Ländern und Gemeinden keine gemeinsamen Schnittstellen hatten – mit dem Ergebnis, dass Steuerung und Betreuung der Flüchtlingsströme über die föderalen Ebenen hinweg in Deutschland monatelang faktisch nicht möglich waren, zumindest nicht so, wie man das im viertgrößten Industrieland der Welt hätte erwarten dürfen. „E-Government in Deutschland: Vom Abstieg zum Aufstieg" lautete folgerichtig der Titel des im gleichen Jahr in Auftrag gegebenen Gutachtens. Und um den Druck zur praktischen Umsetzung dieser Vorschläge zu erhöhen, folgte ein halbes Jahr später, Mitte 2016, die Konkretisierung: „E-Government in Deutschland: Wie der Aufstieg gelingen kann - ein Arbeitsprogramm". Diese Analysen und Empfehlungen unterstützten die anlaufende Digitalisierungsdiskussion und halfen mit, dass Mitte 2017, kurz vor Ende der Legislaturperiode, immerhin noch das Onlinezugangs-Gesetz (OZG)[66] verabschiedet werden konnte. Kurz nach der Bundestagswahl 2017 folgte das Gutachten „Mehr Leistung für Bürger und Unternehmen: Verwaltung digitalisieren. Register modernisieren.", mit dessen Hilfe die Diskussion zum Registermodernisierungs-Gesetz – also zur praktischen Umsetzung des ‚Once only-Grundsatzes' - in Gang gesetzt wurde. Sie benötigte lange 3 ½ Jahre, bis dieser dritte gesetzliche ‚Digitalisierungsbaustein' - nach E-Government-Gesetz[67] und OZG - schließlich vom Parlament verabschiedet wurde. Seit 2013 hat der Normenkontrollrat insgesamt 11 Gutachten vergeben[68]. Mit ihnen wurden ausdrücklich keine Forschungen oder akademische Ambitionen verfolgt, sondern sie waren dazu gedacht, wichtige offene Fragen mit Bezug zur Verbesserung von Gesetzgebungsverfahren sowie zur überfälligen Modernisierung der öffentlichen Verwaltung voranzubringen. Rückblickend kann ich feststellen, dass alle Untersuchungen relevante inhaltliche Orientierungspunkte in die politische und gesellschaftliche Debatte eingebracht und dazu beigetragen haben, den ‚Veränderungsdruck' im Regierungssystem zu erhöhen und notwendige Veränderungen nachhaltig zu beschleunigen.

Worauf kommt es an, wenn der Normenkontrollrat Initiativen ergreift, um in Einzelfällen den Regeln des Normenkontrollrat-Gesetzes Geltung zu verschaffen oder Verbesserungen in relevanten Verwaltungsverfahren durchzusetzen? Ganz einfach: auf die Qualität der ins Feld geführten Argumente! Gute Beispiele für dieses ‚lobbying by quality' waren die Erweiterung des Mandats 2010 von den gesetzlichen Informationspflichten zur Transparenz des Erfüllungsaufwands, d.h. der Folgekosten insgesamt; oder die Verpflichtung zur systematischen Ex post-Evaluierung 2013; oder die Einführung der One-in-one-out'-Regel im Jahr 2015 – eine ganze Reihe ähnlicher Erfahrungen ließe sich hinzufügen. Immer präsentierte der Normenkontrollrat einen Vorschlag – entweder in Verbindung mit einem Gutachten oder mit eigenen Papieren - sorgfältig ausgearbeitet und mit Bezug auf praktische Erfahrungen, die anderenorts gemacht worden waren. Der nächste Schritt war, den für ‚Bessere Rechtsetzung' verantwortlichen Staatsminister im Bun-

66 Gesetz zur Verbesserung des Onlinezugangs zu Verwaltungsleistungen (OZG) in: Gesetz zur Neuregelung des bundesstaatlichen Finanzausgleichssystems ab dem Jahr 2020 und zur Änderung haushaltsrechtlicher Vorschriften, Artikel 9, BGBl I (2017), Seite 3138-3139.

67 BGBl I (2013), S. 2749-2760.

68 Siehe hierzu Anlage 5.

deskanzleramt zu überzeugen und ihn zu veranlassen, unsere Vorschläge auf die Tagesordnung des zuständigen Staatssekretärsausschusses zu setzen.

Dort war es – wie bereits dargestellt – meist nicht einfach, Mehrheiten für die Veränderung des Status Quo zu mobilisieren. Im Gegenteil. Abwehrreaktionen gegen jedweden Vorschlag, der mit Mehraufwand verbunden war, waren die Regel. Meist waren erhebliche Anstrengungen nötig, um in mehreren Sitzungen Schritt für Schritt Verständnis dafür zu wecken, dass es um wichtige, oft längst überfällige Verbesserungen ging, an denen bei objektiver Betrachtung kein Weg vorbeiführte. Die Ex post-Evaluierung war so ein Fall, bei dem der handfeste Mehr-Wert für einen sachkundigen und international bewanderten Beobachter nach wenigen Minuten klar erkennbar war, bei dem sich aber der Diskussionsprozess über Monate hinzog – mal im Staatssekretärsausschuss, mal auf der Arbeitsebene, mal in bilateralen Gesprächen, um festgefahrene Diskussionen wieder in Gang zu bringen. Schließlich konnten mehr und mehr Staatssekretäre überzeugt werden, dass das Ja zu einer systematischen Ex post-Evaluierung mehr als sinnvoll war und ist. Gleichwohl, das Thema war so heikel, dass im ersten Schritt im Januar 2013 nur ein Grundsatzbeschluss durchsetzbar war, die Konkretisierung für die praktische Umsetzung benötigte weitere 5 Jahre, bis sie mehrheitsfähig war. Diese Erfahrung hat mich an eine Bemerkung Helmut Kohls mir gegenüber am Ende der langwierigen Auseinandersetzung zur Stoltenbergschen Steuerreform in den 1980er Jahren erinnert: „Die Ziele, die man verfolgt, sind wichtig, aber manchmal ist die Beharrlichkeit, mit der man dies tut, noch wichtiger!"

Um bei ambitionierten Zielen zu überzeugen, kommt es nach meiner Erfahrung nicht nur auf die Qualität der Argumente, sondern ähnlich wesentlich darauf an, wer hinter diesen Überlegungen steht und wer sie in der Diskussion vertritt. Deswegen ist es von Bedeutung, wer im Normenkontrollrat sitzt und wie das dort versammelte Know-How und die damit verbundenen Erfahrungen eingesetzt werden. Geholfen hat uns regelmäßig die große Breite der beruflichen Erfahrungen, die die Mitglieder des Normenkontrollrats eingebracht und für unsere vielfältigen Initiativen zur Verfügung gestellt haben. Vom Oberkreisdirektor über die aktive Landrätin zur Oberbürgermeisterin, vom Hauptgeschäftsführer des Deutschen Industrie- und Handelskammertages und des Zentralverbandes des Deutschen Handwerks über den Vorstandsvorsitzenden eines großen Unternehmens zur Professorin für Verwaltungswissenschaft bzw. Finanzwissenschaft, vom ehemaligen Mitglied des Deutschen Bundestags über die in Sachen Planungs- und Genehmigungsverfahren erfahrene Rechtsanwältin zum ehemaligen Gerichtspräsidenten und Staatssekretär – alle diese Erfahrungen wurden im

Normenkontrollrat gebündelt und für neue, innovative Vorschläge mobilisiert.

Die Überzeugungskraft der Vorschläge des Normenkontrollrats beruht nicht zuletzt darauf, dass wir immer einvernehmlich votiert haben. Im Normenkontrollrat ist in 15 Jahren keine einzige Entscheidung durch einen Mehrheitsbeschluss zustande gekommen. Stets wurden Sachfragen und Vorgehensweisen so eingehend diskutiert, bis am Ende eine einvernehmliche Auffassung stand – ohne dass es deswegen zu nennenswerten Verzögerungen gekommen wäre.[69] Dieser anhaltende gemeinsame Wille zur Geschlossenheit der Ratsmitglieder trotz durchaus unterschiedlicher persönlich-politischer Präferenzen hatte sich mit der Zeit in den Bundesministerien herumgesprochen und sicher nicht unwesentlich zum Erfolg der gemeinsamen Arbeit beigetragen.

Weitere wichtige Erfolgsfaktoren waren die anspruchsvollen Vorarbeiten des Sekretariats, die manchmal durchaus kontroversen, in jedem Fall aber weiterführenden Diskussionen im Normenkontrollrat und die engagierte Präsentation dieser Vorschläge gegenüber der Politik, wobei die zielführende Mischung aus taktischem Geschick und erkennbarer Entschlossenheit durchaus eine Rolle spielte. In jedem Fall wurden – um es mit dem Bild eines biblischen Gleichnisses zu sagen – die im Rat vorhandenen ‚Talente' nicht vergraben, sondern voll aktiviert und zum Einsatz gebracht. Das ‚Mehren' der Talente ist nicht nur in unseren Jahresberichten dokumentiert, es hat auch im Dezember 2017 zu unerwarteter, öffentlicher Anerkennung geführt: dem ‚Preis für Soziale Marktwirtschaft' der Konrad-Adenauer-Stiftung. Als jemanden, dessen Berufswegs eng mit dem Bundeswirtschaftsministerium verbunden war - dem Haus, das die ‚Soziale Marktwirtschaft' in praktische Politik zu übersetzen hatte - hat mich diese Anerkennung besonders gefreut!

Eine Hoffnung, die sich eigentlich von Anfang an mit dem Nationalen Normenkontrollrat verbunden hat, war das Aufgreifen des Gedankens von Kostentransparenz und Kostenbegrenzung durch die Bundesländer. Denn wenn es um Bürokratie und Folgekosten gesetzlicher Regelungen einschließlich ihrer Durchführung geht, spielen Länder und Kommunen mit ihrem dominierenden Anteil an Gesetzesdurchführung und Verwaltung eine zentrale Rolle in Deutschland. 15 Jahre nach Berufung des Nationalen

69 Diese konsequente Kombination von offener, sachbezogener Diskussionskultur sowie Einvernehmen und Geschlossenheit bei gleichzeitig zügiger, effektiver Beratung war eine ‚Philosophie', die ich zuvor als CEO des europäischen Eisenbahnverbandes in Brüssel mit über 100 ganz unterschiedlichen Mitgliedern aus 30 Ländern über 10 Jahre hinweg entwickelt und mit Erfolg praktiziert habe.

Normenkontrollrats sind von den 16 Bundesländern nur Baden-Württemberg und Sachsen diesem Beispiel gefolgt. In Nordrhein-Westfalen ist es bei einer nicht umgesetzten Ankündigung in der Koalitionsvereinbarung von 2017 geblieben, und in Thüringen gibt es seit Kurzem entsprechende Überlegungen, die sich aber noch nicht konkretisiert haben.

Warum ist das Mit-Tun der Bundesländer und der Kommunen (Kreise, Städte und Gemeinden) so wichtig? Einfach unter zwei Gesichtspunkten: Bürgern und Unternehmen ist es egal, wer sich bürokratische Regeln und unnötige Verwaltungsbelastungen ausgedacht hat. Beim End-Adressaten zählt allein, welche Belastungen von staatlicher Seite insgesamt bei ihm ankommen, nicht jedoch, wer auf staatlicher Seite für welchen Teil davon im Einzelnen verantwortlich ist. Deswegen ist es so wichtig, dass alle staatlichen Ebenen ihren Beitrag dazu leisten, also gleichgerichtete, energische Anstrengungen unternehmen, damit die Belastungen am Ende tatsächlich auf das unbedingt Notwendige beschränkt werden. Das ist heute in Deutschland eindeutig nicht der Fall. Der Bund hat erkennbare Fortschritte mit greifbaren Ergebnissen gemacht. Die Folgekosten sind transparent, und sie werden mit Hilfe der ‚One-in-one-out'-Regel wirksam begrenzt. Bürokratieentlastungs-Gesetze sorgen dafür, dass auch im Gesetzesbestand Einsparungen erreicht werden.

Die Länder hingegen – bis auf die 2 genannten Ausnahmen – sind unverändert weit davon entfernt, die Kostenfolgen ihrer Gesetze und Verwaltungsvorschriften zu kennen und transparent zu machen, ganz zu schweigen davon, diese Folgekosten aktiv zu begrenzen oder sogar zu reduzieren. Ich werde den Verdacht nicht los, dass Länder und Kommunen diese Kosten – ex ante wie ex post - vielleicht auch gar nicht so genau kennen wollen. Denn dies könnte zu Vergleichsanalysen führen, die möglicherweise zeigen, dass ein Bundesland seine Dienstleistungen kostengünstiger und/oder kundenfreundlicher anbietet als das Nachbarland. Dafür spricht auch, dass von der 2009 mit Art 91d ins Grundgesetz eingefügten Möglichkeit von Leistungsvergleichen zwischen den Verwaltungen der Länder bislang niemand Gebrauch gemacht hat. Es sieht so aus, als ob man diese Art von ‚Wettbewerbsdruck' dann doch lieber gar nicht erst entstehen lassen möchte.

Diese fehlende Kostentransparenz auf Länderseite ist auch deswegen ein Problem, weil der Bund auf diese Kostenermittlungen und -schätzungen angewiesen ist, wenn er bei der Vorbereitung von Bundesgesetzen den mit diesem Gesetzgebungsvorhaben verbundenen Erfüllungsaufwand – wie im Normenkontrollrat-Gesetz festgelegt – ermitteln will, zu dem eben auch die Kosten für den Gesetzesvollzug durch Länder und Kommunen gehören. Dafür haben Statistisches Bundesamt und Normenkontrollrat sehr praktikable Anleitungen zur Verfügung gestellt. Dennoch hält sich der Eifer von

Ländern und Kommunen bei dieser Kostenermittlung seit Jahren in engen Grenzen, obwohl er doch in ihrem ureigenen Interesse liegen sollte – seit langem bestehende Widersprüche im föderalen System der Bundesrepublik Deutschland, die niemanden zufrieden stellen können, Bund, Länder und Gemeinden am allerwenigsten.

Ähnliche Widersprüche bestehen auf europäischer Ebene. Auch wenn es bei der EU-Kommission ernsthafte Bemühungen um Kostentransparenz und Kostenbegrenzung hinsichtlich ihrer eigenen Gesetzesvorschläge gibt, so ist das entsprechende Interesse von Europäischem Parlament und Ministerrat weiterhin eher gering. Gibt es also am Ende eines Gesetzgebungsverfahrens – und das ist in Brüssel die Regel - einen Kompromiss zwischen Ministerrat, Europäischem Parlament und EU-Kommission, der sich in der Regel ein gutes Stück von dem ursprünglichen Vorschlag der EU-Kommission entfernt hat, dann weiß niemand, welche Kostenbelastungen für Bürger, Unternehmen und Verwaltungen damit ausgelöst werden. Bei EU-Richtlinien wird dies wenigstens im Nachhinein bei der Umsetzung in nationales Recht durch Bundesregierung und Bundestag festgestellt. Im Fall von EU-Verordnungen, die in allen Mitgliedstaaten als unmittelbar geltendes Recht wirksam werden, bleibt die Politik bislang die Antwort auf die Frage nach den Auswirkungen auf Bürger, Unternehmen und Verwaltungen schuldig.

Es gibt also – trotz aller Fortschritte – noch sehr viel zu tun, damit es nicht nur in Sonntagsreden, sondern auch von Montag bis Freitag tatsächlich zu gleichgerichteten, konsequenten Anstrengungen zur Begrenzung der Belastungen für die jeweils Betroffenen kommt – und zwar überall, von der europäischen über die nationale (Bund) bis hin zur regionalen (Länder) und kommunalen Ebene. Dies im Auge zu behalten und immer wieder neu auf Verbesserungen zu drängen, hat aus der Sicht der Betroffenen und auch aus der Sicht des Normenkontrollrats viel mit der Glaubwürdigkeit von Staat und Politik zu tun.

7. Deutsche Verwaltung – die endlose Geschichte von der Digitalisierung

Die Verwaltung, wie wir sie in Deutschland kennen, geht auf drei bedeutende Reformer zurück, den Reichsfreiherrn vom und zum Stein (1757-1831), den Fürsten Karl August von Hardenberg (1750-1822) sowie den Grafen Maximilian von Montgelas (1759-1838). Die beiden Ersteren haben nach dem vollständigen militärischen und politischen Zusammenbruch Preußens im Krieg gegen Napoleon 1806/1807[70] – nur 20 Jahre nach dem Tod Friedrichs des Großen! - mit ihren Reformen wesentliche Voraussetzungen für den Wiederaufbau, den Fortbestand und die Befreiung des Landes von der napoleonischen Fremdherrschaft geschaffen. Kernpunkte waren die Bauernbefreiung, eine neue städtische Selbstverwaltung, Aufhebung des Zunftzwangs, Einführung der Gewerbefreiheit, Gleichstellung der Juden sowie eine umfassende Verwaltungsreform und Verwaltungsmodernisierung. Es folgten weitreichende Bildungs- sowie Heeresreformen. Maximilian von Montgelas leistete ähnliches im von den napoleonischen Kriegen hin- und hergerissenen Königreich Bayern. Ziel aller drei Reformer war ein leistungsfähiger, sparsamer, bürgernaher und korruptionsfreier Staat mit einer gut funktionierenden Verwaltung. Ohne diesen von Grund auf neugestalteten, leistungsfähigen Verwaltungsapparat wären industrielle Revolution und wachsender Wohlstand und damit der Aufstieg Preußens, Bayerns und Deutschlands in Europa in den nachfolgenden Jahrzehnten nicht denkbar gewesen. Diese Verwaltung wurde im 19. Jahrhundert zum Modell für viele Länder in und außerhalb Europas.

Zweihundert Jahre später wurde diese Verwaltung in der Flüchtlingskrise 2015/2016 in einer völlig neuen Weise herausgefordert, und zwar in Bund, Ländern und Gemeinden gleichermaßen. Im Sommer und Herbst 2015 überschritten täglich tausende, nicht selten zehntausende Menschen die deutsche Grenze. Am Ende waren es knapp eine Million, die in nicht mehr genutzten Kasernen, Messehallen, Turnhallen, Containern, Zelten und ähnlichen Provisorien eine vorläufige Bleibe fanden. In dieser extrem angespannten Situation war die Bundespolizei nicht in der Lage, die anschwellende Zahl ankommender Flüchtlinge zu erfassen. Auch das zuständi-

70 Diese Zeit des Umbruchs im Gefolge der Napoleonischen sowie der sich anschließenden Befreiungskriege hat Theodor Fontane in seinem Roman ‚Vor dem Sturm' in eindrucksvoller Weise festgehalten.

ge Bundesamt für Migration und Flüchtlinge (BAMF)[71] wusste nicht, wie es den immer weiter anwachsenden Berg an Asylanträgen bewältigen sollte. Es folgte das bemerkenswerte Eingeständnis der Behörden, dass man nicht wisse, wie viele Flüchtlinge sich tatsächlich in Deutschland aufhielten[72]. Fazit: „Das bestehende Asylsystem mit seinen verschachtelten Zuständigkeiten der einzelnen Behörden auf Bundes-, Landes- und Kommunalebene war dem – geradezu historischen – Ausspruch der Bundeskanzlerin vom 31.08.2015 ‚Wir schaffen das' nicht gewachsen."[73]

Die Bundesregierung reagierte ab September 2015 mit einer Reihe von Hilfsmaßnahmen organisatorischer und finanzieller Art. Am 7. Oktober 2015 beschloss das Bundeskabinett ein ‚Konzept zur Koordinierung der Flüchtlingslage', mit dem der Chef des Bundeskanzleramtes die politische Gesamtkoordinierung übernahm, die operative Koordinierung dagegen beim Bundesinnenministerium verblieb. Gleichwohl, „Reformansätze und Straffungen auf der eigentlichen Arbeitsebene blieben in diesen kritischen Wochen und Monaten des Jahres 2015 die Ausnahme"[74]. Zwei dieser Ausnahmen waren die Bildung eines ‚Arbeitsstabs Integriertes Flüchtlingsmanagement BAMF und BA[75]' sowie die Bestellung von Frank-Jürgen Weise, des Präsidenten der Bundesagentur für Arbeit, zum gleichzeitigen Leiter des BAMF.

Die umfangreiche Gesetzgebungsarbeit zur Bewältigung der Flüchtlingskrise veranlasste den Normenkontrollrat, sich intensiver mit der Gesamtproblematik und insbesondere mit den Verwaltungsverfahren zu befassen. Er folgte damit seinem Mandat, die Bundesregierung beim Abbau bürokratischer Hemmnisse sowie im Blick auf mögliche Rechts- und Verwaltungsvereinfachungen zu beraten[76]. Besuche von Erstaufnahmeeinrichtungen in Heidelberg, Manching (Ingolstadt), Berlin, Oldenburg und Schweinfurt vermittelten unmittelbare Eindrücke vor Ort. Hinzu kamen praktische Erfahrungen einzelner Mitglieder des Normenkontrollrats, etwa als Leiterin einer Kreisverwaltung in Baden-Württemberg sowie als freiwilliger Einzelentscheider in einer provisorischen Außenstelle des BAMF in Bonn. Die bei-

71 In Nürnberg mit seinen zahlreichen Außenstellen in den Ländern.

72 So der Leiter des BAMF, Frank-Jürgen Weise, in der Passauer Neuen Presse vom 3.3.2016.

73 Johann Hahlen und Hannes Kühn, „Die Flüchtlingskrise als Verwaltungskrise – Beobachtungen zur Agilität des deutschen Verwaltungssystems", in: Verwaltung und Management, 22. Jg. (2016), Heft 3, S. 158.

74 Ebenda, S. 159.

75 Bundesagentur für Arbeit; beide Einrichtungen, BAMF und BA, haben ihren Sitz in Nürnberg.

76 § 4 des Gesetzes zur Einsetzung eines Nationalen Normenkontrollrats.

gefügte ‚Prozesslandkarte' vom 12.10.2015[77] vermittelt einen Eindruck, mit welcher Ausführlichkeit der Normenkontrollrat die Lebenslage der Flüchtlinge im Herbst 2015 analysiert hat. Am bedrückendsten war sicher der Befund, dass die gesamte Erfassung und Verarbeitung von Flüchtlings-Daten sowie deren Austausch zwischen den mit der Flüchtlingskrise befassten staatlichen Stellen gar nicht oder auf jeden Fall viel zu schlecht funktionierte, weil die IT-Systeme von Polizei, Kommunen, Ländern und Bund nicht oder nur völlig unzureichend miteinander kommunizieren konnten.[78] Keinem Verantwortlichen bei Bund und Ländern war dies offenbar vorher aufgefallen. Insofern war das Eingeständnis der Behörden, man wisse nicht, wie viele Flüchtlinge sich tatsächlich wo und mit welchen Ausweispapieren in Deutschland aufhalten,[79] zwar nachvollziehbar, gleichzeitig aber als Skandal erster Klasse einzustufen. Solche und andere Defizite in der staatlichen Verwaltung haben inmitten einer ernsten Krise zum Verlust von Übersicht und Kontrolle bei denen geführt, die in dieser Situation die Aufgabe hatten, zu entscheiden und zu steuern.

Aus diesen und anderen Befunden hat der Normenkontrollrat eine ganze Reihe praxisbezogener Verbesserungsvorschläge entwickelt wie z.B. die „Handlungsempfehlungen des NKR zur zügigen und effizienten Bewältigung der Flüchtlingskrise" vom Dezember 2015[80]. Ein Teil der Vorschläge wurde von der Bundesregierung aufgegriffen, andere Neuregelungen haben aus der Sicht des Normenkontrollrats nur bedingt zur Verbesserung des Flüchtlingsmanagements beigetragen. Beim wichtigen Thema Datenmanagement wurde die Stellung des Ausländerzentralregisters (AZR) zwar gestärkt (Datenaustauschverbesserungsgesetz I[81]). Die grundlegende Weiterentwicklung des AZR zu einem „den zeitgemäßen Anforderungen entsprechenden zentralen Ausländerdateisystem" wurde aber auf nachfolgende Jahre vertagt. Erst im März 2021, knapp 6 Jahre nach Ausbruch der Flüchtlingskrise, wurde das entsprechende „Gesetz zur Weiterentwicklung des Ausländerzentralregisters" vom Bundeskabinett verabschiedet[82].

---

77 Siehe Anlage 6.

78 Sogar zwischen dem Ausländerzentralregister (AZR) beim Bundesverwaltungsamt in Köln und dem BAMF in Nürnberg bzw. dessen Außenstellen ‚knirschte' es in den IT-Verbindungen heftig.

79 Siehe hierzu Seite 86, Fußnote 72.

80 Abrufbar unter www.normenkontrollrat.bund.de.

81 Gesetz zur Verbesserung der Registrierung und des Datenaustausches zu aufenthalts- und asylrechtlichen Zwecken, BGBl I (2016), S. 130-155.

82 einschließlich einer „zentral betriebenen, hochverfügbaren Datenbank auf Basis des AZR", die der Normenkontrollrat bereits 2016 gefordert hatte. Entwurf eines Gesetzes zur Wei-

Ein ähnlicher Weckruf wie die Flüchtlingskrise 2015/2016 war und ist immer noch die Corona-Pandemie, die im März 2020 in Deutschland ihren Anfang nahm. Die Meldungen festgestellter Infektionen von den örtlichen Gesundheitsämtern über die entsprechenden Landeseinrichtungen bis hin zum Robert-Koch-Institut auf der Bundesebene wurden zur Überraschung einer erstaunten Öffentlichkeit überwiegend immer noch per Fax abgewickelt, zumindest in den ersten Wochen und Monaten der Krise, wobei es an Wochenenden bis zum Frühsommer 2021 offenbar immer noch keine vollständigen Meldungen gab, also angenommen werden muss, dass mitten in einer ernsten nationalen Gesundheits-Krise manche Gesundheitsämter an Wochenenden zu regelmäßigen Datenübermittlungen nicht fähig waren oder noch nicht sind. Dass die Meldung der aktuellen Neuinfektionen kein Selbstzweck ist, sondern notwendige Grundlage für unter Umständen weitreichende gesundheitspolitische Entscheidungen darstellt, scheint nicht ins Gewicht zu fallen. Zu diesen Erfahrungen gehört auch, dass es bei Krisenbeginn keinen laufenden bundesweiten Überblick zu den verfügbaren Betten auf Intensivstationen gab. Hier hat das Bundesgesundheitsministerium zügig Abhilfe geschaffen.

Im Verlauf der Corona-Krise zeigte sich ernüchternd, wie schwer es den Verwaltungen der viertgrößten Industrienation der Welt offenbar fiel und weiterhin fällt, dringend benötigte Hilfsgelder innerhalb kurzer Fristen an bestimmte Gruppen von Unternehmen, Selbständigen und Solo-Selbständigen auszuzahlen. Hätten Bundes- und Landesregierungen die vielen Mahnungen, darunter auch die des Normenkontrollrats, in den zurückliegenden Jahren ernst genommen und zügig ein elektronisches Register mit den Stammdaten aller Unternehmen auf die Beine gestellt, wäre Deutschland dieses Desaster erspart geblieben – mit all seinen negativen Rückwirkungen auf das Schicksal einzelner Unternehmen ebenso wie auf Verlässlichkeit und Glaubwürdigkeit staatlichen Handelns bei Bürgern und Unternehmen. Dabei können Staat und Verwaltung von Glück reden, dass vielen Betroffenen nicht bewusst war und ist, dass diese Versäumnisse vermeidbar gewesen wären, weil sie auf Fehleinschätzungen und mangelnde Handlungsbereitschaft in den letzten Jahren zurückzuführen sind.

Die beiden Krisensituationen 2015/2016 und 2020/2021 haben die Mängel unseres Regierungs- und Verwaltungssystems schonungslos offengelegt: eine zu langsame, vielstimmige und kleinteilige Krisensteuerung, eine an sich selbst-, angebots-orientierte und erst in zweiter Linie an den Bedürfnissen von Bürgern und Unternehmen orientierte Verwaltung sowie Ver-

terentwicklung des Ausländerzentralregisters, Deutscher Bundestag, Drucksache 19/2870, 31.3.2021.

waltungsmitarbeiter voll guten Willens, auf Rechtskonformität geschult, aber ohne zureichendes Vertraut-Sein mit Daten-Technik und Daten-Management, eben eine ‚Bleistift-' und keine digitale Verwaltung. Worum geht es bei der Digitalisierung?

Digitalisierung ist keine technische Lösung für ein bestimmtes Problem. Digitalisierung ist eine grundlegende Systemveränderung, die alle Bereiche durchdringt, die alle Organisationen zwingt, sich neu zu erfinden, Verwaltungen gleichermaßen wie Unternehmen - mit unmittelbaren Rückwirkungen auf Abläufe und Strukturen, auf Organisation und Leitungsfunktionen, auf Qualifikationsanforderungen und Personal. Niemand kann heute eine herausgehobene Verantwortung übernehmen – weder in der Wirtschaft noch in der Verwaltung -, der die Digitalisierung nicht als Chance begreift. Er muss diese Chancen für die Gestaltung seines Aufgabenbereichs kennen und nutzen wollen. In den Unternehmen sind die sich aus der Digitalisierung ergebenden Anpassungen in den zurückliegenden Jahren weitgehend auf den Weg gebracht worden. Der allgegenwärtige Wettbewerbsdruck hat dafür gesorgt, bei Nichtbeachtung war und wäre das Ausscheiden aus dem Markt nur eine Frage der Zeit.

Staat und Verwaltung haben demgegenüber – weil nicht unter Wettbewerbsdruck und nicht in unmittelbarer Abhängigkeit von Kunden und Märkten - diese weitreichenden Veränderungen lange Zeit nicht gesehen oder nicht sehen wollen. Die in der deutschen Verwaltung lange Zeit verbreitete Realitätsverweigerung gegenüber der digitalen Revolution hat den öffentlichen Bereich in wachsende Rückständigkeit in Sachen Digitalisierung geführt. Manche Behördenleiter gaben sich der Illusion hin, es handle sich hierbei um ein Problem für Spezialisten, das man auf diese delegieren kann, zumal wenn man ihnen den klangvollen Namen ‚Chief Information Officer' verleiht. Nein, die Digitalisierung erfasst den gesamten Verantwortungsbereich und kann ihn grundlegend verändern, einschließlich der eigenen Leitungsaufgabe. Ihr Potenzial und die damit einhergehende Wucht der Veränderungsdynamik haben die Digitalisierung sehr schnell zur Chefsache werden lassen, auch wenn viele Chefs – in der Regel Verwaltungsjuristen – diese neue Wirklichkeit nicht gern an sich herangelassen haben, weil das nicht ‚ihr Ding' war. Auch bei vielen Politikern fielen und fallen die Reaktionen ähnlich aus. Das Ergebnis war, dass notwendige und zunehmend dringliche Entscheidungen und Veränderungen immer wieder aufs Neue verschoben wurden.

Dabei hat sicher auch eine Rolle gespielt, dass gerade bei IT und Digitalisierung die Anfangsinvestitionen vergleichsweise hoch sind, während die Rendite in Form besserer Dienstleistungen und Einsparungen bei den laufenden Kosten sich oft erst Jahre später einstellt. Diese Konstellation

– hohe Kosten jetzt, Nutzen in einer unbestimmten Zukunft – passt nur schwer in ‚Jahresscheiben-bezogene Haushaltspläne' und davon geprägtes Denken derer, die in Kommunen, Ländern oder Bund ihre Hand auf dem Geld halten bzw. als Rechnungshöfe darüber wachen. Die daraus folgende Unwilligkeit oder Unfähigkeit, ein Jahresbudget mit langfristigen Investitions- und Finanzierungserfordernissen in Einklang zu bringen, sind für die Digitalisierung der Verwaltungen ein verhängnisvolles Handicap. Dabei ist das, was für Unternehmen eine überlebensnotwendige Selbstverständlichkeit ist, auch im staatlichen Haushaltswesen möglich, weil es sonst keine Infrastruktur mit Abwasserkanälen und U-Bahnen gäbe. Gleichwohl bleibt die Bevorzugung des zeitlich Naheliegenden in der Politik ein Faktor von erheblichem Gewicht. Der bedeutende Ökonom John Maynard Keynes hat für diese ‚immanente Präferenz' des Kurzfristigen eine anschauliche Begründung geliefert: „Langfristig sind wir alle tot"[83].

Ganz besonders schwer war und ist offensichtlich der Umgang mit der Erkenntnis, dass IT und Digitalisierung sowie die mit ihnen möglichen Datenflüsse nicht an wohl definierten Verwaltungsgrenzen Halt machen. Der föderale Aufbau der Bundesrepublik Deutschland und das mit ihm verbundene Subsidiaritätsprinzip haben in der Vergangenheit einen bürgerfernen Zentralismus verhindert und in vielerlei Hinsicht segensreich gewirkt. Damit einher ging aber auch die Erfahrung, dass das Wohl der Bürger und Unternehmen von dem zielorientierten Zusammenwirken von Bund, 16 Ländern und über 10.000 Kommunen abhängt. Deshalb gibt es z.B. seit Ende der 1960er Jahre im Grundgesetz die sog. ‚Gemeinschaftsaufgaben' von Bund und Ländern, etwa für die regionale Wirtschaftsförderung. Um als föderaler Staat solche und andere ebenen-übergreifende Aufgaben erfüllen zu können, bedarf es eines reibungslosen Austausches an Daten und Informationen zwischen allen Trägern öffentlicher Aufgaben. Die Flüchtlingskrise hat schmerzlich gezeigt, was passiert, wenn diese auf der Hand liegende Erkenntnis in Vergessenheit gerät. Über Nacht stellte sich im Herbst 2015 heraus, dass die öffentliche Verwaltung sich selbst außer Gefecht gesetzt hatte, weil Daten und Informationen zu den Flüchtlingen – deren Ankunft, Herkunft, Identität, Gesundheitszustand, zugewiesene Zielorte, etc. – zwischen den Polizeiverantwortlichen des Bundes und der Länder, den Kreisen und Gemeinden sowie den Bundes- und Landesbehörden schlicht nicht ausgetauscht werden konnten, nicht zuletzt weil alle Beteiligten ihre eignen IT-Systeme installiert hatten – offenbar ohne zu bemerken, dass man ohne den Austausch mit anderen Behörden anderer föderaler Ebenen ‚ganz schön

83 „In the long run we are all dead" in: John Maynard Keynes, A Tract on Monetary Reform, Macmillan and Co, 1923, page 80.

allein und verlassen' sein kann, dass man vor allem seinen Auftrag als staatliche Behörde in einem föderalen Staat nicht mehr erfüllen kann. Jeder, der die damalige Hilflosigkeit von Staat und Verwaltung in Deutschland – wohlgemerkt aufgrund eigener Versäumnisse – mit-erlitten hat, möchte dies unter keinen Umständen noch einmal durchleben! Leider hat die Corona-Pandemie etwa mit dem Unvermögen staatlicher Einrichtungen, Hilfsgelder in angemessener Frist auszuzahlen, diese Defizite unerwartet schnell erneut sichtbar werden lassen.

Der Normenkontrollrat hat diese Rückständigkeit in Sachen IT und Digitalisierung teilweise schon vor, vor allem aber ab 2015 nicht auf sich beruhen lassen. Nachdem er sich bereits 2012/2013 sowohl gegenüber der Bundesregierung wie auch beim Innenausschuss des Deutschen Bundestages für die zügige Verabschiedung des E-Government-Gesetzes eingesetzt hatte, nahm er die zum Teil selbst recherchierten Erkenntnisse aus der Flüchtlingskrise zum Anlass, bereits im November 2015, dann im Juni 2016 sowie noch einmal im Oktober 2017 mit einschlägigen Gutachten sehr konkrete Anstöße zur Beschleunigung der Digitalisierungsdiskussion zu geben: ‚E-Government in Deutschland: Vom Abstieg zum Aufstieg' (2015), ‚E-Government in Deutschland: Wie der Aufstieg gelingen kann – ein Arbeitsprogramm' (2016) sowie ‚Mehr Leistung für Bürger und Unternehmen: Verwaltung digitalisieren. Register modernisieren.' (2017). Ausgestattet mit den Analysen, Schlussfolgerungen und Vorschlägen dieser Untersuchungen setzte sich der Normenkontrollrat mit großem Nachdruck gegenüber der Bundesregierung ebenso wie gegenüber den zuständigen Ausschüssen des Bundestages wie auch bei einer ganzen Reihe öffentlicher Veranstaltungen dafür ein, den überfälligen Aufholprozess in Sachen Digitalisierung der öffentlichen Verwaltung in Deutschland endlich mit konkreten Gesetzesinitiativen in Gang zu bringen. Erstes Ergebnis war der Entwurf aus dem Bundesinnenministerium für ein ‚Onlinezugangsgesetz'(OZG), das im August 2017, gerade noch vor der Bundestagswahl im September, verabschiedet wurde.[84]

84 Beinahe hätte das OZG es gar nicht in den Gesetzgebungsprozess geschafft: Es war Bestandteil (Artikel 9) des „Begleitgesetzes zur Neuregelung des bundesstaatlichen Finanzausgleichssystems". Zuvor hatte der Bund den Länder ihre Zustimmung zu einer Liste mit 15 konkreten Vorhaben mit Milliarden-Entlastungen ‚abgekauft'. Die Idee für das OZG war erst spät und erst als Punkt 15 in eine Liste von 15 Vorhaben insgesamt aufgenommen worden. Unter anderem auf Grund mehrerer NKR-Interventionen beim BMF (wiederholte Telefonate des Vorsitzenden mit Haushalts-Staatssekretär Werner Gatzer im BMF) war dieser Punkt zum Ende der Verhandlungen von Platz 15 auf Platz 2 (hinter der zu gründenden Autobahngesellschaft) vorgerückt und wurde umgesetzt!

Abbildung 8: Onlinezugangsgesetz – Umsetzungsstrukturen und Digitalverantwortliche – Funktioniert das?

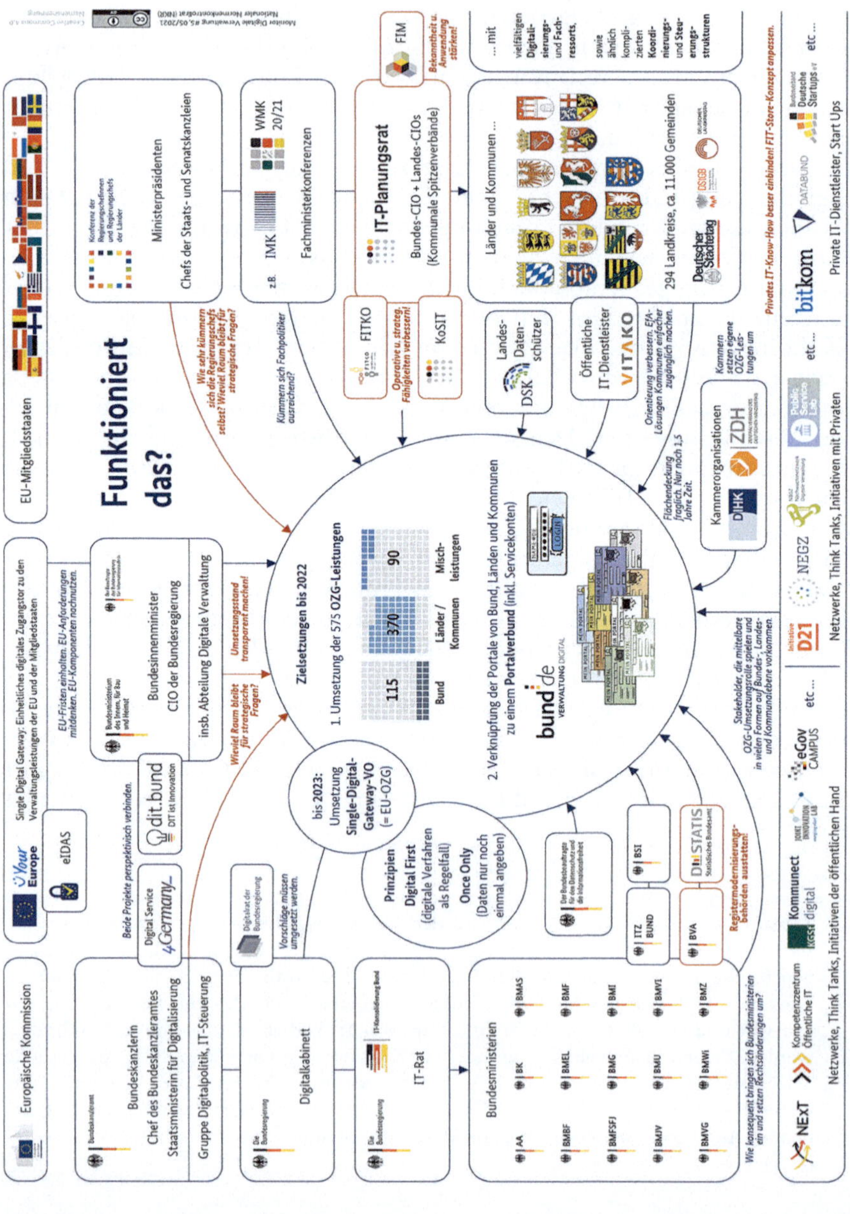

Ziel des OZG ist es, die wichtigsten 575 öffentlichen Dienstleistungen für die Bürger und Unternehmen digital verfügbar zu machen. 115 davon liegen in der Zuständigkeit des Bundes, 370 bei den Ländern und 90 in der Verantwortung der Kommunen. Wie groß die Herausforderung ist, diese unterschiedlichen Verantwortlichkeiten in unserem föderalen Staats- und Verwaltungsaufbau so zusammenzuführen, dass – wie im OZG festgelegt – bis Ende 2022 alle diese Dienstleistungen tatsächlich online bezogen werden können, zeigt Abbildung 8.

Obwohl die Halbzeit für die Umsetzung des OZG bereits hinter uns liegt, ist es offen, ob und inwieweit das gesetzte Ziel erreicht werden kann. Dies wirft Fragen auf, insbesondere für diejenigen Dienstleistungen, für die nach der ‚Single Digital Gateway'-Verordnung der Europäischen Union[85] ab 2023 – anders als für die OZG-Dienstleistungen - ein individueller, einklagbarer Rechtsanspruch besteht. Wichtig ist darüber hinaus, dass die für die OZG-Umsetzung geschaffenen Grundlagen auch über 2022 tragfähig sind, denn die eigentliche Breitenwirkung des OZG kann sich erst in den Jahren nach 2022 entfalten.

Der Normenkontrollrat unterstützt und begleitet die OZG-Umsetzung seit Verabschiedung des Gesetzes. Er veröffentlicht in eigener Verantwortung zwei Mal im Jahr einen ‚Monitor'[86], mit dem die Umsetzung kritisch analysiert und Vorschläge für die weitere Implementierung gemacht werden. Abbildung 9 zeigt den derzeitigen Umsetzungsstand des OZG.

Das zentrale Problem für die Digitalisierung der deutschen Verwaltungen ist die ungeheure Komplexität der Willensbildung im föderalen Staat. „Deutschland ist unzufrieden mit sich selbst, mit komplizierten Abstimmungs- und Entscheidungsstrukturen, mit aufwändigen Lösungen und bürokratischen Abläufen. In der Krise wird deutlich, was auch in „normalen" Zeiten immer öfter Sorge bereitet: Deutschland ist, denkt und handelt zu kompliziert."[87] Abbildung 8 führt zu der offensichtlich unausweichlichen Frage: Kann das funktionieren? Antwort: normalerweise nein, allenfalls unter Inkaufnahme erheblicher Zeitverluste und der Hinnahme eines strukturellen Hinterherlaufens hinter den zeitlichen Anforderungen. Das Ganze schreit förmlich nach einer drastischen Reduktion von Komplexität, für die

85 Verordnung 2018/1724 des Europäischen Parlaments und des Rates vom 2.10.2018 über die Einrichtung eines einheitlichen digitalen Zugangstors zu Informationen, Verfahren, Hilfs- und Problemlösungsdiensten und zur Änderung der Verordnung (EU) Nr. 1024/2012.

86 Inzwischen sind 5 ‚Monitor'-Berichte erschienen, die abrufbar sind unter www.normenkontrollrat.bund.de.

87 Nationaler Normenkontrollrat (Hrsg.), Monitor Digitale Verwaltung #5, Mai 2021, Seite 2.

aber angesichts föderaler Besitzstände und der Furcht, diese einzubüßen, bisher keine Lösung in Sicht war.

Wie kann – von Föderalismus, Selbstverwaltungsgarantie der Kommunen und Ressortautonomie im Bund verursachte - Komplexität so reduziert werden, dass Tempo und Leistung bei der Digitalisierung in Behörden und Amtsstuben nachhaltig erhöht werden? Die Antwort ist ebenso einfach wie herausfordernd: ‚Standardisierung' und ‚Verbindlichkeit'.

Standards führen dazu, dass nicht bei jeder technischen Aufgabe und deren Lösung die Welt neu erfunden wird, sondern dass Schnittstellen, Datenformate und passende Module einheitlich ausgestaltet sind. Deshalb sind für die Umsetzung des Onlinezugangsgesetzes (OZG) und darüber hinaus[88] einheitlich Standards zu definieren, am besten in Form von Standardisierungsplattformen, die alle relevanten Standards bündeln, transparent machen und auf ein industrielles Niveau heben. Die Deutsche Industrienorm DIN zeigt, wie es geht. Weil Deutschland Vorreiter bei Industrienormen ist, gibt es eine unübersehbare Zahl kleiner und mittlerer Betriebe in Deutschland, die genau wissen, wie ihre Zahnräder, Schrauben und Metallverbindungen an ihren Schnittstellen zu anderen Teilen in größeren Maschinen, Autos und Anlagen aussehen müssen, damit sie dort eingepasst werden können. Und weil diese Schnittstellen-Standards verbindlich und bekannt sind, gibt es offenen Wettbewerb, immer neue Innovationen und Kostenreduzierung durch große Stückzahlen (Skalierung), die Deutschland zum Weltmeister bei eben diesen Autos, Maschinen und Anlagen machen. Auch in der analogen Welt benutzen wir ja nicht irgendwelche Papierzettel, sondern fest normiertes Papier wie DIN A 5, 4 oder 3 – standardisierte Normen, auch für ebenfalls standardisierte Papierqualitäten. Sonst könnten Briefumschläge, Ablagefächer, Drucker und Sortiermaschinen damit nichts anfangen. Weil das Papier verbindlich normiert ist, kann es überall genutzt und weiterverwandt werden.

88 Weiterentwicklungen und neue Digitalisierungs-Herausforderungen dürften nur eine Frage der Zeit sein.

Abbildung 9: Umsetzungsstand (Juni 2021) der Verwaltungsdigitalisierung auf Basis der Empfehlungen des NKR-Gutachtens ‚E-Government in Deutschland: Wie der Aufstieg gelingen kann'

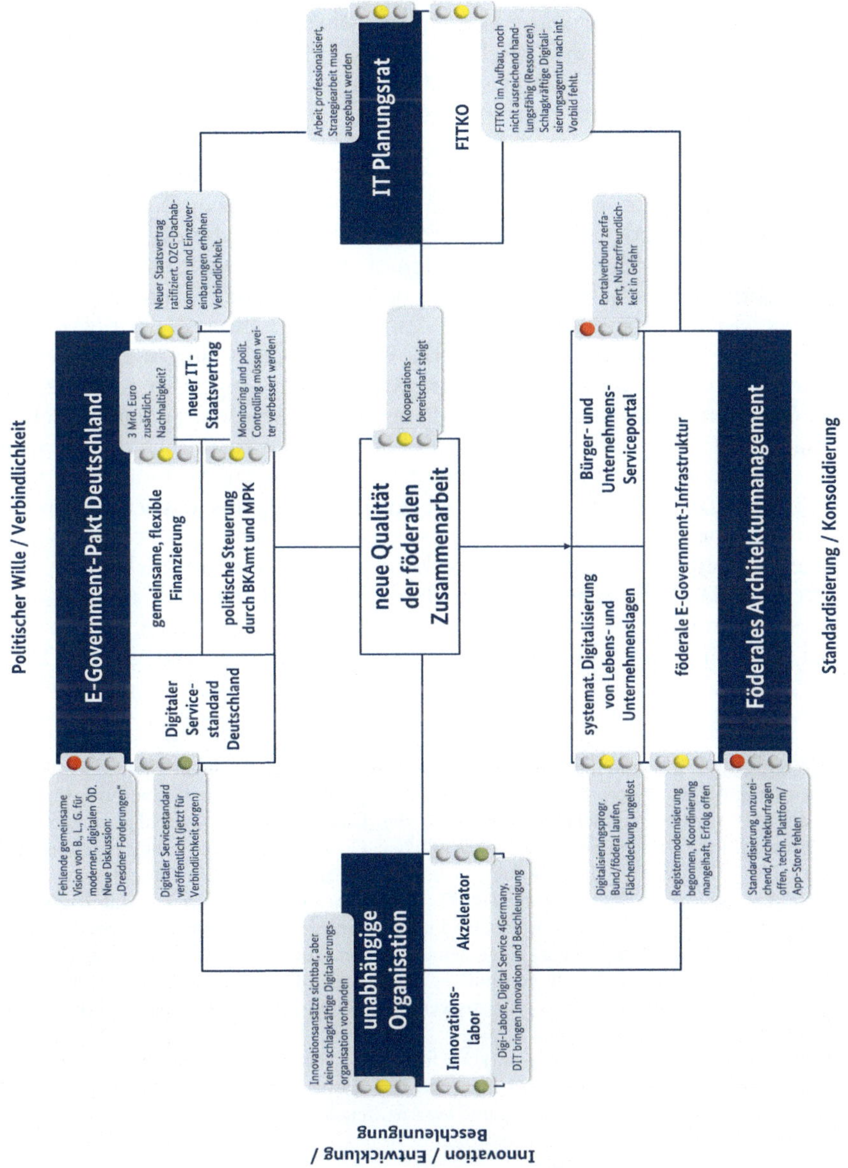

Genau das fehlt bei der Digitalisierung von Verwaltungen und Dienstleistungen, und zwar bei Bund, Ländern und Gemeinden gleichermaßen. Seit dem Einzug des ersten Computers in die Dienstzimmer fehlt in Deutschland ein gemeinsames, verbindliches Konzept, das diese Standardisierung und Kompatibilität mit anderen Bauteilen für alle Digitalisierungsaktivitäten in allen Verwaltungen festschreibt, verbindlich macht und weiterentwickelt. Wohlgemerkt: Festgelegt werden Schnittstellen und Spezifikationen, nicht die Bauteile selbst, die mit Hilfe dieser standardisierten Schnittstellen aber überall passen – wie der Stecker, der in jede Steckdose passt. Hier liegt der Schlüssel zum Erfolg der Digitalisierung – und nicht bei der – in meinen Augen - nachgeordneten Frage, ob es in Berlin ein Digitalisierungsministerium gibt oder nicht. ‚Standardisierung' und ‚Verbindlichkeit' – dazu müssen Bund, Länder und Gemeinden sich durchringen, dazu Verfahren und Institutionen schaffen, die dies zügig und konsequent umsetzen.

Der IT-Planungsrat könnte diese Aufgabe übernehmen[89]. Dafür müsste er aber den klaren politischen Auftrag erhalten, nicht nur in angemessen kurzen Fristen für Bund, Länder und Kommunen längerfristige Konzepte zu erarbeiten, sondern auch in die Lage versetzt werden, zügige Entscheidungen zu treffen und einen strategischen Rahmen für die Digitalisierung der öffentlichen Verwaltung zu schaffen – jeweils mit verbindlicher und damit nachhaltiger Wirkung. Dies wiederum setzt voraus, dass er von operativen Aufgaben, die ihn derzeit überlasten und von den eigentlich wichtigen Fragen abhalten, befreit wird. Diese könnten von einer ausreichend ausgestatteten FITKO[90] übernommen werden, die schnellstmöglich zu einer leistungsfähigen Digitalisierungsagentur ausgebaut werden müsste. Diese zweistufige Architektur – IT-Planungsrat für Konzepte und Strategien, FITKO

---

89 Nach § 6 OZG könnte der Bundesinnenminister solche Standards für Bund und Länder einseitig per Rechtsverordnung ohne Zustimmung des Bundesrats festlegen – eine Option, die 2017 vor der Verabschiedung des OZG den Ländern mit viel Geld abgerungen wurde, von der aber seitdem trotz des erheblichen Digitalisierungsrückstands vonseiten der Bundesregierung offensichtlich kein Gebrauch gemacht worden ist. Staat dessen wurde die Festlegung von Standards auf den IT-Planungsrat übertragen – mit den dort gegebenen komplizierten und zeitraubenden Entscheidungsmechanismen. Der Grund hierfür dürfte ‚kultureller' Natur sein: allgemeine Präferenz für kooperative, konsensorientierte Zusammenarbeit zwischen Bund und Ländern (die allerdings Zeit kostet, die Deutschland vielleicht gar nicht mehr hat) statt zügiger Entscheidungen, die ggf. auch Konfrontation und Konflikte nach sich ziehen.

90 FITKO Föderale IT-Kooperation in Frankfurt a.M., getragen von Bund und Ländern, mit der Aufgabe, im Auftrag des IT-Planungsrats den Ausbau der Digitalisierung in der öffentlichen Verwaltung zu koordinieren und voranzutreiben.

für die operative Umsetzung[91] – findet sich in vielen anderen Ländern mit fortgeschrittener Digitalisierung, in Deutschland muss sie noch geschaffen werden, und zwar jetzt![92]

Auch unter diesen eher ungünstigen Rahmenbedingungen gibt es dennoch Erfolgsgeschichten, die erahnen lassen, was mit konsequenter Nutzung der Digitalisierungschancen möglich wäre, wenn mit strategischer Ausrichtung und Gesamtsteuerung vorgegangen würde. Ein Beispiel ist das Registermodernisierungsgesetz[93], das mit einem fast schon demonstrativ-langweiligen Namen daherkommt, ohne das aber das OZG gar nicht wirksam werden kann. Denn das Registermodernisierungsgesetz soll das sog. ‚Once only'-Prinzips verwirklichen: die Bürger sollen mit ihren Daten nicht immer wieder bei den verschiedenen staatlichen Stellen vorstellig werden müssen, wenn ihre Daten z.B. für einen Antrag oder eine Urkunde, etwa eine Geburtsurkunde, benötigt werden. Statt solche Urkunden immer wieder neu beantragen und einreichen zu müssen, können sie in Zukunft mit Einwilligung des Betroffenen einfach aus dem Personenstandsregister abgerufen werden. Das bedeutet: In Zukunft soll diejenige Behörde, bei der ein Antrag gestellt wird, ihrerseits die Bereitstellung notwendiger Daten, Informationen und Zuarbeiten anderer Behörden veranlassen und zusammenführen. Daten und Informationen aus Datenbeständen unterschiedlicher Behörden (‚Register') werden also miteinander verknüpft und zusammengeführt, um so Bürgern und Unternehmen Dienstleistungen aus einer Hand anbieten zu können.

Der Normenkontrollrat hatte die Diskussion zum Registermodernisierungsgesetz bereits im Herbst 2017 mit seinem Gutachten ‚Mehr Leistung für Bürger und Unternehmen: Verwaltung digitalisieren. Register modernisieren."[94] angestoßen und auf ein jährliches Gesamtentlastungspotenzial in einer Größenordnung von immerhin 6 Milliarden Euro hingewiesen. Davon erschließt das Registermodernisierungsgesetz knapp 4 Milliarden Euro - 2 Milliarden für Bürger und Unternehmen und 1,8 Milliarden für

91 Wobei IT-Planungsrat und FITKO in enger wechselseitiger Verbindung zu- und miteinander stehen. Denn Konzepte und Strategien bilden den Rahmen für die operationelle Umsetzung, wie auch operative Erfahrungen für die Fortschreibung von Konzepten und Strategien unentbehrlich sind. Für diese Aufgaben müssen – anders als heute – zügig angemessene Kapazitäten bereitgestellt werden. Das gilt auch für die Mitwirkung von Kanzleramt und Bundesinnenministerium, wo ebenfalls entsprechende Kapazitäten fehlen.

92 Vgl. dazu Kapitel 10, Seite 140.

93 BGBl I (2021), Seite 591-606.

94 Das Gutachten ist abrufbar unter: www.normenkontrollrat.bund.de.

die Verwaltung -, da es lediglich den Umgang mit bürgerbezogenen Daten regelt.

Umstrittenster Punkt der Registermodernisierungs-Initiative war der Datenschutz, dessen Protagonisten aus gut gemeinter Besorgnis, aber mit wenig überzeugender Begründung nichts unversucht gelassen haben, den Gesetzentwurf zu Fall zu bringen. Stein des Anstoßes war insbesondere die Nutzung der Steuer-Identifikationsnummer als einheitlicher Personenidentifikationsnummer, mit deren Hilfe Daten eineindeutig der jeweiligen Person zugeordnet und damit deren Qualität und Vollständigkeit gesichert werden können. Deshalb war sicherzustellen, dass die Zusammenführung personenbezogener Daten aus öffentlichen Registern anhand einer übergreifenden Identifikationsnummer nicht zur Erstellung umfassender Persönlichkeitsprofile führt. Die Antwort des Gesetzentwurfs war, die Berechtigung sowohl der jeweils anfragenden Behörde als auch die der angefragten Stelle systematisch mit Hilfe des sog. ‚4-Corner-Modells'[95] in jedem einzelnen Fall einer Datenanfrage zu überprüfen und das Ergebnis der Prüfung zu protokollieren. Hinzu kamen weitere ‚strukturelle Hemmnisse gegen Profilbildung' wie die dezentrale Organisation der amtlichen Register in Deutschland und die nachträgliche Kontrollmöglichkeit mit Hilfe des gleichzeitig einzuführenden sog. ‚Datencockpits'[96]. Damit können die Bürger die obligatorischen Protokolle über Abruf und Verwendung ihrer personenbezogenen Daten durch staatliche Stellen einsehen – eine Kontrollmöglichkeit, die es bisher nicht gab und die den Bürger erstmals in die Lage versetzt, sich beim Schutz der eigenen Daten mit der öffentlichen Seite ‚auf Augenhöhe' auseinander zu setzen. Demgegenüber verlangten die Verfechter des Datenschutzes, an der Spitze der Bundesbeauftragte für den Datenschutz und die Informationsfreiheit (BfDI), die Konferenz der Datenschutzbeauftragten der Länder und das Bundesjustizministerium, weiterer Absicherungen, vor allem nach österreichischem Vorbild die Einführung bereichsspezifischer Identifikationsnummern für einzelne Datenbereiche (Finanzen, Wirtschaft, Justiz, etc.). Dabei wurde nach Einschätzung des Normenkontrollrats verkannt, dass damit in dem nicht unwesentlich größeren Deutschland mit sei-

---

95 Einzelheiten zum ‚4-Corner-Modell' unter: Bundesministerium des Innern, für Bau und Heimat, Registerübergreifendes Identitätsmanagement als Teil der Registermodernisierung, Abschlussbericht zur Sondierung eine registerübergreifenden Identitätsmanagements für die Innenministerkonferenz 17.-19.6.2020, 10.3.2020.

96 Einzelheiten zum ‚Datencockpit' unter https://www.onlinezugangsgesetz.de/Webs/OZG/DE/umsetzung/themenfelder/querschnittsleistungen/querschnittsleistungen-node.html.

ner Vielzahl dezentraler Register[97] Komplexität und Betriebsanfälligkeit der Datenzusammenführung derartig zunehmen würden, dass die Funktionstüchtigkeit grundsätzlich mit einem Fragezeichen versehen werden müsste - und dies ohne einen Zugewinn an Sicherheit[98].

Diese Auseinandersetzungen waren heftig und bestimmten die Diskussionen – erst in der Bundesregierung, wo nach vielen Vorgesprächen und Vorverhandlungen ein Spitzengespräch der Koalitionspartner benötigt wurde und auch zustande kam, um den Weg für den Kabinettbeschluss frei zu machen; dann im Bundestag, wo es im Innenausschuss und in Sonderterminen der Berichterstatter erneut vor allem um die Datenschutz-Frage ging und wo sich zeigte, dass die Argumente des Bundesdatenschutzbeauftragten letztlich nicht überzeugen konnten; zuletzt im Bundesrat, wo trotz Fundamentalopposition der Grünen und der FDP im Bund eine deutliche Mehrheit der Länder – also auch solcher mit grüner und gelber Regierungsbeteiligung - am 5. März 2021 das Gesetz unterstützten.[99]

Für den Normenkontrollrat darf festgehalten werden, dass er sich seit Beginn seiner Arbeit 2006 für kein Gesetz so engagiert und so kontinuierlich eingesetzt hat wie für das Registermodernisierungsgesetz – vom Anstoß mit dem Gutachten von 2017, dann als geduldig mahnender Begleiter bei der sich hinziehenden Erarbeitung des Gesetzentwurfs im Bundesinnenministerium, später als ‚aufklärender Kommunikator an der Seitenlinie der Meinungsbildung der Bundesregierung' und schließlich als aktiver Werber für den Gesetzentwurf im Bundestag und Bundesrat – immer bestrebt, mitunter fehlendes Know-How zur Verfügung zu stellen und die Diskussion zu versachlichen. All dies war für den Normenkontrollrat absolut ungewöhnlich – ebenso ungewöhnlich allerdings wie das, was hier für die Digitalisierung öffentlicher Dienstleistungen in Deutschland auf dem Spiel stand. Am Ende waren es glücklicherweise ansehnliche Mehrheiten, die für das Registermodernisierungsgesetz votierten. Ich hatte versprochen, mit den Kollegen im Sekretariat des Normenkontrollrats und im Bundesinnenministerium mit Champagner anzustoßen, wenn dieses Gesetz irgendwann

97 Im Gegensatz zu Österreich, das für die Datenzusammenführung lediglich auf eine begrenzte Zahl zentralisierter Datenregister zurückgreift. Länder und Kommunen in Österreich haben sich an diesem System nicht beteiligt.

98 und zwar weil die Profilbildung auf Basis personenbezogener Daten mit Hilfe moderner Algorithmen dennoch nicht ausgeschlossen, Sicherheit also nur durch die konsequente Berechtigungsprüfung der handelnden staatlichen Stellen in jedem einzelnen Fall – wie im Gesetzentwurf vorgesehen - gewährleistet werden kann.

99 Ein weiterer Beleg für die immer wieder feststellbare Erfahrung in Deutschland, dass innerhalb ein und derselben Partei die Melodie zu ein und demselben Thema draußen im Land manchmal ganz anders klingen kann als in Berlin.

einmal alle Hürden genommen hat. Die Corona-Pandemie hat das bislang verhindert, aber ich habe die Flaschen schon einmal kaltgestellt.

Wie am Ende der 18. Legislaturperiode im August 2017 noch ‚kurz vor Toresschluss' das Onlinezugangsgesetz verabschiedet wurde, scheint auch auf den letzten 100 Metern der 19. Wahlperiode das Bewusstsein für die Dringlichkeit der Digitalisierung erkennbar zugenommen zu haben, sicher - analog zur Flüchtlingskrise - gefördert durch die Erfahrung entsprechender Defizite während der aktuellen Corona-Krise. So erkläre ich mir den recht kurzfristigen Entschluss des Bundeswirtschaftsministers, nach dem Beispiel des Registermodernisierungsgesetzes noch den Gesetzentwurf für ein ‚Unternehmensbasisregister'[100] einzubringen, der vom Deutschen Bundestag am 11. Juni 2021 beschlossen worden ist. Der Normenkontrollrat hatte sich in der Vergangenheit mehrfach beim Bundeswirtschaftsminister für dieses Vorhaben eingesetzt und hat deswegen diesen ‚Digitalisierungs-Endspurt' ausdrücklich begrüßt.

Diese Freude reduzierte sich jedoch nicht unbeträchtlich, als deutlich wurde, wie viele offene Punkte von Gewicht dieser Entwurf enthielt. Das größte Umsetzungsrisiko besteht darin, dass die vorgesehene steuerliche Wirtschafts-Identifikationsnummer – der Schlüssel zum Erfolg des gesamten Vorhabens – bis auf weiteres noch nicht betriebsbereit ist. Gleichzeitig ist kein verbindlicher Fahrplan vorgesehen, um diese Lücke verlässlich zu schließen. Ähnlich unverbindlich sind die zeitlichen Perspektiven für den Anschluss weiterer Register und die Einbeziehung zusätzlicher Fachdaten, die für den breiten Anwendungsbereich des Unternehmensbasisregisters von allergrößter Bedeutung sind. Erst wenn es für diese Schritte klare und verbindliche Zeitpläne gibt, besteht die Chance, eine klare Vorstellung davon zu bekommen, wann das erhebliche Entlastungspotenzial in einer Größenordnung von etwa 3 Milliarden Euro für Unternehmen und Verwaltung aktiviert werden kann – ganz zu schweigen von dem erheblichen Unterschied, den ein funktionierendes Unternehmensbasisregister[101] für die Bewältigung einer nächsten Krise ausmachen würde. Man stelle sich vor, in einer nächsten Krise müssten wieder Hilfsgelder an bestimmte Gruppen

---

100 Gesetz zur Errichtung und Führung eines Registers über Unternehmensdaten und zur Einführung einer bundeseinheitlichen Wirtschaftsnummer für Unternehmen, vgl. Bundestagdrucksache 19/30005 vom 21.5.2021.

101 Mit dessen Hilfe könnte beispielsweise nicht nur festgestellt werden, ob es das antragstellende Unternehmen überhaupt gibt und ob derjenige, der den Antrag stellt, dazu berechtigt ist. Es könnte auch dazu dienen, weitere für die die Antragserledigung wichtige Informationen wie Mitarbeiterzahl, Umsatzzahlen, Gründungsdatum, etc. digital zusammenzubringen und zur Verfügung zu stellen.

von Unternehmen ausgezahlt werden – und es würde wieder nicht funktionieren?

Zwischenfazit: Nach viel verlorener Zeit ist seit 2017 Bewegung in die Digitalisierung der öffentlichen Verwaltungen gekommen, politische Aufmerksamkeit und finanzielle Mittel haben zugenommen, Regierungen und Parlamente haben wichtige Entscheidungen getroffen. Dennoch: Dieser Schub im Gefolge zweier Krisen reicht (noch) nicht aus, die verlorenen Jahre aufzuholen und die weitere Digitalisierung nachhaltig zu beschleunigen. Selbst wenn dafür die Finanzmittel, wie jetzt während der Corona-Krise, weiter erhöht werden, fehlt bisher die Perspektive, die gemeinsam getragenen Entscheidungsstrukturen von Bund, Ländern und Gemeinden so zu vereinfachen, dass sich ein anhaltender, dynamischer Aufholprozess entwickeln kann. Die bisherigen Erfahrungen zeigen, dass föderal strukturierte Entscheidungsgremien unter der großen Zahl der Beteiligten, dem Konsensprinzip bei divergierenden Interessen, zu wenig Entscheidungsbefugnis, viel zu geringem Tempo und zu komplizierten Lösungen leiden. Im Ergebnis wird etwa der IT-Planungsrat mit kurzfristig-operativen Aufgaben überlastet, die wirklich wichtigen strategischen Fragen mit der verbindlichen Ausrichtung der gesamten Digitalisierung kommen zu kurz. Deshalb gibt es bis heute kein längerfristiges strategisches Gesamtkonzept für die Digitalisierung der öffentlichen Verwaltung in Deutschland. Es fehlt ein verbindlicher Rahmen für die vielfältigen Digitalisierungs-Aktivitäten von Bund, Ländern und Gemeinden.

8. Deutsche Verwaltung – von der Angebotskultur zur Kunden-Service-Kultur

Verwaltung und Digitalisierung – beiden ist gemeinsam, dass ihre Defizite innerhalb weniger Jahre zwei Mal – von der Corona-Pandemie 2020/2021 ebenso wie von der Flüchtlingskrise 2015/2016 zuvor – schonungslos offengelegt worden sind. Gleichzeitig ist einer breiten Öffentlichkeit vielleicht erstmals wieder seit dem Aufbau Ost in den Jahren 1900ff bewusst geworden, wie stark Gesellschaft und Wirtschaft nicht nur von erfolgreichen Unternehmen, sondern auch von einer guten Verwaltung mit digitaler Kompetenz und Leistungsfähigkeit abhängen. Dies gilt in besonderer Weise, wenn es um Herausforderungen geht, die von Verwaltungen quer durch unsere föderale Verwaltungslandschaft hindurch über mehrere Ebenen hinweg gemeistert werden müssen.

Abbildung 10: Deutschlands öffentlicher Sektor und seine Herausforderungen

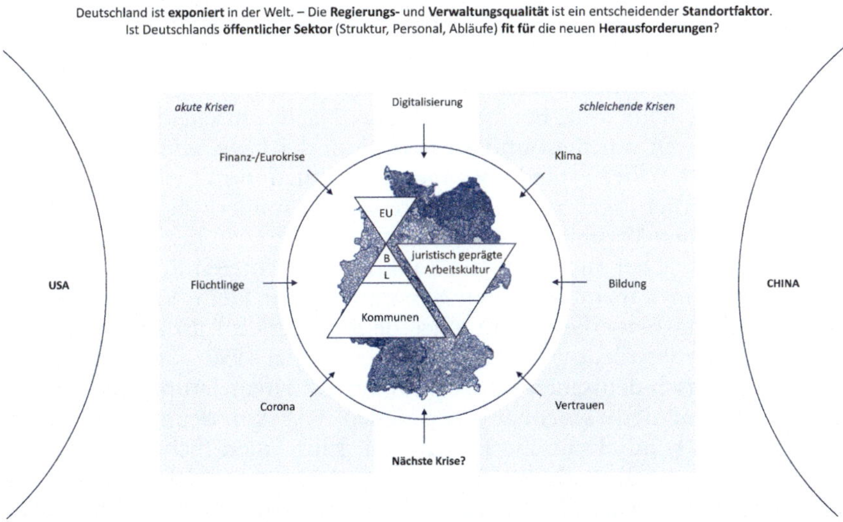

Abbildung 10 macht die Herausforderungen anschaulich, mit denen sich der öffentliche Sektor in einer größeren Perspektive auseinandersetzen muss. Zur Zeit stehen Aufgaben im Vordergrund wie Infektionskrankheiten, dazugehörige Melde- und Informationssysteme, zügige Finanzhilfen für krisenbetroffene Unternehmen und Selbstständige, Informationen zu Flüchtlingsunterbringung, -betreuung und -integration, Asylverfahren – in all diesen Fällen sind Zuständigkeiten und Behörden von Bund, Ländern und Gemeinden betroffen, die im Idealfall nahtlos und effizient ineinandergreifen, in der realen Krisenerfahrung aber deutlich hinter diesem Anspruch zurückgeblieben sind. Dass dies so nicht bleiben kann, ergibt sich schon aus der annähernden Gewissheit, dass die nächste Krise nur eine Frage der Zeit ist.

Interessant sind in diesem Zusammenhang übrigens die Erfahrungen in der Zeit von Wiedervereinigung und Aufbau-Ost Anfang der 1990er Jahre. Damals gab es ebenfalls viele neue Herausforderungen, denen sich Ministerien, Behörden und Verwaltungen sozusagen über Nacht unter großem Zeitdruck stellen mussten – von Übersiedlerströmen und Begrüßungsgeld über Währungsunion, Einigungsvertrag und 4+2-Verhandlungen bis hin zu den strukturellen Umbrüchen der ostdeutschen Wirtschaft, Neuaufbau der ostdeutschen Länder und Abzug der sowjetischen Truppen. Der entscheidende Unterschied war, dass in all diesen Fragen – von ganz wenigen Ausnahmen abgesehen – allein der Bund zuständig war, zumindest so lange, bis die demokratischen Institutionen der ostdeutschen Länder und Gemeinden arbeitsfähig waren. Die Bundesregierung war zunächst einmal nahezu durchgängig in der Verantwortung und hatte dafür eingespielte Entscheidungs- und Behördenstrukturen, die – wenn nötig – sehr schnell und kurzfristig, manchmal buchstäblich über Nacht Entscheidungen treffen konnten. Dadurch war die Bundesregierung in der Lage, schnell und flexibel auf eine sich nahezu ständig verändernde Situation mit vielen gleichzeitigen Herausforderungen nicht nur zu reagieren, sondern die Entwicklung selbst mit eigenen Vorstellungen und Konzepten aktiv zu beeinflussen. Von Bedeutung war sicher auch, dass die Zahl der an wichtigen Entscheidungen Beteiligten klein war, in kritischen Situationen sehr klein. Eine in diesem Zusammenhang bemerkenswerte, eher deprimierende Ausnahme war die Beteiligung der westdeutschen Länder, als es im Mai 1990 – auf dem Höhepunkt der deutsch-deutschen Euphorie – um die Finanzierung zusätzlicher Belastungen auf dem absehbar gewordenen Weg zur deutschen Einheit ging, den sog. Fonds Deutsche Einheit. Ich kann mich nicht erinnern, in einer auch nur annähernd vergleichbaren Situation ein solch erbärmliches Feilschen zur maximalen Reduzierung der Beiträge der westdeutschen Länder erlebt zu haben. Bundeskanzler Helmut Kohl machte dem unwürdigen Spektakel ein Ende, indem der Bund den Löwenanteil übernahm.

Warum tut sich Deutschland so schwer, wenn es um leistungsfähige, bürger- und kundenorientierte Verwaltungen geht, vor allem wenn das funktionierende Zusammenspiel von Bund, Ländern und Gemeinden eingefordert wird? Es hat sicher damit zu tun, dass Kategorien wie ‚Zuständigkeit‘ und ‚Rechtssicherheit‘ zu sehr im Vordergrund stehen. Diese Prinzipien der Rechtsstaatlichkeit gehören nach den Unrechtsregimen der Nationalsozialisten und Kommunisten nicht von ungefähr heute zu den ‚Korsettstangen‘ unseres Gemeinwesens. Beide Aspekte spielen auch in Unternehmen der Privatwirtschaft durchaus eine Rolle, und etwa die deutsche Automobilwirtschaft (bei der Abgasreinigung) oder der Bankensektor (bei Cum-Ex-Geschäften) hätten gut daran getan, sich dieser Prinzipien zu erinnern. In der öffentlichen Verwaltung fehlt aber das Gegengewicht, das dafür sorgt, dass Zuständigkeit und Rechtssicherheit nicht zum beherrschenden Selbstzweck werden: Kundenorientierung und Wettbewerb. Diese Außenorientierung mit dem Blick auf die Ziel-Adressaten der Verwaltungstätigkeit – Bürger und Unternehmen – und darauf, wie andere (möglicherweise auch private) Anbieter im Vergleich ähnliche Dienstleistungen zur Verfügung stellen, spielt bislang eine nachgeordnete Rolle. Damit kommen Zielgrößen wie Sinnhaftigkeit, Schnelligkeit, Effizienz, Mehrwert für Bürger und Unternehmen zu kurz. Diese ‚Binnenorientierung‘ und der damit einhergehende dominierende Blick auf sich selbst stehen in einem dauerhaften Spannungsverhältnis zu der von Bürgern und Unternehmen erwarteten ‚Dienstleistung‘ – also der Kombination von ‚dienen‘ und ‚leisten‘, im Idealfall mit dem Zusatz, den der Berliner Unternehmer Peter Dussmann einmal formuliert hat, als er nach seiner Definition von ‚Dienstleistung‘ gefragt wurde. Seine Antwort: ‚Dienen und leisten – und das mit ganzer Hingabe‘[102].

Dieser fehlende Druck zur Außenorientierung fördert eine Verwaltungskultur, die dazu neigt – bewusst oder unbewusst - sich selbst, die eigenen Ressourcen, Bedingungen und Interessen in den Mittelpunkt zu stellen. Die Verwaltungsbehörde ist Monopolist, sie denkt, redet und handelt angebotsorientiert; die Dienstleistung, die sie erbringt, leitet sich aus ihren ‚Herstellungs-Bedingungen‘ ab, nicht oder erst in zweiter Linie aus den Bedürfnissen der Adressaten dieser Dienstleistung. So entsteht eine Denkweise, in der die internen ‚Herstellungs-Bedingungen‘ eine übergroße Bedeutung erhalten, vor allem Zuständigkeiten und die mit ihnen verbundenen Hierarchien sowie die Rechtskonformität des eigenen Handelns, denn diese stützt die Absicherung der eigenen Position – anders als in einem Unternehmen, wo es letztlich der Erfolg beim Kunden ist, der über Arbeitsplätze und Führungspositionen entscheidet. Auch die ‚Angst vor Fehlern und dem Ausüben von Ermessen‘ hat in dieser Mentalität ihren Platz.

---

102 Peter Dussmann (1938 – 2013) beim Konzern-Treff der Deutschen Bahn am 4.9.1998 in Frankfurt a.M.

Die durchgehende Dominanz angebotsorientierten Denkens und Handelns macht auch die Zusammenarbeit über die föderalen Ebenen hinweg so schwierig, noch dazu, wenn diese unerwartet daherkommt. Denn wenn der Blick zuerst auf die eigenen Zuständigkeiten und Ressourcen geht, wo liegt dann das Interesse, eine andere, weitergehende und wahrscheinlich schwierigere Herausforderung anzunehmen, und dies ggf. zusammen mit anderen Verwaltungsakteuren mit deren eigenen Zuständigkeiten und unbekannten Ressourcen? Wie groß ist die Wahrscheinlichkeit, dass sich der verantwortliche Behördenleiter auf solche Risiken und mögliche Fehler einlässt, ja sie zu seiner Sache macht, obwohl er sonst doch konsequent darauf achtet, genau das – nämlich Risiken und Ungewissheiten – zu vermeiden? So kann es nicht überraschen, dass ebenen-übergreifende Zusammenarbeit nur dann gut funktioniert, wenn sie vertraut und eingeübt ist – etwa bei den sog. Gemeinschaftsaufgaben von Bund und Ländern wie der regionalen Wirtschaftsförderung oder der Verteilung landwirtschaftlicher Fördermittel. Wenn aber übergreifende Herausforderungen wie nicht enden wollende Flüchtlingsströme oder Hilfszahlungen an hunderttausende von Pandemie-Auflagen betroffene Kleinunternehmer mehr oder weniger über Nacht vor der Tür stehen, bei denen nicht auf eingeübte Verfahren und Verantwortlichkeiten zurückgegriffen werden kann, dann wird es eng im föderalen Verwaltungssystem der Bundesrepublik Deutschland. Da hilft auch die Digitalisierung allein nicht weiter, so wichtig diese ist, da braucht es eine andere Kultur!

In einer der vielen Talk-Shows zur Corona-Pandemie, in der das Unbehagen über fehlende Kundenorientierung bei Verwaltungen und Behörden zur Sprache kam, wurde der altehrwürdige Soziologe Niklas Luhmann (1927-1998) zitiert, um das, was sich ändern muss, auf eine knappe, treffende Formel zu bringen: Wir müssen weg vom traditionellen ‚wenn – dann' der Bürokratie hin zu einem weiterführenden ‚um – zu' der Unternehmen. Letztere agieren flexibel, um ein Ziel zu erreichen, die Bürokratie re-agiert demgegenüber auf vor-definierte Fallsituationen mit vorgegebenen Mitteln. Besser und knapper kann man es kaum zum Ausdruck bringen. ‚Wenn-dann' schafft zweifellos Rechtssicherheit. Wenn also die Kriterien, die eine Verwaltungsvorschrift auflistet, erfüllt sind, dann besteht für Bürger oder Unternehmer ein Anspruch auf eine ganz bestimmte Leistung bzw. Dienstleistung, und zwar bei der für die Umsetzung dieser Verwaltungsvorschrift zuständigen Behörde - so weit, so gut. Ob diese Leistung dann geeignet ist, in einer ganz bestimmten Situation das dort bestehende Problem eines Bürgers oder eines Unternehmens in einer befriedigenden Art und Weise zu lösen – diese Frage ist damit indessen noch nicht beantwortet.

Genau darum geht es bei der Neuorientierung ‚um – zu'. Sie nimmt den Kunden, d.h. den Bürger oder Verantwortlichen eines Unternehmens in den Blick, fragt nach seinem Problem und nimmt dieses als Ausgangspunkt, um herauszufinden, in welcher Weise mit Hilfe welcher Unterstützung und welcher Rechtsvorschrift das Problem gelöst werden kann. Nicht mehr das ‚Angebot' einer bestimmten Rechtsvorschrift und der rechtssicheren Zuteilung der damit verbundenen Leistung durch die zuständige Behörde stehen im Mittelpunkt. Nein, Ausgangspunkt ist jetzt der Adressat von Politik und Verwaltung – Bürger oder Gewerbetreibender – mit seinem Problem und seinem Petitum an die Verwaltung, dafür – soweit irgend möglich - eine Lösung zu finden – und dies im Idealfall unabhängig davon, bei welcher Behörde diese Anfrage gerade gestellt wird.

Und bei diesem Wechsel zur Nutzerorientierung spielt die Digitalisierung eine entscheidende Rolle, denn sie bietet erstmals die Möglichkeit, die gesamt Routine der Verwaltung, also das Zusammenbringen relevanter Rechtsgrundlagen mit den individuellen Voraussetzungen im Einzelfall, per Knopfdruck zu erledigen, so dass sich der Mitarbeiter in der Behörde voll auf die Beratung, d.h. das Ausfindig-Machen der zum jeweiligen Problem des Bürgers oder Unternehmers passenden Lösung konzentrieren kann. Das wäre ‚Dienst-Leistung' im besten Sinn des Wortes! Wenn Politik und Verwaltung diese Chance verstehen, sie zu Ende denken, die neuen digitalen Werkzeuge ebenso nutzen wie die Möglichkeit, Strukturen, Abläufe und Angebote mit festem Blick auf den ‚Kunden' neu zu gestalten, dann könnte daraus eine grundsätzlich andere, eine neue, eine bessere Verwaltungskultur entstehen.

Dass dies nicht nur der heutigen Wirklichkeit weit vorauseilende Reformideen sind, sondern diese sich bereits in der Praxis als umsetzbar erwiesen haben, das hat die bisher in dieser Form einmalige Zusammenarbeit zwischen der Bundesagentur für Arbeit (BA) und dem Bundesamt für Migration und Flüchtlinge (BAMF) in den Jahren 2015/2016 sowie 2020 gezeigt. Bei Ausbruch der Flüchtlingskrise 2015 stand das BAMF vor dem Problem, dass der ohnehin schon vorhandene Rückstau nicht bearbeiteter Asylanträge geradezu explodierte. Der dafür notwendige Personalaufbau um einige tausend Mitarbeiter war kurzfristig nicht zu bewerkstelligen. Der Präsident der BA, Frank-Jürgen Weise, wurde kurzerhand zugleich Präsident des BAMF und verwirklichte sofort die Idee, etwa 800 Mitarbeiter der BA für die Bearbeitung von Asylanträgen einzusetzen. Wichtig war dabei, dass die BA-Mitarbeiter an ihren Arbeitsplätzen bleiben konnten, da sich ihre IT-Ausstattung mit der des BAMF zusammenschalten ließ. Im Ergebnis haben diese etwa 800 BA-Mitarbeiter etwas mehr als ein Jahr lang für das BAMF gearbeitet und sehr wirksam dazu beigetragen, dass der Berg unerledigter

Anträge von Asylbewerbern viel schneller abgearbeitet werden konnte, als wenn das eigentlich zuständige BAMF allein auf sich gestellt geblieben wäre.

Die Gelegenheit zur Flexibilität in umgekehrter Richtung bot sich schneller als erwartet. Als es zu Beginn der Corona-Pandemie zum ersten ‚lockdown' in Deutschland kam, schnellte die Zahl der Kurzarbeitergeld-Anträge bei der BA in die Höhe. Diesmal war es das BAMF, das der BA seine Unterstützung anbot. Etwa 100 BAMF-Mitarbeiter halfen, die Flut dieser Anträge in erstaunlicher kurzer Zeit abzuarbeiten, so dass es hier – anders als bei den späteren Hilfsgeldern von Bund und Ländern für Unternehmen und Selbstständige – nicht zu nennenswerten Verzögerungen bei den Geldüberweisungen an Kurzarbeiter kam. Fazit: Wenn Leistungen für 'Kunden' von Verwaltungen – im ersten Fall die Antragsteller für die Gewährung von Asyl, im zweiten die Empfänger von Kurzarbeitergeld – in den Mittelpunkt gestellt werden und die Leiter der verschiedenen Behörden bzw. deren vorgesetzte Stellen dafür Mitarbeiter und technische Ausstattung sowie deren Flexibilität voll mobilisieren, dann werden ‚Dienst-Leistungen' in einem Umfang möglich, wie er bei Festhalten an herkömmlichen Zuständigkeiten undenkbar gewesen wäre.

Initiative ‚Leistungsfähige Verwaltung - Zukunftsfester Staat'

Eines haben wir aus inzwischen vielfältigen Krisenerfahrungen gelernt: Eine effiziente und digitale Verwaltung ist für einen modernen Staat unverzichtbar. Dies gilt allerdings nicht nur für die Bewältigung von Krisen. Sie ist auch in normalen Zeiten ein wichtiger Standortfaktor, ohne den Wirtschaft und Unternehmen nicht erfolgreich arbeiten können. Denn wie sich die viel zitierten Rahmenbedingungen unternehmerischen Handelns in der Praxis tatsächlich auswirken, hängt nicht nur vom Text gesetzlicher Regelungen ab, sondern mindestens ebenso davon, wie diese Regelungen an der Schnittstelle zwischen Staat und Bürger bzw. Unternehmen von der jeweiligen Verwaltung konkret umgesetzt werden. So macht es einen mehr als spürbaren Unterschied, ob Steuererklärungen oder Baugenehmigungen elektronisch rund um die Uhr entgegengenommen, bearbeitet und beantwortet werden oder ob dies in Papierform zu ganz bestimmten Öffnungszeiten und bei ganz bestimmten Behördenadressen erledigt werden muss. Gleiches gilt für Planungs- und Genehmigungsverfahren. Werden diese mit Hilfe eines zeitgemäßen Projektmanagements bzw. Projektmanagers abgewickelt, der dafür sorgt, dass alle Unterlagen vollständig und schnellstmöglich für die Erledigung der einzelnen Verfahrensschritte – wann immer möglich digital - zur Verfügung stehen, oder bleiben sie abhängig von der unterschiedlichen

Qualität der Unterlagen und von den Zufälligkeiten behördeninterner Abläufe?

Wie kann ein solches Konzept einer Verwaltungsmodernisierung konkret auf den Weg gebracht werden? Der Normenkontrollrat hat sich mit dieser Frage erstmals 2017 auseinandergesetzt mit dem Ziel, aus den Erfahrungen im Verlauf der Flüchtlingskrise zu lernen und Vorschläge für konkrete Schritte zu einer Verwaltungsmodernisierung zu machen. Ergebnis waren „Schlussfolgerungen aus der Flüchtlingskrise für die Handlungs- und Zukunftsfähigkeit von Staat und Verwaltung"[103], die im November 2017 veröffentlicht wurden.

Abbildung 11: Initiative ‚Leistungsfähige Verwaltung - Zukunftsfester Staat'

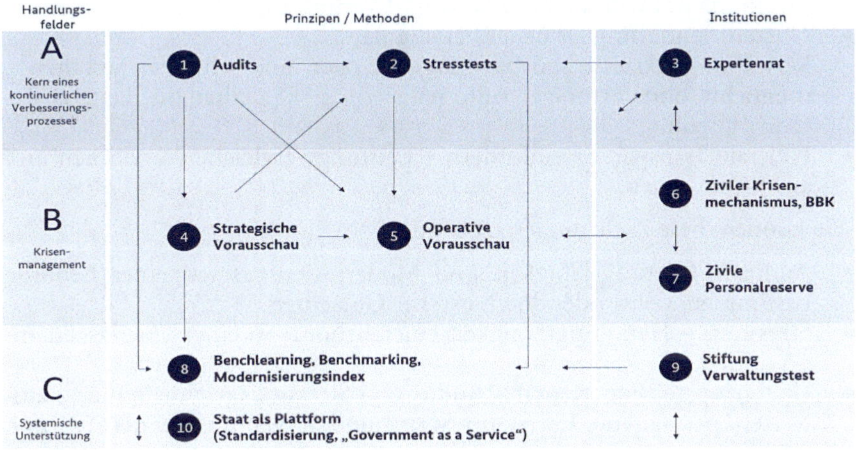

Allerdings musste der Normenkontrollrat feststellen, dass das politische Interesse an solchen Reformüberlegungen nach der Bundestagswahl im September 2017 und nach dem Auslaufen der Flüchtlingskrise mehr als verhalten war. Als die Corona-Pandemie die Zweifel an Leistungsfähigkeit und Flexibilität von Behörden erneut auf die öffentliche Tagesordnung setzte, nahm der Normenkontrollrat einen neuen Anlauf. Dies mündete in eine Initiative ‚Leistungsfähige Verwaltung - Zukunftsfester Staat. Empfehlungen

103 Abrufbar auf der Internetseite des Nationalen Normenkontrollrats www.normenkontrollrat.bund.de.

für eine nachhaltige Modernisierung - in der Krise, wie im Alltag'[104] (Abbildung 11)

Welche Ziele verbinden sich mit dieser Initiative?

- Tagespolitik-unabhängige Adressierung und Bearbeitung struktureller Fragen der Staats- und Verwaltungsmodernisierung,
- Lernen aus vorangegangenen Krisen, Verbesserung der Prognose- und Strategiefähigkeit des Staates,
  Etablierung einer flexiblen, für Veränderungen offenen Verwaltungskultur,
- Systematische Verbesserung der staatlichen Leistungsfähigkeit,
  Stärkung der Resilienz und Handlungsfähigkeit öffentlicher Einrichtungen,
  Erhöhung des Vertrauens in Staat und Verwaltung,
- Nutzerorientierung als neues Paradigma,
  Verwaltungsprozesse spürbar bürgerbezogen und schneller gestalten – möglichst ohne Anträge, Automatisierung, Digitaltauglichkeit, Once-Only-Prinzip,
- Föderale Transparenz einfordern – Leistungsvergleiche vornehmen und aus Kritik lernen.

Wie können diese Ziele umgesetzt werden?

- Audits – Leistungsfähigkeit und Modernisierungsgrad einer Behörde bestimmen, selbst oder durch externe Gutachter,
- Stresstests – Handlungsfähigkeit einer Behörde in einer Überlastsituation prüfen,
- Unabhängiger Expertenrat – Audits und Stresstests nachhalten und auswerten, permanente Lobby für Staats- und Verwaltungsmodernisierung unabhängig vom politischen Tagesgeschäft

Welche konkreten Maßnahmen[105] stehen hinter diesen Eckpunkten?

---

104 Beschlossen vom Normenkontrollrat am 10. Juni 2021; abrufbar auf der Internetseite des Nationalen Normenkontrollrats unter www.normenkontrollrat.bund.de.

105 Neben dem dargestellten ‚Dreiklang' aus Audits, Stresstests und unabhängigem Expertenrat werden weitere ergänzende Maßnahmen vorgeschlagen wie Leistungsvergleiche und Modernisierungsindizes, eine verbesserte strategische und operative Vorausschau, eine externe, zivilgesellschaftliche Qualitätskontrolle staatlicher Leistungen, ein ziviler Krisenmechanismus mit einer zivilen Personalreserve; zu den Einzelheiten vgl. die Initiative „Zukunftsfester Staat - leistungsfähige Verwaltung", abrufbar unter www. normenkontrollrat.bund.de.

Audits

Regelmäßige Audits relevanter Bundesbehörden sollen deren Leistungsfähigkeit im Normalbetrieb bestimmen und konkreten Modernisierungsbedarf identifizieren. Denkbar ist eine Ausweitung auf geeignete Landes- und Kommunalbehörden sowie Sozialversicherungsträger. Leistungsfähigkeit und Krisenfestigkeit dieser Behörden sollen messbar und vergleichbar gemacht werden, auch damit diese stärker voneinander lernen können (Benchmarking und Benchlearning). Folgende Punkte stehen im Vordergrund:

- Nutzerorientierung: Werden Prozesse vom ‚Kunden' her gedacht und danach ausgerichtet?
- Strategiefähigkeit: Sind die Organisationsziele klar definiert? Ist Nachfrageorientierung ein Teil davon? Sind Entscheidungen an diesen Zielen ausgerichtet? Gibt es eine Wirksamkeitskontrolle?
- Effektive Behördenstrukturen: Werden Behördenabläufe auf effektives Arbeiten hin überprüft? Gibt es klare Verantwortlichkeiten von Mitarbeitern und Führungskräften?
- Personal: Sind Fach- und Führungskräfte ausreichend befähigt, die der Behörde vorgegebenen Ziele umzusetzen? Ist die Führungskultur der Zielerreichung angemessen? Wie ist es um die Leistungsbereitschaft der Mitarbeiter bestellt? Wie hoch ist der Krankenstand? Berücksichtigt die Personalplanung die demografische Entwicklung?
- Digitalisierung: Wo steht die Digitalisierung der Organisation? Wo können neue digitale Angebote für Bürger und Mitarbeiter geschaffen werden? Ist die IT-Ausstattung den Aufgaben angemessen, ist sie flexibel, skalierbar und v.a. überregional/überbehördlich kompatibel?

Selbst-Audits können hier eine wichtige Rolle spielen – durch Nutzung des international verbreiteten ‚Common Assessment Framework' (CAF)[106].

Stresstests

Während Audits den Normalbetrieb verbessern sollen, simulieren Stresstests die Leistungsfähigkeit einer Behörde in Krisensituationen. Konkret: Wie

106 Dabei handelt es sich um einen international erprobten methodischen Rahmen für ein Auditing, das von Behördenmitarbeitern selbst durchgeführt werden kann; siehe hierzu im Einzelnen: Bundesministerium für Kunst, Kultur, Öffentlichen Dienst und Sport (Österreich), Common Assessment Framework, Wien 2020; sowie https://www.verwaltung-innovativ.de/DE/Steuerung/Qualitaetsmanagement/caf/caf_node.html.

reagiert die Behörde, wenn die Nachfrage nach ihren Leistungen kurzfristig beispielsweise um 30% steigt? – Situationen, die in den bisherigen Krisenerfahrungen von BAMF und BA, aber auch von Gesundheits- oder Bauämtern, Krankenhäusern und Pflegeeinrichtungen sowie vielen anderen Verwaltungen auf Länder- und Kommunalebene immer wieder erlebt werden. Durch Verbindung von Audits und Stresstests lässt sich sehen, welche Veränderungen/ Vorkehrungen erforderlich sind – bei der jeweiligen Behörde und im Blick auf das dazugehörige Verwaltungs-/Behördensystem insgesamt. Die Behördenleitung wird sich dann u.a. fragen, welche andere Einrichtung - von den dort vorhandenen Qualifikationen und der IT-Ausstattung her - für eine Kooperation bei Überlastungen in Frage käme. Auch das Thema Weiterbildung spielt eine wichtige Rolle. Denn eine größere Verwendungsbreite der Mitarbeiter trägt ganz erheblich dazu bei, dass eine Behörde intern flexibel auf unterschiedliche Arbeitsanfälle reagieren kann. Gerade in großen Ämtern können allerdings Strukturen so verfestigt sein, dass die Umsetzung von Mitarbeitern an Arbeitsschwerpunkte erst nach mühsamen Verhandlungen mit Personalräten möglich wird.

Expertenrat ‚Zukunftsfester Staat - leistungsfähige Verwaltung'

Kernaufgaben eines solchen etwa 5- oder 7-köpfigen Gremiums wären:

- zum einen die Unterstützung der konzeptionellen Vorbereitung von Audits und Stresstests in Behörden und Verwaltungen, deren Begleitung und Auswertung,
- zum andern die Grundsatzfragen der Staats- und Verwaltungsmodernisierung – vor dem Hintergrund der jüngsten Krisenerfahrungen als auch der Erkenntnisse aus Audits und Stresstests.

Der Expertenrat soll die Bundesregierung in allen Fragen der Verwaltungsmodernisierung beraten und die Entwicklung in Deutschland – auch bei Ländern und Gemeinden – kritisch begleiten. Auf Basis eines Indikatorensystems (z.B. Verwaltungsmodernisierungs-Index, Leistungsvergleiche, etc.) soll er den Stand der Verwaltungsmodernisierung transparent machen, regelmäßig bewerten und öffentlich machen. Mit Hilfe von Expertenanhörungen und Gutachten, die er vergeben kann, soll der Rat relevante Modernisierungsthemen identifizieren, dazu Ideen entwickeln, deren Machbarkeit prüfen und daraus konkrete Maßnahmenvorschläge ableiten. Diese Vorschläge sollen in regelmäßigen Abständen der Bundesregierung übergeben werden, die dazu öffentlich Stellung nimmt. Der Expertenrat begleitet und bewertet die Umsetzung seiner Vorschläge.

Um die Bedeutung des Expertenrats zu unterstreichen, sollen seine Mitglieder – analog der Regelung beim Normenkontrollrat - auf Vorschlag der Bundesregierung vom Bundespräsidenten ernannt werden. In Frage kämen für diese Aufgabe ehemalige hochrangige Politiker, Beamte und Wissenschaftler mit entsprechender Expertise.

An aktuellen Themen zur Staats- und Verwaltungsmodernisierung, mit denen sich der Expertenrat beschäftigen sollte[107], besteht kein Mangel:

- Krisenbewältigung und Zusammenarbeit im föderalen Staat verbessern bzw. funktionstüchtig machen: Zuständigkeiten neu austarieren, Flexibilität erhöhen, gemeinsame Reserven und Pools ausbauen,
- Krisenfestigkeit und Resilienz der Verwaltung verbessern: Leistungsfähigkeit messen (Audits und Stresstests), Vorausschau einführen, Lösungsoptionen entwickeln,
- Rechtsetzung neu denken: Gesetze evidenzbasiert, wirkungsorientiert, praxisgerecht und digitaltauglich gestalten (Gutachten des Normenkontrollrats „Erst der Inhalt – dann die Paragrafen"),
- Planungs- und Genehmigungsverfahren effizienter gestalten: Vollzug vereinheitlichen, rechtliche Prüfkriterien präzisieren, Verfahren beschleunigen, gerichtliche Überprüfung konzentrieren,
- Verwaltungskultur und -fähigkeiten verändern: Personalbestand diversifizieren (weniger Juristen, Verstärkung anderer Qualifikationen), ergebnisorientiert führen, Leistungsbereitschaft prüfen, Durchlässigkeit erhöhen (z. B. gemeinsamer transparenter Arbeitsmarkt für alle Bundesministerien), moderne Arbeitsumgebung schaffen, Dienstrecht überprüfen, ‚code of conduct' verändern, Gemeinsame Geschäftsordnung der Bundesministerien (GGO) anpassen,
- Verwaltung als Plattform konzipieren: Gemeinsame Services anbieten und Ressourcen bündeln, verbindliche Standards schaffen (analog und digital), Schnittstellen verbessern, mit Kennzahlen steuern und Ressourcenzuweisung besser managen.

Mit Hilfe des ‚Drei-Klangs' aus Audits, Stresstests und unabhängigem Expertenrat könnte es gelingen, eingefahrene Behördenstrukturen wieder beweglich zu machen:

- sie zu hinterfragen und auf den Prüfstand zu stellen, auch unter Einbeziehung der eigenen Mitarbeiter,

107 Zur Vermeidung von Überschneidungen in Abstimmung bzw. Zusammenarbeit mit dem Nationalen Normenkontrollrat.

- ihre Stärken und Schwächen transparent und – im föderalen System - vergleichbar zu machen und
- eine Lernkurve in Gang zu setzen, die in einen kontinuierlichen Verbesserungsprozess mündet.

Dabei spielt der unabhängige Expertenrat eine zentrale Rolle, weil er der immanenten Gefahr solcher Anläufe zur Verwaltungsmodernisierung entgegenwirken kann, nach einiger Zeit im Sande zu verlaufen. Denn die Verwaltung selbst hat – wie alle großen Organisationen - ein geringes Eigeninteresse an Selbst-Infragestellung, an Priorität für Kundenorientierung, an dem Blick von außen auf sich selbst, an durchgreifender Veränderung und Innovation und an kontinuierlichen Verbesserungsprozessen. Daher bedarf es eines Gegengewichts – eben einer unabhängigen Instanz, die immer wieder antreibt, den verlorenen Faden wieder aufnimmt und auf weiterführende Veränderungen drängt.

Im Mai 2020 entschloss sich der Normenkontrollrat, dieses Konzept – 15 Monate vor der nächsten Bundestagswahl – nicht einfach in den ‚Wartestand' zu schicken, bis die neue Bundesregierung im Spätherbst 2021 gebildet und arbeitsfähig sein würde. Die Erfahrungen der Corona-Pandemie hatten ein Mal mehr die Dringlichkeit des Themas Verwaltungsmodernisierung erkennen lassen, diesmal auch für eine breitere Öffentlichkeit. Der Rat kam deswegen überein, erneut den Versuch zu unternehmen, die Spitzen der Bundesregierung davon zu überzeugen, mit der Umsetzung dieses Vorschlags bereits in der noch laufenden Legislaturperiode zu beginnen, um nicht weitere Zeit zu verlieren.

Um es vorwegzunehmen, dieser Versuch war am Ende nicht von Erfolg gekrönt. Dem Normenkontrollrat kamen die sich in den Folgemonaten verschlechternden Corona-Bedingungen in die Quere, die persönliche Gespräche mit Spitzenpolitikern zu herausfordernden Themen jenseits der Routine des politischen Tagesgeschäfts nahezu unmöglich machten. Denn es galt ja, Überzeugungsarbeit zu leisten und etwas ganz Neues in Angriff zu nehmen, und zwar nicht weniger als die umfassende Modernisierung der Verwaltung, die Neu-Ausrichtung ihres Denkens und Handelns, mit dem Ziel, weniger auf sich selbst zu schauen, stattdessen den Blick zuallererst auf die ‚Kunden' ihrer Dienstleistungen zu richten – auf Bürger und Unternehmen. Dass sich solch eine ‚Kulturrevolution' per Telefon oder Video-Konferenz ins Werk setzen ließe, war kaum zu erwarten. Und die Gespräche, die geführt werden konnten, zeigten dann auch, dass dieses Thema kein Selbstläufer war. Die aktivierbare Unterstützung reichte nicht aus, um den ungewöhnlichen Kraftakt einer solch weitreichenden Reform noch auf den letzten 100 Metern der Legislaturperiode erfolgreich in Gang zu setzen.

Das Fazit des Normenkontrollrats: Der kurzfristig fehlende Erfolg ändert nichts daran, dass an der Modernisierung von Staat und Gesellschaft – gerade nach den taufrischen Erfahrungen der Corona-Krise – kein Weg vorbeiführt. Die nach der Bundestagswahl am 26.9.2021 neu zu bildende Bundesregierung wird sich dieser Herausforderung früher oder später stellen müssen – unabhängig davon, von welchen Parteien sie getragen wird. Um die Diskussion bereits jetzt im Vorfeld der Bundestagswahlen in Gang zu bringen, hat der Normenkontrollrat seine Initiative ‚Leistungsfähige Verwaltung - Zukunftsfester Staat. Empfehlungen für eine nachhaltige Modernisierung - in der Krise, wie im Alltag' im Juni 2021 aktualisiert, beschlossen und veröffentlicht[108]. Er wird alles daransetzen, dass dieses strategisch wichtige Thema Eingang in die bevorstehenden Koalitionsverhandlungen findet und anschließend zu konkreten Beschlüssen von Bundesregierung und Bundestag führt.

Mut macht, dass auch die Stein-Hardenbergschen Reformen nach 1807 keine Selbstläufer waren. Auch sie mussten schwierige Hindernisse und Widerstände überwinden, nicht zuletzt in der Person des damaligen Königs Friedrich Wilhelm III, der den aus seiner Sicht zu weitgehenden Reformer Freiherrn von und zum Stein – auch auf Druck Napoleons – aus seinen Regierungsdiensten entließ. Aber der Reformdruck war so groß, dass selbst der König die anvisierten tiefgreifenden Veränderungen nicht aufhalten konnte. Insofern besteht Anlass zur Zuversicht, dass auch heute überfällige Veränderungen zwar verzögert, nicht aber aufgehalten werden können. Stein-Hardenberg II steht auf der Tagesordnung!

108 Vgl. Seite 110, Fußnote 104.

9. Wie machen wir Gesetze? - Politik braucht Praxistauglichkeit

21. Oktober 2020, 14 Uhr - Übergabe des Jahresgutachtens des Normenkontrollrats an die Bundeskanzlerin in der ‚Kleinen Lage' im Bundeskanzleramt - zu der Zeit einer der wenigen Termine, der mit einem persönlichen Treffen verbunden war. Corona-bedingt war die Zahl der Teilnehmer begrenzt, neben der Bundeskanzlerin ihr Staatsminister Hendrik Hoppenstedt, meine Stellvertreterin Sabine Kuhlmann und ich – an einem runden Tisch, an dem sonst leicht 15 Personen Platz finden; 30 Minuten waren als Zeitrahmen vorgesehen. Wir hatten vorher im Normenkontrollrat besprochen, um was es in dieser begrenzten Zeit gehen sollte, was wir als das drängendste Thema empfanden: Es war die Frage, wie auf der Bundesebene eigentlich Gesetze gemacht werden. Genauer: Wie werden gesetzliche Regelungen von der Bundesregierung vorbereitet?

Warum war uns diese Frage so wichtig? Die Bundesrepublik Deutschland ist ein Rechtsstaat, in dem der Qualität gesetzlicher Regelungen grundlegende Bedeutung zukommt. Sie gestalten das Zusammenleben in einer Gesellschaft. Sie greifen in unser Privatleben, die Tätigkeit der Unternehmen und staatlichen Einrichtungen ein, regeln die Beziehungen zwischen den Akteuren innerhalb wie zwischen diesen Bereichen, etwa mit Vorgaben für Kauf-, Arbeits- und sonstige Verträgen, kurz bestimmen unser Leben von morgens bis abends. Deshalb muss man sich auf die Gesetze berufen und deren Regelungen vor unabhängigen Gerichten einfordern können. Auch für den Wirtschafts-Standort Deutschland, seine internationale Attraktivität und damit für Arbeit und Beschäftigung hierzulande spielt das relevante gesetzliche Regelwerk eine zentrale Rolle. Dabei ist die juristische Qualität eine notwendige, aber keine hinreichende Bedingung. Ein gutes Gesetz ist vor allem eindeutig und wirksam, d.h. es verwirklicht politische Ziele nachhaltig und messbar. Es ist zudem adressatenfreundlich, d.h. es verursacht wenig Umsetzungs- und Folgeaufwand für Bürger und Unternehmen. Und es ist vollzugstauglich, d.h. Verwaltungen können es adressatenorientiert, kosteneffizient und rechtssicher umsetzen. Das ist der Anspruch.

Diesem Anspruch möglichst nahe zu kommen – darin liegt der Sinn der Verfahren und Abläufe, mit denen seit Bestehen der Bundesrepublik Deutschland – im Wesentlichen unverändert - die Vorbereitung gesetzlicher Regelungen organisiert wird. Am Anfang steht immer ein politischer Anstoß, sehr oft in Form einer politischen Absichtserklärung, meist in einer Koalitionsvereinbarung, die zu Beginn einer Legislaturperiode von den jeweiligen Koalitionspartnern ausgehandelt wird. Dabei ist es wichtig, dass sich Koalitionsvereinbarungen tatsächlich auf politische Absichtserklärungen beschränken – und nicht, wie dies jeweils zu Beginn der letzten Legislaturperioden zunehmend zu beobachten war, darüber hinaus auch festzulegen versuchen, wie diese politischen Absichten im Einzelnen umgesetzt werden sollen. Dafür fehlt in Koalitionsverhandlungen üblicherweise Zeit und Expertise. Genau das soll und muss die Vorbereitung gesetzlicher Regelungen durch die Bundesministerien im Rahmen der dafür vorgesehenen Verfahren einschließlich der Beteiligung von Betroffenen und Vollzugsexperten leisten. Deswegen ist es so wichtig, die Festlegung politischer Ziele einerseits (Koalitionsverhandlungen) und die genaue Prüfung, wie diese am besten umzusetzen sind andererseits (Regierung/Bundesministerien/Betroffene/Länder/Kommunen) auseinander zu halten. Versuche, mit dem ersten Schritt den zweiten praktisch vorwegzunehmen bzw. auszuhebeln, können nur zulasten der Qualität gesetzlicher Regelungen gehen.

Ein politischer Anstoß kann sich aus Koalitionsvereinbarungen, aber auch aus aktuellen Anlässen, Erfahrungen und Diskussionen ergeben, wie z.B. nach Ausbruch einer Krise wie 2008 (Finanzturbulenzen), 2015 (Flüchtlingszustrom) und 2020 (Corona-Pandemie). Im Regelfall bedarf es einer politischen Entscheidung in der Bundesregierung[109], diesen Prozess der Vorbereitung eines Gesetzes in Gang zu setzen, denn er signalisiert, dass aus der politischen Absichtserklärung jetzt ein konkretes Gesetzgebungs-, d.h. Gestaltungsvorhaben wird.

Das für den jeweiligen Sachverhalt zuständige Bundesministerium erstellt daraufhin einen ersten Entwurf in Form eines Rechtstextes für das neue Gesetz und nutzt dazu den Sachverstand aller Arbeitseinheiten des Hauses. Es folgt die Abstimmung zwischen den Bundesministerien, in die auch der Normenkontrollrat eingebunden wird und die zum sog. ‚Referentenentwurf' führt. Daran schließt sich die Einbindung externer Akteure an – man könnte auch sagen die Rückkoppelung mit der realen Welt außerhalb des Regierungsapparats, d.h. mit Experten und Vertretern der Betroffenen, aber auch mit Bundesländern und kommunalen Spitzenverbänden als denjenigen, die in der Regel für die praktische Umsetzung verantwortlich sind – ein Prozess, der in der Praxis oft auch parallel zu Ressortabstimmung und Fertigstellung des Referentenentwurfs stattfindet. Das Ganze zielt letzt-

109 Auch Abgeordnete und Fraktionen des Deutschen Bundestages sowie der Bundesrat können solche Initiativen ergreifen, was allerdings vergleichsweise seltener geschieht. In diesen Fällen wird die Gesetzesvorbereitung von den jeweiligen Initiatoren in eigener Regie organisiert. Die Koalitionsfraktionen können dabei die Mithilfe der Bundesregierung in Anspruch nehmen („Formulierungshilfe').

lich auf die Beschlussfassung im Kabinett, dessen Tagesordnung der Chef des Bundeskanzleramtes in Abstimmung mit Bundeskanzler bzw. Bundeskanzlerin festlegt. Ob der Gesetzentwurf tatsächlich auf die Tagesordnung gelangt bzw. dort belassen wird, entscheidet die in der Regel zwei Tage vorher staatfindende Staatssekretärsrunde unter Vorsitz des Chefs des Bundeskanzleramts. Gibt es dort Einvernehmen, gibt es auch ‚grünes Licht' für das Gesetzgebungsvorhaben im Kabinett. Denn inhaltlich-kontroverse Diskussionen sind in Kabinettsitzungen nicht üblich und in sprichwörtlich letzter Minute wohl auch nicht sinnvoll[110]. Zur Kabinettvorlage gehört am Ende auch die Stellungnahme des Normenkontrollrats, die den Kabinettbeschluss weiter in das Parlament begleitet, wo beide in derselben Bundestagsdrucksache öffentlich werden.

Für diese Abläufe gibt es natürlich Regeln und auch bestimmte Fristen, die in der Gemeinsamen Geschäftsordnung der Bundesministerien, kurz GGO genannt, festgelegt sind. Dies gilt auch für die Stellungnahme des Normenkontrollrats, für die – ebenso wie für alle anderen an der Gesetzesvorbereitung Beteiligten - grundsätzlich vier Wochen vorgesehen sind. Probleme können sich allerdings ergeben, wenn dieser Prozess unter Zeitdruck gerät. Dieser Zeitdruck kann aus unterschiedlichen Gründen entstehen – etwa in Krisensituationen, die dringendes Handeln des Gesetzgebers erfordern, wie dies in allen Krisen der letzten 15 Jahre regelmäßig der Fall war. Die Änderung des Infektionsschutzgesetzes im Frühjahr 2021, auch ‚Corona-Notbremse' genannt, war dafür ein besonders anschauliches Beispiel: angekündigt von der Bundeskanzlerin am 8. April 2021, verabschiedet vom Bundeskabinett am 21., vom Bundestag am 22. und vom Bundesrat am gleichen(!) Tag, also ebenfalls am 22. April 2021. Ungewöhnlich engmaschig war auch das ‚Durchziehen' der jüngsten Änderung des Klimaschutzgesetzes: Veröffentlichung des Beschlusses des Bundesverfassungsgerichts[111] am 29. April 2021, Ankündigung des Änderungsgesetzes durch die Bundesregierung am 2. Mai, Beschlussfassung im Bundeskabinett am 12. Mai 2021, Verabschiedung durch den Bundestag am 24. Juni und durch den Bundesrat – nur einen Tag später – am 25. Juni. Wenn man die weitreichende Bedeutung dieser Klimaschutz-Regelung mit ihren erheblichen Rückwirkungen auf Unternehmen und Arbeitsplätze in Relation zu diesen Vorbereitungszeiten setzt, dann stellt sich die Frage, welche Art von Vorbereitung solche Fristen erlauben.

---

110 Lösungen für politische Meinungsverschiedenheiten werden üblicherweise in Koalitionsgesprächen gesucht und in der Regel auch gefunden, wenn dies im Rahmen der Ressortabstimmung nicht gelingt.

111 BVerfG, Beschluss des Ersten Senats vom 24.3.2021 – 1 BvR 2656/18 -, Rn. 1-270.

Aber es gibt auch andere Gründe, die zu Zeitdruck führten, z.B. wenn die Koalitionspartner ein Gesetzgebungsvorhaben im Koalitionsvertrag angekündigt haben, sich aber von Anfang an über inhaltliche Kernpunkte nicht wirklich einig waren oder ihre Meinung zwischenzeitlich geändert haben. Wenn dieses Vorhaben gleichwohl – weil im Koalitionsvertrag angekündigt - realisiert werden soll, kann es einige Zeit dauern, bis relevante Meinungsverschiedenheiten durch Kompromisse überbrückt werden. Sobald dies gelingt, ändert sich allerdings die Dramaturgie: Jetzt besteht die Hauptsorge darin, dass der gefundene Kompromiss möglicherweise wieder in Frage gestellt werden könnte. Also wird alles getan, um den Kompromiss durch den Beschluss des entsprechenden Gesetzes im Bundeskabinett ‚abzusichern'. Damit soll auf jeden Fall verhindert werden, dass die mühsam gefundene Verständigung durch neue Fakten und Argumente im Laufe eines normalen Vorbereitungsprozesses noch einmal in Frage gestellt werden könnte. Eine solche ‚künstliche' Priorität führt dann zu einer drastischen Verkürzung oder sogar Außer-Kraft-Setzung aller Fristen, die sonst bei der Gesetzesvorbereitung gelten.

Das Lieferketten-Gesetz[112] illustrierte dieses Vorgehen in kaum zu überbietender Deutlichkeit. Nachdem dieses Gesetzgebungsvorhaben in der Koalitionsvereinbarung angekündigt worden war[113], wurde darüber auf Grund unterschiedlicher Auffassungen zwischen Koalitionspartnern und Ressorts wiederholt verhandelt, ohne zu einem Ergebnis zu kommen. Zu Beginn des Wahljahres 2021 erhöhte sich der Druck, der Ankündigung doch noch Taten folgen zu lassen, was zu einer Einigung über Eckpunkte und am 15. Februar zum Versand eines Gesetzentwurfs an die Ressorts führte. Die Kabinettbefassung war für den 17. März geplant. In der Ressortabstimmung stellte sich schnell heraus, dass andere Ministerien noch erhebliche Vorbehalte zu dem vorgelegten Gesetzentwurf hatten, also weitere Zeit zur Kompromissfindung benötigt wurde. Gleichzeitig erschien aber dem Kanzleramt der Kabinetttermin 17. März wegen einer drohenden Eskalation der Meinungsverschiedenheiten im Verlauf der Ressortabstimmung offensichtlich zu riskant, so dass die Kabinettentscheidung kurzerhand auf den 3. März vorverlegt wurde – mit dem Ergebnis, dass am Freitag, 26. Februar – 11 Tage

---

112 Gesetz über die unternehmerischen Sorgfaltspflichten in Lieferketten, vom Deutschen Bundestag am 11.6.2021 in der vom Ausschuss für Arbeit und Soziales geänderten Fassung verabschiedet, vgl. Bundestagsdrucksache 19/30505 vom 9.6.2021.

113 Wie in der Koalitionsvereinbarung angekündigt wurde die entsprechende Selbstverpflichtung der Wirtschaft in 2020 überprüft – mit dem Ergebnis, dass die Resultate unbefriedigend waren und dass dann – wie schon in der Koalitionsvereinbarung festgehalten - der Gesetzgeber tätig werden würde.

nach Beginn der Ressortabstimmung - in einer 10 ½-stündigen(!) Sitzung auf Abteilungsleiterebene alle noch offenen Streitpunkte ‚beseitigt' wurden, um den Kabinettstermin am folgenden Mittwoch, 3. März noch zu erreichen. Dass in dieser Gemengelage nur noch ‚wenige Stunden' verblieben, um den unmittelbar Betroffenen, also den sie vertretenden Unternehmensverbänden, sowie Ländern und Kommunen formal noch ‚Gelegenheit zur Stellungnahme' zu geben - also für das, was man gemeinhin unter einem Kernpunkt ‚Besserer Rechtsetzung' versteht – kann dann nicht mehr überraschen.

Ähnlicher Zeitdruck kann sich auch ergeben, wenn taktische Überlegungen einzelner oder mehrerer Ressorts dazu führen, Vorarbeiten anderer Ministerien auf dem Weg zur Kabinettbefassung zu blockieren – und zwar mit dem Ziel, bei eigenen strittigen Gesetzgebungsvorhaben Druck auf den Koalitionspartner auszuüben, auch wenn zwischen den betroffenen Vorhaben keinerlei inhaltliche Verbindung besteht. Solche sachfremden ‚Blockaden mit Erpressungscharakter' können zunächst einmal den Normalbetrieb der Gesetzesvorbereitung lahmlegen oder zumindest spürbar verzögern. Dann aber, wenn die Blockade irgendwann politisch aufgelöst wird, weil es ja so nicht immer weitergehen kann, müssen die Gesetzentwürfe im Eiltempo beschlossen werden, weil der Gesamtprozess ja schon viel zu lange dauert und die Regierungs-interne Blockade begonnen hat, auch bei Außenstehenden politische Kollateralschäden zu verursachen.

Solch ein Fall war 2020 die gesetzliche Weiterentwicklung des Ausländerzentralregisters (AZR) – ein Vorhaben des Bundesinnenministers in Kooperation mit dem Normenkontrollrat, bei dem es insbesondere darum ging, die Praxistauglichkeit neuer AZR-Regelungen durch die frühzeitige Einbindung von Vollzugsexperten und Praktikern sicherzustellen. Diese wurden im Rahmen zweier ‚Gesetzgebungslabore' nach konkretem, praxisorientiertem Handlungs- und Regelungsbedarf gefragt. Die Ergebnisse wurden in einem erweiterten Eckpunktepapier festgehalten, das wiederum als Grundlage für die Ausformulierung des anschließenden Gesetzentwurfs dienen sollte. Ziel war, die gute Einbindung von Praktikern und Vollzugsexperten im Rahmen der förmlichen Länder- und Kommunenbeteiligung fortzusetzen.

Dieser nächste wichtige Schritt fand aber nicht statt, weil das Bundesjustizministerium darauf bestand, die Länder- und Kommunenbeteiligung auszusetzen[114], ohne dies näher zu begründen. Mehrere Monate ohne produktive Arbeit am Gesetzentwurf waren die Folge. Erst nach zahlreichen ‚Eskalationsgesprächen' konnte die Blockade überwunden und der Gesetz-

114 § 47 (1) GGO Gemeinsame Geschäftsordnung der Bundesministerien.

entwurf finalisiert werden – mit dem Ergebnis, dass für die Beteiligung von Ländern und Kommunen (Vollzugsbehörden) wie auch der Verbände (Betroffene) an der abschließenden Fertigstellung des Gesetzestextes nur noch wenige Tage verblieben, sie also faktisch nicht mehr stattfinden konnte.

Aus Sicht des Normenkontrollrats zeigt dieses Beispiel eindrücklich, dass eine frühe, umsetzungsorientierte Beteiligung betroffener Akteure, Vollzugs-Praktiker und externer Sachexperten ohne weiteres möglich ist und dass diese Beteiligung zu produktiven Ergebnissen führt, weil Wissen und Erfahrung aller föderalen ‚Mitspieler' ebenso wie von Betroffenen und Experten mobilisiert und einbezogen werden. Es zeigt aber auch: Eine angemessene zeitliche wie auch inhaltliche Beteiligung der jeweils Betroffenen wie auch der Vollzugsexperten wird von der Bundesregierung viel zu oft nicht gewährleistet, ja in Einzelfällen geradezu unmöglich gemacht. Auch wenn es in jedem Einzelfall tagespolitische Gründe gegeben haben wird, Beteiligungsfristen zu reduzieren oder Rückmeldungen der Praxis zu ignorieren. In der Summe der Einzelfälle ergibt sich ein Gesamtbild, in dem solche Gesetzesvorbereitungen nicht mehr den Einzel-, sondern den Regelfall darstellen[115]. Diese Entwicklung bereitet nicht nur dem Normenkontrollrat Sorge.

Solche Fristverkürzungen haben seit Beginn der 19. Legislaturperiode im Herbst 2017 stark zugenommen, und zwar unabhängig von den Sonderbedingungen der Corona-Pandemie. Dieser spürbare Verlust an Qualität bei der Gesetzesvorbereitung hat auch bei anderen Akteuren Reaktionen ausgelöst. So haben die Kommunalen Spitzenverbände in einem Schreiben vom September 2020 an den Chef des Bundeskanzleramtes 25 Vorhaben aufgelistet, an deren Vorbereitung sie binnen eines Jahres entweder gar nicht oder nur sehr kurzfristig beteiligt wurden. Gleichlautend äußerten sich Wirtschafts- und Digitalverbände in offenen Briefen im November und Dezember 2020 an die Bundesregierung. Schließlich hat sogar die Justizministerkonferenz die Bundesregierung mit ihrem Beschluss vom 27. November 2020 aufgefordert, die „bestehenden Defizite" zu beseitigen. Diesen Beschluss hat sie an die Ministerpräsidentenkonferenz weitergeleitet, die

115 Vgl. hierzu im Jahresbericht 2020 des Normenkontrollrats den Überblick für 2019/2020, Seite 67: „Bei insgesamt mehr als 40 Verfahren wurden die Regelungsvorhaben dem NKR mit einer Frist von weniger als drei Werktagen zur Prüfung vorgelegt. ... in der Mehrheit der Fälle (aber) war eine besondere Eilbedürftigkeit nicht zu erkennen. Dies betraf auch und gerade politisch bedeutsame Verfahren", darunter die Einführung der Grundrente, das Kohleausstiegsgesetz, das Strukturstärkungsgesetz Kohleregionen, die Beschleunigung von Planungs- und Genehmigungsverfahren im Verkehrsbereich und die Rückführung des Solidaritätszuschlags.

ihrerseits am 2. Dezember 2020 gefordert hat, die frühzeitige Einbindung der Länder zu stärken sowie Beteiligungsfristen von wenigstens vier Wochen anzustreben.

Der Normenkontrollrat registriert diese „bestehenden Defizite“ und ihre Zunahme bereits seit einigen Jahren. Aus seiner Sicht erfolgten die Vorarbeiten zu Gesetzgebungsvorhaben zu oft unter Rahmenbedingungen, die sich nachteilig auf Wirksamkeit und Praxistauglichkeit auswirkten. Beispielsweise war die Bundesregierung 2019 beim Regierungsentwurf zur Änderung des Grunderwerbsteuerrechts nicht in der Lage darzustellen, ob und inwieweit die vorgesehenen Regelungen in der Praxis umsetzbar und wirksam wären[116]. Extrem kurze Fristvorgaben führen dazu, dass Gesetzentwürfe mit sprichwörtlich ‚heißer Nadel‘ entstehen – so z.B. die Umsetzung der Beschlüsse des Klimapakets im Herbst 2019[117]. Auch das Zusammenwirken juristischer Expertise mit Wissenschaft und Sachverständigen, vor allem aber mit Praktikern lässt mehr als zu wünschen übrig. So wurde bei der Einführung der Grundrente zwar Fachwissen aus der Verwaltung eingeholt, die damit verbundenen Vorschläge blieben aber trotz der mit ihnen verbundenen, klar erkennbaren Vorteile ungenutzt. Dadurch steigt die Zahl der Regelungen, die teilweise wirkungslos, in sich widersprüchlich oder für die Praxis kaum tauglich und für den digitalen Vollzug nicht geeignet sind. Diese „Defizite“ sind keine Lappalien oder Spitzfindigkeiten. Sie belasten Bürger und Unternehmen, beeinträchtigen Handlungsfähigkeit und Effizienz der Verwaltung und verringern im Ergebnis die Akzeptanz staatlichen Handelns. Positiv gewendet: Gute Gesetzgebung ermöglicht wirksames Regieren, wirtschaftlichen Wohlstand sowie Vertrauen in das politische System.

Im Blick auf die Bedeutung dieses Themas hat der Normenkontrollrat im Jahr 2019 ein Gutachten mit praxisorientierten Vorschlägen zur Weiterentwicklung des Gesetzgebungsverfahrens auf Bundesebene beauftragt und vorgelegt – mit dem Ansage-Titel „Erst der Inhalt, dann die Paragrafen. Gesetze wirksam und praxistauglich gestalten.“[118] Dessen Kernaussagen lassen sich in folgenden Punkten zusammenfassen:

---

116 Vgl. dazu die Stellungnahme des Normenkontrollrats in der Bundesratsdrucksache 354/19 vom 9.8.2019.

117 Dazu gehörten das Klimaschutzgesetz mit Reduktionspfaden nach Sektoren, steuerrechtliche Anpassungen (Luftverkehrssteuer, Pendlerpauschale, energetische Sanierung) sowie das Brennstoffemissionshandelsgesetz.

118 Gutachten im Auftrag des Nationalen Normenkontrollrats (Hrsg.), erstellt durch McKinsey & Company, Oktober 2019, abrufbar unter www.normenkontrollrat.bund.de.

- Festlegung politischer Ziele – aber Spielraum belassen für die praktische Umsetzung.
  So können konkrete Maßnahmen und Instrumente in ihren Auswirkungen sorgfältig geprüft werden, damit ein wirksames Steuerungs- und Regelungskonzept entsteht.
- Praktische Umsetzung und digitalen Vollzug von Anfang an mitdenken.
- Expertise aus der Praxis frühzeitig einholen und einbinden.
  ‚Gesetzgebungslabore' mit Adressaten und Vollzugsexperten sorgen dabei für konsequente Nutzerorientierung.
- Inhaltliche Diskussion *vor* juristischer Ausformulierung.
  Diskussion und Abstimmung eines allgemeinverständlichen Eckpunktepapiers mit Betroffenen und Sachkundigen *vor* Erstellung des Rechtstextes/Referentenentwurfs.
- Festlegung eines neuen standardisierten Ablaufs der Gesetzesvorbereitung.

Abbildung 12 zeigt einen modifizierten Prozess der Gesetzesvorbereitung. Dieser Ablauf bewegt sich – trotz wichtiger Ergänzungen - weitgehend in dem Rahmen, den die GGO heute bereits vorgibt. Wichtig ist, dass der Prozess mit einem politischen ‚Zielepapier' startet, das sich auf die politischen Zielsetzungen des jeweiligen Gesetzes konzentriert und diese klar beschreibt – sozusagen das politische Auftragspapier an die Ministerialverwaltung. Davon ausgehend organisiert das Ministerium mit Betroffenen, Vollzugsfachleuten und weiteren Experten ein ‚Gesetzgebungslabor'[119], um herauszufinden, wie die politisch vorgegebenen Ziele am besten umgesetzt werden können, und entsprechende Alternativen herauszuarbeiten. Ergebnisse müssen einen ‚Wirksamkeitscheck' sowie einen ‚Praxischeck' kombiniert mit einem ‚Digital-TÜV' durchlaufen und münden in einem ‚Eckpunktepapier', das innerhalb der Bundesregierung diskutiert und abgestimmt wird – je nach politischer und fachlicher Bedeutung auf unterschiedlichen Ebenen.

119 Dieser Begriff ist von dem Begriff ‚Digitallabor' abgeleitet. Solche ‚Digitallabore' haben eine vergleichbare Aufgabe bei der OZG-Umsetzung (Umsetzung der Digitalisierungsziele für bestimmte öffentliche Dienstleistungen in entsprechende Konzepte unter Hinzuziehung aller Beteiligten) sehr erfolgreich gelöst.

Abbildung 12: Gesetzesvorbereitung – neues Standard-Vorgehensmodell

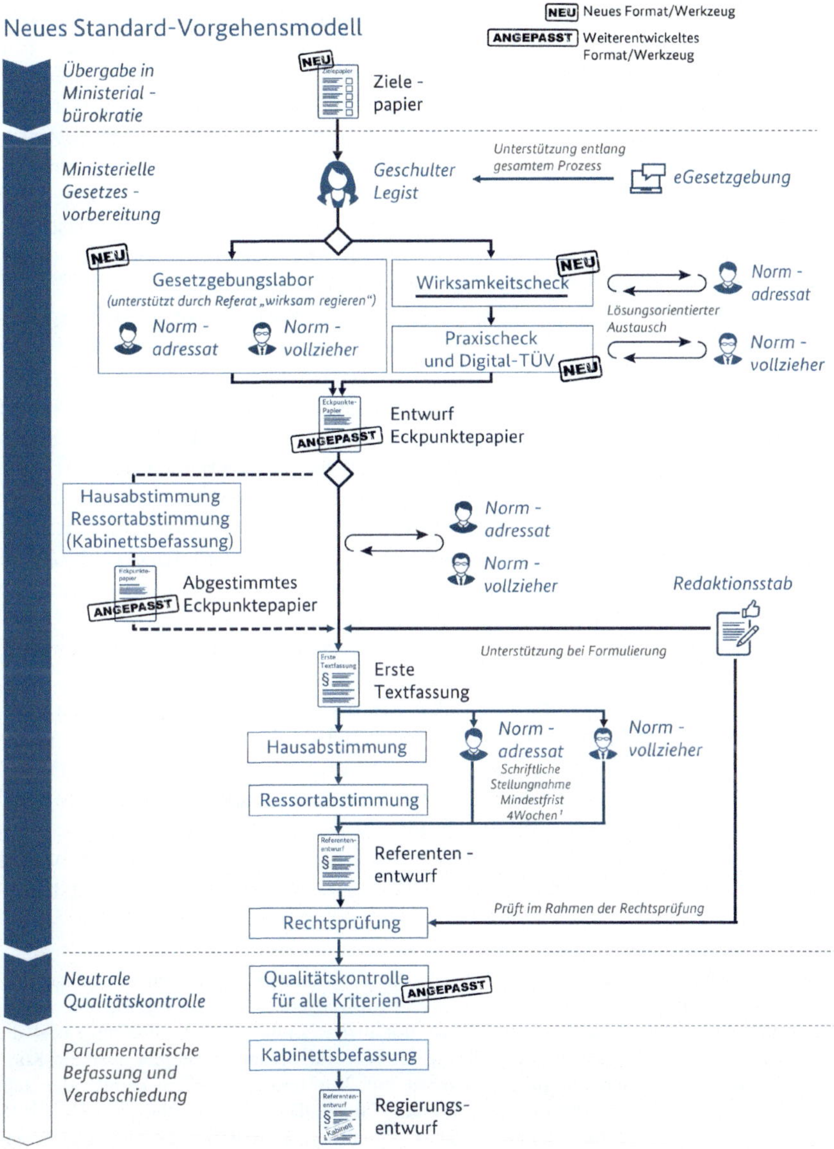

1 Die Zuleitung an die Verbände ist weiterhin gemäß den Vorgaben der GGO durchzuführen und nur durch eine Mindestfrist zur Stellungnahme zu ergänzen. Die Zuleitung an die Verbände muss nicht zwangsläufig parallel erfolgen und findet ggf. erst nach Erstellung des Referentenentwurfs statt.

Erst wenn auf diesem Weg inhaltliche Klarheit über die angestrebten Ziele sowie deren bestmögliche Umsetzung besteht, erst dann wird die erste juristische Textfassung erstellt. Diese Reihenfolge ist deswegen außerordentlich wichtig, damit die inhaltliche Diskussion möglichst viele Akteure einbezieht und nicht durch mangelndes Verständnis sowie die sprachliche Einengung juristischer Formulierungen beeinträchtigt wird – getreu dem Leitmotiv ‚Erst der Inhalt, dann die Paragrafen'. Alle, die als Betroffene, Vollzugsfachleute, Sachexperten zur bestmöglichen Umsetzung der vorgegebenen politischen Ziele etwas beizutragen haben, müssen die Gelegenheit haben, dies zu tun. Erst wenn das sichergestellt ist, kommt die juristische Textformulierung, die dann zusammen mit dem Eckpunktepapier das weitere Verfahren bis hin zur Kabinettbefassung durchläuft.

Diese Abfolge - erst der Inhalt, dann der juristische Text - ist im Übrigen keine akademische Theorie, sondern eine z.B. in Großbritannien seit Jahrzehnten erfolgreiche Praxis. Auch in Berlin hat es in Einzelfällen solche Ansätze gegeben. So hat das Bundesjustizministerium 2016 vor der gesetzlichen Neugestaltung des Bauvertragsrechts mit allen relevanten Stakeholdern eine Arbeitsgruppe gebildet, die den Regelungsbedarf identifizierte und Lösungen entwickelte. Ein ähnliches Vorgehen bewährte sich 2020 bei der Neugestaltung des Personengesellschaftsrechts. Der Normenkontrollrat selbst hat das Verfahren bei der Entwicklung der Notar-Plattform eNoVA[120] erfolgreich angewandt. Worauf es jetzt ankommt, ist, aus ermutigenden Einzelfällen eine innovative Praxis zu machen.

Dabei liegt es auf der Hand, dass die vorgeschlagene Modifizierung der Vorbereitung von Gesetzen keine technische Angelegenheit ist. Es wird vorgeschlagen, das hergebrachte Zusammenwirken regierungsinterner, d.h. juristischer und fachlicher Expertise in den Bundesministerien, mit externem Wissen und Erfahrung von Sachverständigen und vor allem von Praktikern des Vollzugs und Praktikern aufseiten der jeweiligen Adressaten auf eine neue Grundlage zu stellen. Beides soll zu einem möglichst frühen Zeitpunkt – also nicht erst auf den letzten 100 Metern mit einem bereits feststehenden Kabinettstermin im Nacken – in einem ‚Gesetzgebungslabor'

---

120 Dabei geht es um eine digitale Plattform für die Abwicklung von Immobiliengeschäften – mit einem Anteil von 18% an der Bruttowertschöpfung einer der größten Wirtschaftszweige in Deutschland; während Notare flächendeckend (Kaufvertrag) und die Grundbücher (Eigentumseintrag) bereits weitgehend digital arbeiten, findet die Kommunikation mit Genehmigungsstellen wie z.B. Kommunen (Vorkaufsrecht) oder dem Denkmalschutz sehr oft noch per Briefpost, allenfalls per e-mail statt; eNoVa schafft die Grundlagen für die Beseitigung dieses Digitalisierungs-Defizits, womit zugleich eine Aufgabe des OZG-Umsetzungskatalogs erledigt wird.

zusammengeführt werden, und zwar mit so viel Zeit, dass alle relevanten Aspekte eines Gesetzgebungsvorhabens tatsächlich vertieft erörtert sowie bei Bedarf hin- und hergewendet werden können. Die Erfahrung der ‚Digitallabore' bei der OZG-Umsetzung hat gezeigt, dass je nach Komplexitätsgrad des Vorhabens mehrere solcher Workshops notwendig und sinnvoll sein können, zumal wenn die jeweiligen Ergebnisse den vorgesehenen Wirksamkeitscheck, Praxistest und Digital-TÜV durchlaufen, was durchaus ergänzenden Diskussionsbedarf auslösen kann.

Ein solches Vorgehen wäre für die Bundesministerien so etwas wie ein Aufbruch zu neuen Ufern, denn es bedeutet eine ganz neue Art von Offenheit, ja wirkliches Interesse für das, was andere von außerhalb der Regierung beizutragen haben – nicht nur in einzelnen Fällen, sondern grundsätzlich und generell. Es ginge dann bei der Anhörung von Vertretern der Betroffenen, des Vollzugs und wissenschaftlicher Expertise nicht mehr um bloße ‚Pflichtübungen' oder die Abwehr lästiger, zeitaufwändiger ‚Störfaktoren', sondern um die Mobilisierung zusätzlichen Inputs an Wissen und Erfahrung – mit dem übergeordneten Ziel, Qualität, Praxistauglichkeit und Akzeptanz gesetzlicher Regelungen ernst zu nehmen und diese Aspekte – neben der Umsetzung politischer Zielsetzungen - in den Vordergrund zu rücken.[121]

Wie kann diese ‚Kulturrevolution' praktisch umgesetzt werden? Nach den eher deprimierenden Erfahrungen bei der Erarbeitung der letzten Gesetzesnovelle zum Ausländerzentralregister im März 2021 habe ich für den Normenkontrollrat einen Brief an die Bundesminister Helge Braun (als Chef des Kanzleramtes), Olaf Scholz (BMF) und Horst Seehofer (BMI) sowie an Bundesjustizministerin Christine Lambrecht geschrieben. In diesem Schreiben habe ich die zunehmend schlechten Erfahrungen bei der Vorbereitung gesetzlicher Regelungen auf ihrem Weg zur Kabinettbefassung ausführlich erläutert und mit Zahlen belegt. Nach dieser Beschreibung der Sachlage habe ich konkrete, im Normenkontrollrat abgestimmte Maßnahmen vorgeschlagen, um Qualität und Praxistauglichkeit bei der Gesetzesvorbereitung nachhaltig zu verbessern:

- Änderung der Gemeinsamen Geschäftsordnung der Bundesministerien. Hierzu hat der Normenkontrollrat ein Arbeitspapier für die Bundesministerien erstellt[122].

121 In einem solchen Verfahren wäre m.E. das Vorhaben ‚Grundrente' – so wie es politisch konzipiert war - mit hoher Wahrscheinlichkeit wegen des damit verbundenen enormen bürokratischen Aufwands krachend gescheitert.

122 Vgl. hierzu Nationaler Normenkontrollrat (Hrsg.), Jahresbericht 2020, Seite 91-92; abrufbar unter www.normenkontrollrat.bund.de; Dort wird konkretisiert, wie die Ressorts mit

- Regelung, dass die Kabinettreife eines Regelungsvorhabens von der sachgerechten Beteiligung bzw. den real gegebenen Beteiligungsfristen abhängt.
- Einführung eines – im besten Fall öffentlichen – Monitorings zu den Vorbereitungsschritten eines Gesetzgebungsvorhabens und den gewährten Fristen.
- Ankündigung, dass jedes Ressort bis Ende 2022 zwei Gesetzgebungsverfahren nach dem Vorbild ‚Erst der Inhalt, dann die Paragrafen' durchführt und dabei von einer Kompetenzstelle unterstützt wird.
- Priorisierung und Ressourcenverstärkung des Projekts ‚eGesetzgebung'[123] mit dem erklärten Ziel, dadurch die Arbeit der Gesetzgebungsreferate spürbar zu verringern und Freiräume für eine intensivere Betroffenenbeteiligung zu schaffen. In einem sog. ‚Umsetzungssprint' sollte bis Ende 2021 insbesondere die Handhabung der vielen Vorgaben und Leitfäden für bessere Rechtsetzung deutlich vereinfacht werden.
- Zusätzliche Befragung von Gesetzgebungsreferaten aller Ressorts zu ihren größten ‚Aufwandstreibern' und möglichen Hindernissen für eine intensivere Beteiligung der Betroffenen sowie Ableitung konkreter Entlastungsmaßnahmen.

Abbildung 13 zeigt die Grafiken, mit denen wir in dem Gespräch mit der Bundeskanzlerin bei der Übergabe des Jahresberichts des Normenkontrollrats am 21. Oktober 2020 Befund und Änderungsvorschläge zur Verbesserung der Vorbereitung gesetzlicher Regelungen präsentiert haben. Die sich daraus entwickelnde Diskussion zeigte sehr schnell, dass es in der Analyse der unbefriedigenden Alltagssituation der Gesetzesvorbereitung eine sehr weitgehende Übereinstimmung gab. Im Blick auf weiterführende Lösungen wurden zwei Ansatzpunkte diskutiert: Änderung der GGO und geeignete

---

den Adressaten einer Neuregelung über die angedachte Lösung beraten sowie Praxistauglichkeit und Wirksamkeit von Regelungsalternativen erproben, bevor Entwurfstexte im Detail ausgearbeitet und ausformuliert werden.

123 Das Projekt ‚eGesetzgebung' wird im Rahmen der sog. Dienstekonsolidierung des Bundes durchgeführt. Damit sollen die vielen bisher bestehende Medienbrüche im Gesetzgebungsprozess innerhalb der Bundesregierung und zwischen Bundestag und Bundesrat, dem Vermittlungsausschuss und dem Bundespräsidialamt beseitigt werden. Von der Frühphase eines Entwurfs bis zur Verkündigung wird ein vollständig elektronischer Prozess angestrebt. Komponenten der ‚eGesetzgebung' sind u.a. ein gemeinsamer Editor für Regelungstexte, ein Verfahrensassistent sowie verschiedene Werkzeuge zur Vorbereitung von Regelungsentwürfen und Durchführung der Gesetzesfolgenabschätzung.

Beschlüsse der regelmäßigen Konferenz der Bundeskanzlerin mit den Ministerpräsidenten der Länder (MPK). Im ersten Fall war wegen der weitreichenden Auswirkungen sowie der ‚arbeits-kulturellen' Brisanz des Themas mit erheblichem Widerstand der Ressorts zu rechnen, und zwar über Parteigrenzen hinweg. Man nehme nur als Beispiel § 47 (1) GGO und den naheliegenden Vorschlag, die Blockade-Möglichkeit eines einzelnen Ressorts bezüglich der Zuleitung eines Gesetzentwurfs an Kommunen und Länder an die Zustimmung des Kanzleramts (Richtlinien-Kompetenz) zu binden. Hinzu kam die Befürchtung, dass der Beginn der Diskussion über eine Änderung der GGO der ‚Öffnung der Dose der Pandora' gleichkommen könne, also möglicherweise mit zahlreichen weiteren Vorschlägen zu rechnen sei. Diese könnten kaum ‚kanalisiert' und zu produktiven, weiterführenden Beschlüssen zusammengeführt werden – schon gar nicht in der Endphase der laufenden Legislaturperiode bei fortdauernder Corona-Pandemie. Auch die Überlegung, über die MPK zumindest eine verlässlichere Einbindung von Ländern und Kommunen zur Reduzierung des häufigen ‚Vollzugs-Defizits' von Bundesgesetzen zu erreichen, wurde grundsätzlich anerkannt, gleichzeitig aber wegen der langwierigen und schwerfälligen Vorbereitungsprozeduren – bei den Ländern ebenso wie zwischen den Bundesressorts - als wenig aussichtsreich angesehen.

Fazit: Übereinstimmung zur außerordentlichen Bedeutung der Verfahren, wie Bundesgesetze vorbereitet werden, sowie zu den hier bestehenden gravierenden Defizite, jedoch verbunden mit dem Befund – auf Regierungsseite -, dass die Hürden für spürbare Veränderungen außerordentlich hoch seien und es für durchgreifende Verbesserungen in dieser Legislaturperiode wohl zu spät sei. Dabei blieb offen, ob eine solche Initiative zu einem früheren Zeitpunkt die notwendige Zustimmung der Bundesregierung bzw. der sie tragenden Akteure gefunden hätte.

Am Ende eines fast dreijährigen Versuchs, das Thema ‚Wie machen wir Gesetze?', also die Kernfrage der Besseren Rechtsetzung, auf die politische Tagesordnung zu setzen, stand die faktische Vertagung auf die nächste Legislaturperiode – mit all den damit verbundenen Unsicherheiten, Risiken und Verzögerungen. Aus der Sicht des Normenkontrollrats ist dieser Befund politisch nachvollziehbar, aber als Ergebnis im Blick nach vorn mehr als ernüchternd.

Abbildung 13: Wie machen wir Gesetze? Herausforderung und Lösung

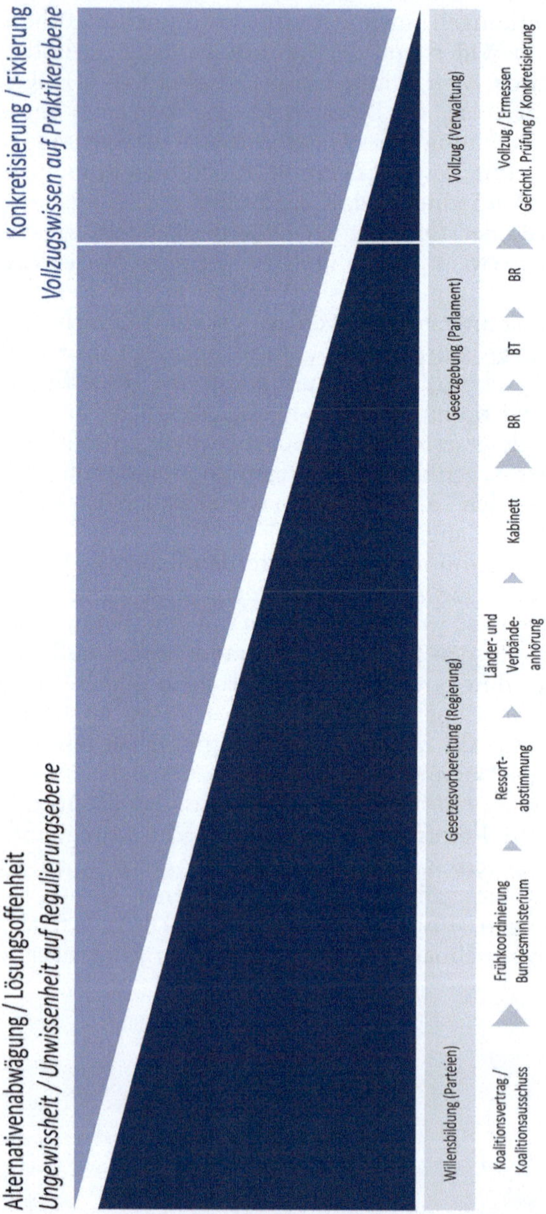

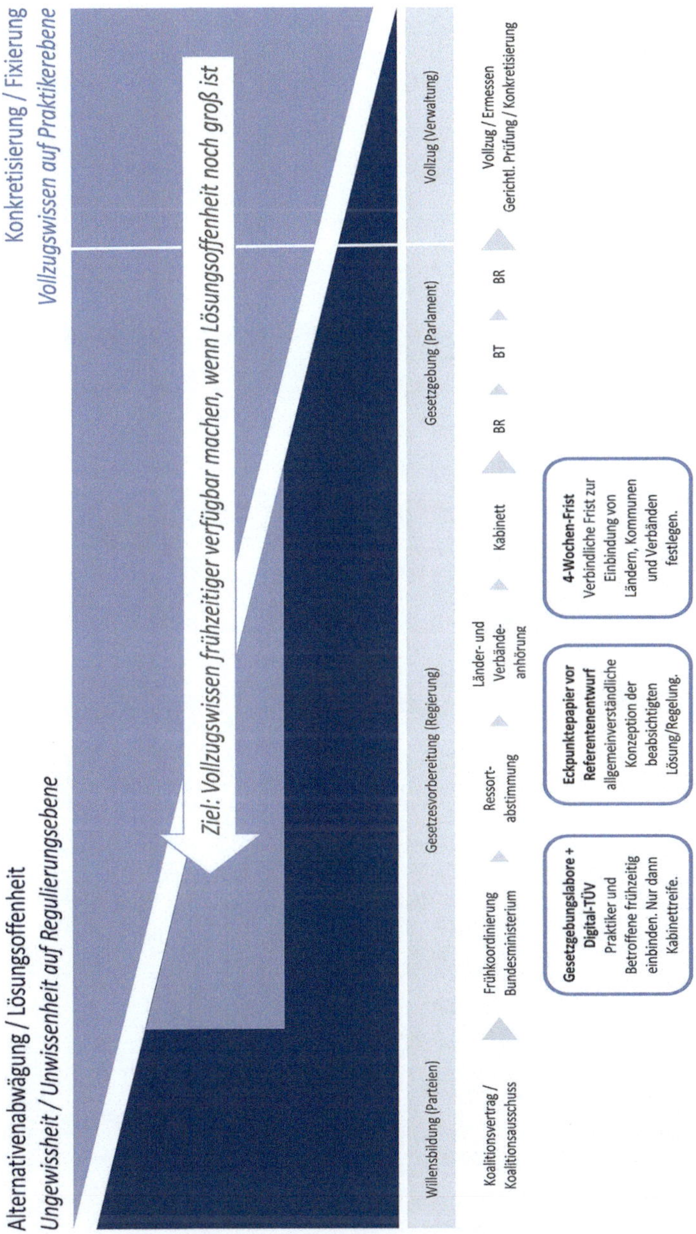
Alternativenabwägung / Lösungsoffenheit
Ungewissheit / Unwissenheit auf Regulierungsebene
Konkretisierung / Fixierung
Vollzugswissen auf Praktikerebene
Ziel: Vollzugswissen frühzeitiger verfügbar machen, wenn Lösungsoffenheit noch groß ist
Willensbildung (Parteien)
Gesetzesvorbereitung (Regierung)
Gesetzgebung (Parlament)
Vollzug (Verwaltung)
Koalitionsvertrag / Koalitionsausschuss
Frühkoordinierung Bundesministerium
Ressort-abstimmung
Länder- und Verbände-anhörung
Kabinett
BR
BT
BR
Vollzug / Ermessen
Gerichtl. Prüfung / Konkretisierung
Gesetzgebungslabore + Digital-TÜV
Praktiker und Betroffene frühzeitig einbinden. Nur dann Kabinettreife.
Eckpunktepapier vor Referentenentwurf
allgemeinverständliche Konzeption der beabsichtigten Lösung/Regelung.
4-Wochen-Frist
Verbindliche Frist zur Einbindung von Ländern, Kommunen und Verbänden festlegen.

10. Regulierung, Verwaltung, Digitalisierung – Update für Deutschland

Wenn man die Corona-Pandemie und ihren Verlauf aus der Sicht von Tagespresse und abendlichen Talkshows nachverfolgt, wird man unwillkürlich an eine Achterbahn erinnert, mit anspruchsvollen, gelegentlich rasanten Berg- und Talfahrten. Am Anfang funktionierte nichts oder viel zu wenig so, wie es sollte, als Gesundheitsämter und fax-basierte Meldeverfahren im Frühjahr 2020 sozusagen ‚aus dem Stand' hinter den öffentlichen Informationserwartungen zurückblieben, und dann in umgekehrter Richtung, als im Frühsommer die Lockerungen mit der Rückkehr in ein fast wieder normales Leben beinahe vergessen ließen, dass die Pandemie mit all ihren Gefahren durchaus noch präsent war. Es folgte der Stimmungs-Absturz im Herbst und Winter, als Testen und Impfen in den Vordergrund rückten und die zu erwartenden Anlaufschwierigkeiten von Testbeschaffung und Impfkampagne – wohlgemerkt mit einem völlig neuen, in Rekordtempo entwickelten Impfstoff - die Stimmung in einem sich hinziehenden Lockdown in den Keller beförderten.

Aus diesem ‚Tief' ging es dann im Frühjahr 2021 wiederum im Eiltempo nach oben in ein von wachsender Zuversicht geprägtes ‚Hoch', als Impfstofflieferungen und Impfkampagne zunehmend Fahrt aufnahmen, gefolgt von rückläufigen Inzidenzwerten und zurückgehender Intensiv-Betten-Belegung[124]. Diese unruhigen Schwankungen von Stimmungen und Einschätzungen, mal oberhalb, mal unterhalb des vorherrschenden Trends, mal im Tages-, mal im Wochenrhythmus, erinnerten eher an eine „Aufgeregte Republik"[125], der es vielleicht gelegentlich ein wenig an Abstand, an unaufgeregter Gelassenheit und an Selbstvertrauen in die eigenen Fähigkeiten zur Krisenbewältigung mangelte, als an eine Industrienation, die von vielen in der Welt um ihre Erfolge beneidet wird. Und Grund für Selbstvertrauen gab es durchaus. Immerhin war der erste, nachprüfbar wirksame Impfstoff gegen Covid-19 in Deutschland entwickelt, getestet, für Europa zugelassen und für die Produktion, auch in anderen Ländern, freigegeben worden.

---

124 Allerdings begleitet von wenig hilfreichen Diskussionen über Impfreihenfolgen und angebliche Verschwendung bei der Maskenbeschaffung im Frühjahr 2020.

125 Vgl. z.B. Jasper von Altenbockum, Die Republik leidet unter Massenpsychose", FAZ, 26.2.2021 https://www.faz.net/aktuell/politik/inland/corona-versagen-deutschland-leidet-unter-massenpsychose-17216264.html?premium.

Tritt man als Beobachter einen Schritt zurück und nimmt das Ganze in den Blick, dann stellt sich die Frage, ob diese Entwicklung in ihrem Auf und Ab nicht eigentlich so oder so ähnlich zu erwarten gewesen war[126] oder ob sie tatsächlich in ihrem Verlauf spürbar günstiger hätte ausfallen, ja sogar kontrolliert und gesteuert werden können. Wie dem auch sei, in jedem Fall ist festzuhalten, dass Deutschland – bei durchaus vermeidbaren Einzelproblemen und teilweise erstaunlichen Schwachpunkten[127] – bisher im Vergleich zu vielen anderen Ländern eher gut als schlecht durch die Krise gekommen ist, weil für alle schwer am Covid-19-Virus erkrankten Menschen die nach den Umständen beste Krankenhausbetreuung gewährleistet war oder auch wenn die aktuell verabreichten Impfungen im Verhältnis zur Bevölkerung als Maßstab genommen werden[128]. Gleichzeitig hat die breite Öffentlichkeit fast schon als selbstverständlich registriert, dass Wirtschaft und Unternehmen zwar ebenfalls von Lockdown-Maßnahmen betroffen waren, es aber immer wieder trotz internationaler Liefer- und Transportprobleme erstaunlich schnell geschafft haben, ihr Geschäft wieder in Gang zu bringen, wann immer sich die Möglichkeit dazu bot. Immerhin haben sie dafür gesorgt, dass Industrieproduktion, Absatz und Dienstleistungen nicht abgerissen sind, Arbeitsplätze damit gesichert werden konnten. So blieb die wirtschaftliche Grundlage stabil, auf der die Krisenbekämpfung kontinuierlich stattfinden konnte, und die Perspektive zur umfassenden Wiederbelebung der Wirtschaft ging zu keinem Zeitpunkt verloren. Das war in diesen Zeiten nicht wenig.

Daran gilt es jetzt anzuknüpfen – an die über Jahrzehnte hinweg immer wieder bestätigte Erfahrung, dass es in Deutschland Wirtschaft und Unternehmen sowie Politik und Verwaltung stets gemeinsam waren, die den Ausweg aus Krisen gefunden und geschafft haben. Das war so, als der traditionelle Verbund von Kohle und Stahl an Rhein, Ruhr und Saar in den 1960er Jahren begann, seine prägende wirtschaftliche Bedeutung zu verlieren, als in den 1970er Jahren zwei Ölkrisen mit rasanten Preissteigerungen

---

126 Vielleicht mit den Ausnahmen Oktober 2020 und März 2021. Im Oktober 2020 gab es einen deutlichen Anstieg der Inzidenzwerte, auf den die Bundeskanzlerin mit Gegenmaßnahmen reagieren wollte, was wiederum die Ministerpräsidenten erst zwei Wochen später für notwendig hielten. Im März 2021 votierten die Ministerpräsidenten für Lockerungen, obwohl der Trend von Inzidenzzahlen und Intensiv-Betten-Belegung dies zu diesem Zeitpunkt nicht als krisengerecht erscheinen ließ.

127 Insbesondere die geringe Reaktionsgeschwindigkeit und Improvisationsfähigkeit staatlicher Schulverwaltungen und die nicht funktionierende Auszahlung von Hilfsgeldern an Unternehmen und Selbstständige haben sich eingeprägt.

128 Vgl. Mathieu, E., Ritchie, H., Ortiz-Ospina, E. et al., A global database of Covid-19 vaccinations, Nat Hum Behav (2021) – Last updated 13 June 2021.

die Unternehmen zu schnellen Anpassungen von Absatz, Produktion und Arbeitsplätzen zwangen, dann als zu Beginn der 1980er Jahre Inflation, Globalisierung und Automatisierung die deutsche Industrie vor ganz neue Herausforderungen stellten[129], später in den 1990er Jahren, als mit der Wiedervereinigung die Integration der gesamten ostdeutschen Wirtschaft in Marktwirtschaft und Welthandel auf der Tagesordnung stand, dann Ende der 1990er Jahre die ‚Sozialstaatskrise' mit den daraus entstandenen Hartz-Reformen und erneut weniger als 10 Jahre später, als in der Finanz- und Euro-Krise einmal mehr Arbeit, Beschäftigung und Wohlstand in Gefahr gerieten.

In diesen kritischen Situationen waren Staat und Wirtschaft noch mehr als sonst aufeinander angewiesen, und sie haben jeweils alles darangesetzt, in einer Art ‚Konzertierter Aktion'[130] gemeinsam aus der Krise herauszukommen. So hat es nach Ausbruch der Finanzkrise 2008 denn auch nur 2 Jahre gedauert, bis das Bruttoinlandsprodukt in Deutschland wieder den Vorkrisenstand erreicht und überschritten hatte, während dafür in anderen Ländern bis zu 7 Jahre notwendig waren[131]. Möglich wurde dies, weil Wirtschaft und Politik, Unternehmen und Verwaltung – jeder für sich - so aufgestellt waren, dass die gewollte Unterstützung auch effizient geleistet werden konnte und letztlich im Ergebnis wirksam wurde – auch das keine Selbstverständlichkeit, wie der Blick über Grenzen hinweg zeigt. Flüchtlingskrise und Corona-Pandemie haben allerdings auch erkennen lassen, dass die Verwaltung in Deutschland zuletzt in ihrer Leistungsfähigkeit nicht mehr auf der Höhe der Zeit war[132]. Ersichtlich ist Deutschland bei der Digitalisierung seiner öffentlichen Verwaltungen sowie in relevanten Bereichen der öffentlichen Infrastruktur gegenüber anderen westlichen Demokratien und Asien deutlich im Rückstand. Die Dringlichkeit, sich hier nicht länger in föderalen Zuständigkeiten, inkompatiblen Einzellösungen oder langwie-

---

129 Man denke z.B. an das zu Beginn der 1980er Jahre aufkommende Schlagwort von den ‚leeren Fabriken' (gemeint waren Fabriken mit voll-automatisierten Maschinen und Anlagen ohne Bedienungspersonal).

130 Dieser Begriff wurde geprägt vom früheren Bundeswirtschafts- und später auch -finanzminister Karl Schiller im Zusammenhang mit dem im Mai 1967 verabschiedeten ‚Wachstums- und Stabilitätsgesetz' und bezeichnete „ein gleichzeitiges aufeinander abgestimmtes Verhalten der Gebietskörperschaften, Gewerkschaften und Arbeitgeberverbände".

131 Dies trifft insbesondere für Italien zu, das Land mit der zweitgrößten Industrie in Europa, wo dies erst in 2015 der Fall war. Hier war die Industrie am stärksten von den Folgen der Finanzkrise betroffen. In Deutschland war die Industrieproduktion 2014 wieder auf Vorkrisenstand, in Italien ist der Stand von 2007 bis heute nicht mehr erreicht worden!

132 Vgl. dazu Kapitel 7 und 8.

rigen Planungs- und Genehmigungsverfahren selbst zu behindern, wurde schonungslos offengelegt.

Eilige Abhilfe ist um so mehr geboten, als neben der Pandemie bereits neue Herausforderungen nach vorn drängen bzw. dort schon angekommen sind: die Digitalisierung unserer kompletten Infrastruktur sowie der Klimaschutz in all seinen Facetten. Wirtschaft, Infrastruktur und Gesellschaft müssen umfassend umgebaut werden, und zwar im ‚laufenden Betrieb', damit bei diesem Umbau Wachstum, Arbeitsplätze, Sozialstaat und Wohlstand keinen irreparablen Schaden nehmen. Dass diese historische Herausforderung enorme Anstrengungen erfordern wird, zeigt schon der hierfür verbleibende Zeitraum von gerade einmal 20 bis 25, maximal 30 Jahren[133]. Dieses - an der Aufgabe gemessene - klein gewordene Zeitfenster macht deutlich, was auf Politik und Verwaltung zukommt. Denn sie müssen die Rahmenbedingungen schaffen, d.h. die ‚Leitplanken' festlegen, entlang derer dieser geradezu gigantische Umbau in einem so knapp bemessenen Zeitraum gelingt, und zwar in einer Weise, dass die Akteure in Unternehmen, Wirtschaft und Gesellschaft diesen Weg auch schaffen können – aus heutiger Sicht vielleicht so etwas wie die Quadratur des Kreises.

Politik und Verwaltung werden diese Herausforderung nur bestehen können, wenn sie dafür bestmöglich aufgestellt sind. Die Krisenerfahrungen der letzten Jahre haben aber einer breiteren Öffentlichkeit das Gefühl vermittelt, dass dies derzeit nicht der Fall ist. Mehr noch: Über viele Jahre des politischen Wegschauens, des Weiter-So und des Nicht-Handelns ist im Vergleich zu anderen Ländern ein großer Modernisierungs-Rückstand entstanden, der nur mit überhöhtem, kostspieligem Ressourceneinsatz verdeckt werden konnte – ein Weg, der sicher so nicht fortgesetzt werden kann. Was also muss die Politik in Bund, Ländern und Gemeinden tun, damit unbequeme Entscheidungen doch noch getroffen, Versäumtes aufgeholt und Neues entschlossen in Angriff genommen wird, um den Standort Deutschland wieder auf die Erfolgsspur zu bringen?

Fünf Punkte erscheinen mir dafür unabdingbar:

1. Planungs- und Genehmigungsverfahren – damit Investitionen und Klimaschutz sich nicht blockieren, sondern ‚ermöglichen'

133 Der Strukturwandel an Rhein, Ruhr und Saar hat erkennbar mehr Zeit in Anspruch genommen. Auch in Ostdeutschland ist der Strukturumbruch – 30 Jahre nach der Wiedervereinigung – noch nicht abgeschlossen.

Was haben zügige Planungs- und Genehmigungsverfahren sowie die Digitalisierung der öffentlichen Verwaltung gemeinsam? Beide sind für eine große Industrienation wie Deutschland und deren Zukunftsfähigkeit von größter Bedeutung und jedermann in Politik, Wirtschaft und Gesellschaft ist grundsätzlich dafür - dennoch geschieht wenig, und das meist noch zu spät. Das hat sicher damit zu tun, dass wenn etwas, das grundsätzlich und abstrakt positiv wahrgenommen, auf einmal konkret und in seinen Auswirkungen unmittelbar spürbar wird, die Reaktionen doch sehr unterschiedlich ausfallen. So ist jeder für erneuerbare Energien, aber ein Windrad im Vorgarten, das möglicherweise noch den Rotmilan und damit den Artenschutz gefährdet - das geht gar nicht.

Von daher waren die Planungs- und Genehmigungsverfahren in Deutschland in den zurückliegenden Jahrzehnten weniger eine Erfolgs- sondern eher eine Leidensgeschichte steckengebliebener Gestaltungsversuche[134]. Verfahren von scheinbar ‚endloser' Dauer wie die Hamburger Elbvertiefung[135], die Sanierung bzw. der Neubau der Leverkusener Autobahn-Rheinbrücke[136] und die Planung des Fehmarnbelt-Tunnels[137] haben traurige Berühmtheit erlangt, aber auch ‚normale' Genehmigungsverfahren nehmen – von Ausnahmen abgesehen – beachtliche Zeit in Anspruch[138]. Allen Versuchen, diese Verfahren zu beschleunigen und zu straffen, war eines gemeinsam: die Frage, wie lange denn ein normales Genehmigungsverfahren für eine normale Industrieanlage oder eine normale Straßen- bzw. Bahninfrastruktur dauern soll oder darf, wurde nicht einmal gestellt, geschweige denn beantwortet.

---

134 Vgl. zur längerfristigen Entwicklung z.B. Annette Guckelberger, Maßnahmen zur Beschleunigung von Planungs- und Genehmigungsverfahren – eine Zwischenbilanz, in: Jan Ziekow (Hrsg.), Beschleunigung von Planungs- und Genehmigungsverfahren, Berlin 1998, Seite17ff; Thomas Kramer, Beschleunigung von Planungs- und Genehmigungsverfahren im Verkehrsbereich, Wiesbaden 2021.

135 2002 Antrag Hamburgs beim Bundesverkehrsministerium, 2019 Beginn Vertiefungsarbeiten.

136 2012 Erteilung Planungsauftrag, 2020 Kündigung Bauvertrag wegen Baumängeln, 2023 bzw.2027 erwartete Fertigstellung Fahrtrichtungen Trier bzw. Dortmund.

137 1999 Kabinettsbeschluss Schleswig-Holstein, 2008 Staatsvertrag Dänemark/Deutschland, 2029 Fertigstellung.

138 vgl. etwa die Aussagen des Präsidenten des Bundesverwaltungsgerichts im Handelsblatt, 18.5.2021 (Seite 6) zur Dauer von Genehmigungsverfahren für größere Infrastrukturvorhaben: "nicht selten 10, 15 oder 20 Jahre(n)" sowie „ein weiteres Jahr" für einen eventuell folgenden Gerichtsprozess. Weitere Einzel- und Zeitangaben finden sich in der Antwort der Bundesregierung auf die kleine Anfrage Der Grünen zur „Situation der Infrastrukturplanung in Deutschland": Bundestagsdrucksache 19/29971, 20.5.2021.

Nur ein einziges Mal hat es eine entschlossene Herangehensweise mit dem Blick ‚vom Ende her' gegeben: Nach der Wiedervereinigung kam der damalige Bundesverkehrsminister Günther Krause zu dem Schluss, dass mit den aus den ‚alten' Bundesländern kommenden Planungs- und Genehmigungsverfahren die Instandsetzung der ostdeutschen Verkehrsinfrastruktur einfach nicht zu machen sei. Ergebnis war sein Vorschlag für ein ‚Verkehrswegeplanungsbeschleunigungs-Gesetz' (1991), das nicht nur durch die Länge seines Namens aus dem Rahmen fiel, sondern auch durch seine klare Zielsetzung - die Dauer der herkömmlichen Verfahren spürbar zu verkürzen, ja zu halbieren[139] Dies funktionierte so gut, dass wesentliche Teile bereits 1993 mit dem Planungsvereinfachungs-Gesetz[140] auf das gesamte Bundesgebiet übertragen wurden.[141] Einer der wenigen Fälle, in denen der Westen Deutschlands sich dazu durchrang, vom Osten zu lernen! Keine der vielen ‚Beschleunigungsanläufe' in den folgenden Jahren hat auch nur annähernd eine vergleichbar durchschlagende Wirkung erzielt.

Einen besonderen Platz in dieser ‚unendlichen Geschichte' von Versuchen zur Verfahrensbeschleunigung verdient der Beschluss des Koalitionsausschusses vom 8. März 2020, mit dem sich die Spitzen von CDU/CSU und SPD nicht nur für ein Investitionsbeschleunigungs-Gesetz aussprachen, sondern darüber hinaus auf immerhin sieben Seiten inhaltliche „Eckpunkte zur Planungsbeschleunigung" festlegten. Bemerkenswerterweise wurden dann allerdings im Juli 2020 mit dem Entwurf zum Investitionsbeschleunigungsgesetz[142] drei zentrale Punkte aus dem Koalitionspapier nicht aufgegriffen: Standardisierung im Natur- und Artenschutz, Wissensplattform für Fragen des Umwelt-, Natur- und Artenschutzes sowie Sicherstellung digitalisierter Verwaltungsverfahren – Punkte, die gerade wegen ihrer besonderen Relevanz den Weg in den Koalitionsbeschluss gefunden hatten. Obwohl der

---

139 U.a. durch die Möglichkeit für die Länder, auf die Durchführung von Raumordnungsverfahren zu verzichten. Vgl. hierzu auch den Gesetzentwurf, Bundestags-Drucksache 12/1092, v.a. Seite 1,2 und 8 sowie die Debatte im Deutschen Bundestag: 1. Lesung am 6.9.1991 (Bundestags-Plenarprotokoll 12/39, S. 3287B-3297D) sowie 2. und 3. Lesung am 7.11.1991 (Bundestags-Plenarprotokoll 12/54, S. 4545B-4558C).

140 Gesetz zur Vereinfachung der Planungsverfahren für Verkehrswege vom 17.12.1993, BGBl I (1993), Seite 2123-2135.

141 Ich hatte damals als Beauftragter der Bundesregierung für Ostdeutschland die Gelegenheit zu erleben, warum diese Initiative im bundesdeutschen Regierungssystem in kurzer Zeit gegen viele Widerstände durchgesetzt werden konnte - im Wesentlichen, weil Bundeskanzler und zuständiger Bundesminister sich persönlich voll hinter diese herausfordernde Gesetzgebungsinitiative stellten.

142 Gesetz zur Beschleunigung von Investitionen vom 3.12.2020, BGBl I (2020), Seite 2694-2701.

Normenkontrollrat mehrfach auf das ‚Vergessen' dieser durchaus relevanten Vorgaben des Koalitionsausschusses hingewiesen hat, hat die Bundesregierung es dabei belassen.

Der Normenkontrollrat hat daraufhin im November 2020 und noch einmal im Mai/Juni 2021 – im Zusammenhang mit der Verabschiedung der Klimaschutzziele für 2030 und 2045 - Vorschläge zur zusätzlichen Beschleunigung von Planungs- und Genehmigungsverfahren entwickelt, der Bundesregierung zugeleitet und veröffentlicht[143]. Er wollte damit ein Zeichen setzen, dass die verabschiedeten Klimaziele nur erreicht werden können, wenn die in wichtigen Punkten weiterhin unerledigten Hausaufgaben in Sachen Planungs- und Genehmigungsverfahren von der Bundesregierung energischer, entschlossener und konsequenter als bisher angegangen werden. Hier fehlt es an öffentlicher und politischer Aufmerksamkeit![144]

Damit bleibt die grundsätzliche Frage ungelöst, ob die in Deutschland übliche Dauer von Genehmigungsverfahren vereinbar ist mit den enormen Investitionen und Umbauten unserer Infrastruktur, vor denen wir jetzt und in den kommenden Jahren stehen, um Klimaneutralität in allen Bereichen von Wirtschaft und Gesellschaft zu erreichen. Konkret lautet die Frage: Wenn bei Infrastrukturvorhaben (z.B. überregionale Stromtrassen, Ausbau von Eisenbahn und Wasserstraßen) und großen Industrieanlagen (z.B. Umbau von Chemie- und Stahlunternehmen zur Klimaneutralität) mit Genehmigungsverfahren von 8 bis 10 Jahren Dauer oder mehr gerechnet werden muss, ggf. noch mit 1 oder 2 weiteren Jahren für gerichtliche Auseinandersetzungen, wie können dann die für 2030/2040/2045 festgelegten Klimaschutz-Ziele (noch) erreicht werden? Hier wird deutlich: Klimaneutralität lässt sich nicht mit der ‚angezogenen Handbremse' unserer geltenden Planungs- und Genehmigungsverfahren erreichen. Die Zukunftsfähigkeit des Standorts Deutschland steht auf dem Spiel, wenn wir hier nicht besser werden.

---

143 Am 24. Juni 2021, abrufbar unter www.normenkontrollrat.bund.de. Die drei von der Bundesregierung ‚vergessenen' Punkte aus dem Koalitionsbeschluss vom 8. März 2020 wurden wegen ihrer Bedeutung in das NKR Konzept „Planungs-, Genehmigungs- und Gerichtsverfahren für einen effektiven Klimaschutz" integriert.

144 Diese Aufmerksamkeit hat demgegenüber die neue Tesla-Autofabrik im brandenburgischen Grünheide östlich von Berlin erhalten. Dieser Fall dürfte aber eher untypisch sein, weil hier im Wesentlichen auf der Grundlage des „§ 8a Zulassung des vorzeitigen Baubeginns" des Bundes-Immissionsschutzgesetzes gearbeitet wird, der an ganz bestimmte Bedingungen gebunden ist, vor allem die Pflicht zur Herstellung des ursprünglichen Zustands im Fall der Nicht-Genehmigung einschl. der Stellung entsprechender Sicherheiten. Das dürfte für die allermeisten Unternehmen nicht darstellbar sein.

Deshalb sehe ich die nächste Bundesregierung vor folgenden Aufgaben:

- Ausgehend von den beschlossenen Klimaschutz-Zielen – politische Festlegung von beispielsweise 5 Jahren als ‚Normalfall' für Planungs- und Genehmigungsverfahren von Infrastruktur- und größeren Industrieprojekten einschließlich eventuell nachfolgender Gerichtsverfahren[145].
- Festlegung inhaltlicher Vorgaben sowie eines Fahrplans für die Anpassung von Planungs- und Genehmigungsverfahren an die Erfordernisse des Klimaschutzes.
- Zuordnung der Gesamtverantwortung für Planungs- und Genehmigungsverfahren zu einem Ressort, beispielsweise dem Bundeswirtschaftsministerium – über die fachlichen Zuständigkeiten einzelner Bundesministerien hinweg.
- Klare Regelungen mit verbindlichen Fristen für die Abstimmung zwischen Bund, Ländern und Gemeinden, um festgelegte Verfahrensfristen für Genehmigungsverfahren ebenen-übergreifend zu gewährleisten – gerade bei Vorhaben von überregionaler Bedeutung.
- Stellungnahme zu den bisher unbeantworteten Vorschlägen des Normenkontrollrats zur Beschleunigung von Planungs- und Genehmigungsverfahren sowie der damit verbundenen Gerichtsverfahren.

Planungs- und Genehmigungsverfahren sollten (hoffentlich) nach der Bundestagswahl im September 2021 die politische Aufmerksamkeit gewinnen, an der es bisher immer wieder gefehlt hat.

2. Digitalisierung – Ausstieg aus der Komplexitätsfalle, Gesamtkonzept für Bund, Länder und Gemeinden, Standardisierung und Verbindlichkeit im Mittelpunkt[146]

Damit die Digitalisierung hierzulande zu nachhaltigen Erfolgen führt, muss die neue Bundesregierung ab Herbst 2021 folgende Punkte zügig abarbeiten:

---

145 Bei Gerichtsverfahren ist zur Beschleunigung – neben eventueller Verkürzungen des Klageweges und der Schaffung zusätzlicher, geeigneter Kammern - vor allem ein obligatorischer früher Erörterungstermin notwendig, um eine Konzentration auf entscheidungserhebliche Fragestellungen und die Festlegung eines frühzeitig erstellten Verfahrensfahrplans zu erreichen; siehe hierzu im Einzelnen: Möglichkeiten zur Beschleunigung verwaltungsgerichtlicher Verfahren über Vorhaben zur Errichtung von Infrastruktureinrichtungen und Industrieanlagen, Gutachten für den Nationalen Normenkotrollrat, erstellt von Prof. Dr. Wolfgang Ewer, 2019; abrufbar unter www.normenkontrollrat.bund.de.

146 Siehe dazu im Einzelnen Kapitel 7.

- Konsequenter Vorrang für Standardisierung und Verbindlichkeit bei allen Digitalisierungsschritten – damit wir aus der ‚Komplexitätsfalle' herauskommen.
- Umsetzung dieses Vorrangs durch den IT-Planungsrat. Konzentration seines Auftrags auf die strategischen Fragen der Digitalisierung der öffentlichen Verwaltung in Deutschland und deren Umsetzung – mit Verbindlichkeit für Bund, Länder und Kommunen. Für Entscheidungen ist nur die Zustimmung des Bundes sowie der Mehrheit der Länder erforderlich[147].
- Entlastung des IT-Planungsrats von kurzfristigen operativen Aufgaben, die auf die FITKO übergehen. Diese wird dafür schnellstmöglich zur Digitalisierungs-Agentur für die selbständige Wahrnehmung aller operativen Aufgaben ausgebaut.
- Übertragung der Umsetzung der Registermodernisierung sowie des Unternehmensbasisregisters auf IT-Planungsrat und FITKO (wie beim OZG); Definition und Monitoring verbindlicher Meilensteine, insbesondere für die Einführung einer einheitlichen Wirtschaftsidentifikationsnummer (Voraussetzung für ein gelingendes Unternehmensbasisregister); Gewährleistung anhaltender politischer Unterstützung durch Bund, Länder und Gemeinden für beide Vorhaben.
- Datenschutzvertreter werden frühzeitig in die Erarbeitung von Digitalisierungskonzepten einbezogen; bei Einwänden müssen sie alternative, inhaltlich gleichwertige Lösungen sowie den damit verbundenen zusätzlichen Aufwand darstellen.

An der Klärung dieser zentralen, letztlich politisch zu entscheidenden Fragen hängen Erfolg bzw. Nicht-Erfolg der Digitalisierung der öffentlichen Verwaltung in Deutschland - und nicht daran, ob wir nun ein Bundesdigital-Ministerium haben oder nicht.

---

147 Die viel zu komplizierten Anforderungen an Entscheidungen im IT-Planungsrat (§ 1 und 2 des Vertrags zur Ausführung von Artikel 91c GG) sind mit der Eilbedürftigkeit der Digitalisierung nicht vereinbar. Gegenwärtig sind Beschlüsse an die Zustimmung des Bundes sowie einer Mehrheit von 11 Ländern gebunden, „welche mindestens zwei Drittel ihrer Finanzierungsanteile nach dem Königsteiner Schlüssel abbildet". Dies muss geändert werden in ‚Zustimmung des Bundes sowie einer Mehrheit der Länder'. Dass dies erreichbar ist, zeigen die wesentlich weitergehenden Befugnisse des Bundes bzw. Bundesinnenministers nach dem OZG, denen der Bundesrat 2017 bei der Verabschiedung des OZG zugestimmt hat.

3. Verwaltung – mit Stresstest, Vernetzung und Kunden-Service-Kultur[148]

Der Normenkontrollrat hat seine Reformüberlegungen vom November 2017[149] aktualisiert und die Erfahrungen der Corona-Pandemie mit einbezogen. Ergebnis war die Initiative „Leistungsfähige Verwaltung - Zukunftsfester Staat. Empfehlungen für eine nachhaltige Modernisierung – in der Krise, wie im Alltag"[150] mit den Kernpunkten:

- Audits – Leistungsfähigkeit und Modernisierungsgrad einer Behörde bestimmen.
- Stresstests – Handlungsfähigkeit einer Behörde in einer Überlastsituation prüfen.
- Unabhängiger Expertenrat – Audits und Stresstests nachhalten und auswerten, permanente Lobby für Staats- und Verwaltungsmodernisierung unabhängig vom politischen Tagesgeschäft.

Wenn wir ernsthaft an die Umsetzung dieser Punkte gehen, stellen sich weitergehende Reformfragen, wie z.B.: Bedeutet Subsidiarität heute noch das Gleiche wie vor 70 Jahren? Verlangt die stark gestiegene Komplexität des Vier-Ebenen-System von Kommunen, Ländern, Bund und EU nicht neue Aufgabenabgrenzungen? Braucht es hier nicht durchgehende, ebenen-übergreifende Standards z.B. für Daten, Prozesse, Digitalisierung, Plattformen, und Nutzerorientierung, um bürger- und unternehmensnahe Dienstleistungen zeitgemäß anbieten zu können? Kann das im Grundgesetz (Art. 65 Satz 2) festgeschriebene Ressortprinzip so bestehen bleiben oder werden nicht auch hier Standards für Kommunikation, Arbeitsweisen, gemeinsame Prozesse zur Vorbereitung gesetzlicher Regelungen mit Praxistauglichkeit benötigt? Kommt der ‚Richtlinienkompetenz des Bundeskanzlers'[151] nicht heute eine andere Bedeutung zu - angesichts sich weiter ausdifferenzierender Fachgebiete und gleichzeitig wachsender Interdependenzen politischer Aufgabenbereiche? Wie kann Dienstleistungsorientierung zu einem tatsächlich gelebten Leitmotiv der Verwaltung werden? Wie legt die öffentliche Hand Rechenschaft über Leistungen und Leistungsfähigkeit ab, wenn Leistungsvergleiche zwischen öffentlichen Akteuren weiterhin als Tabu behan-

---

148 Siehe dazu auch Kapitel 8.

149 Nationaler Normenkontrollrat, Anmerkungen zur Rechts- und Verwaltungsvereinfachung: Schlussfolgerungen aus der Flüchtlingskrise für die Handlungs- und Zukunftsfähigkeit von Staat und Verwaltung, November 2017; abrufbar unter www.normenkontrollrat.bund.de.

150 Siehe zu den Einzelheiten Kapitel 8, Seite 108ff.

151 Art. 65 Satz 1 GG.

delt werden, obwohl Art. 91d des Grundgesetzes dies ausdrücklich vorsieht? Es wird spannend sein zu sehen, welche Dynamik die Modernisierung von Staat und Verwaltung gewinnt und entfaltet, wenn sie einmal Fahrt aufgenommen hat.

Eine solch umfassende und weitreichende Modernisierung steht im engsten Zusammenhang mit dem Einsatz von IT, Automatisierung und künstlicher Intelligenz (KI), kurz der Digitalisierungs-Agenda. Digitalisierung macht es möglich, dass Routineaufgaben digital-automatisch ablaufen und so Personal verfügbar wird, das sich um Problemlösungen für anspruchsvollere Fragen kümmert, um Bürger und Unternehmen nicht mit Textbausteinen, sondern individualisierten Lösungen zu ‚bedienen'. Dabei ermöglicht die Registermodernisierung eine Service-orientierte Vernetzung der verschiedenen Behörden und stellt den Verwaltungen vor Ort alle Daten und Informationen zur Verfügung, die für die jeweilige ‚Problem-Lösung' gebraucht werden (Once-Only)[152].

Damit solche Vorstellungen nicht nur auf dem Papier bleiben, müssen sie in den Koalitionsverhandlungen nach der Bundestagswahl im Herbst 2021 abgesprochen und von der neuen Bundesregierung dann entschlossen angepackt werden.

4. Gesetzgebung – nur mit Praxistauglichkeit und Digitalisierungs-TÜV[153]

Gesetzliche Regelungen sind der wesentliche Transmissionsriemen, mit dem die durch Wahlen legitimierte, politische Willensbildung in den Alltag von Bürgern, Unternehmen und Gesellschaft übersetzt wird. Daraus ergeben sich die Anforderungen, die an die Gesetzgebung und an den Prozess, mit dem sie vorbereitet wird, gestellt werden: Legitimation und Praxistauglichkeit.

An dieser Stelle geht es um den zweiten Punkt – die Praxistauglichkeit. Es liegt auf der Hand, dass für deren Beurteilung sowohl der Einschätzung der Vollzugsbehörden als auch der Erfahrung der Betroffenen eine besondere Bedeutung zukommt – Erfahrungen, die in den Bundesministerien üblicherweise nicht verfügbar sind. Die Gemeinsame Geschäftsordnung der Bundesministerien (GGO) sieht deswegen entsprechende Anhörungen vor, die sich in den letzten Jahren allerdings dadurch ausgezeichnet haben, dass sie immer häufiger unter sehr knappen Zeitvorgaben stattgefunden

---

152 Dafür muss die gesetzliche Ermächtigung für die jeweilige Registerverknüpfung vorliegen, womit das Registermodernisierungsgesetz begonnen hat.

153 Siehe dazu im Einzelnen Kapitel 9.

haben, die eine sinnvolle Durchführung und vor allem Auswertung stark eingeschränkt oder in nicht wenigen Fällen praktisch unmöglich gemacht haben.[154] Im Ergebnis ist festzustellen, dass die Einhaltung der vorgesehenen Fristen bei relevanten Gesetzesvorlagen inzwischen zur Ausnahme geworden ist, während Kürzungen oder völliger Ausfall von Anhörungen mittlerweile die Regel darstellen. Dass diese Entwicklung der Qualität der Gesetzesvorbereitung nicht dienlich gewesen ist, braucht keine weitere Begründung.

Mit Abstand wichtigster Nachteil des derzeit üblichen Vorbereitungsprozesses für Gesetzesvorhaben – selbst wenn alle vorgesehenen Fristen und Beteiligungen beachtet werden - besteht darin, dass die Beteiligung von Vollzugsbehörden und Betroffenen in aller Regel zu spät erfolgt – nämlich erst dann, wenn die Arbeiten am Gesetzestext selbst ganz oder weitgehend abgeschlossen sind. Das bringt die Gefahr mit sich, dass Beteiligungen von Vollzugsbehörden und Betroffenen sehr schnell Alibi-Charakter annehmen können, weil das federführende Ressort verständlicherweise nicht gern die Arbeit am mehr oder weniger mühsam fertiggestellten Gesetzestext, der die Ressortabstimmung meist schon durchlaufen hat, wieder neu eröffnen möchte.

Diese ernüchternden Erfahrungen der letzten Jahre haben den Normenkontrollrat veranlasst, sich eingehend mit der Frage auseinanderzusetzen, ‚wie werden auf der Bundesebene eigentlich Gesetze gemacht?' Und wie können dabei Praxis- und Digitalisierungstauglichkeit einen relevanten Stellenwert erhalten?[155] Im Ergebnis hält er folgende grundlegende Veränderungen für erforderlich:

- Festlegung der politischen Ziele für ein Gesetzgebungsvorhaben in einem „Zielepapier“[156] – noch ohne Vorgaben bestimmter Maßnahmen und Instrumente für die Umsetzung; so kann sich die Ministerialebene zunächst ein tiefergehendes Verständnis der Wirkungszusammenhänge verschaffen, *bevor* ein geeignetes Steuerungs- und Regelkonzept entwickelt wird.

---

154 Siehe hierzu im Einzelnen Kapitel 9, Seite 119ff.

155 Siehe hierzu auch das Gutachten ‚Erst der Inhalt, dann die Paragrafen' im Auftrag des Nationalen Normenkontrollrats (Hrsg.), erstellt durch McKinsey & Company, Oktober 2019, abrufbar unter www.normenkontrollrat.bund.de.

156 Das „Zielepapier“ soll folgende 5 Fragen beantworten: 1. Was ist das Ziel? 2. Warum ist das Ziel aktuell relevant? 3.Wie sieht Erfolg aus? 4. Welche Indikatoren messen den Fortschritt? 5. Was ist der Zeithorizont? Vgl. dazu im Einzelnen: Gutachten (voranstehende Fußnote), a.a.O., Seite 35ff. Hinzu kommen sollte noch die Frage, ob ein Gesetz überhaupt notwendig ist.

- Frühzeitige Einbindung von Expertise aus der Praxis – konsequente Nutzerorientierung durch obligatorische ‚Gesetzgebungslabore'[157] mit Adressaten, Vollzugsbehörden und sonstigen Experten.
- Systematische Prüfung der Digitalisierungstauglichkeit – Digitalisierungs-TÜV.
- Eingehende und zeitlich ausreichende fachliche und politische Erörterung des vorgesehenen Gesetzesinhalts *vor* juristischer Ausformulierung - Abstimmung eines allgemeinverständlichen Eckpunktepapiers mit Betroffenen und Sachkundigen *vor* Erstellung des Rechtstextes/Referentenentwurfs.
- Übersetzung dieser Schritte in einen modifizierten standardisierten Ablauf der Gesetzesvorbereitung - entsprechende Änderung der Gemeinsamen Geschäftsordnung der Bundesministerien (GGO).
- Abhängigkeit der Kabinettsreife einer Gesetzesvorlage von dem Nachweis der oben aufgeführten Einzelschritte und Beteiligungen nach verbesserter GGO – Ausnahmen nur durch den Chef des Kanzleramtes mit Begründung.
- Einführung eines – möglichst öffentlichen – Monitorings zu den Vorbereitungsschritten eines Regelungsvorhabens und den dabei realisierten Fristen.

Die Umsetzung dieser Punkte würde die Gesetzesvorbereitung des Bundes tiefgreifend umgestalten, der zu erwartende Widerstand aus Politik und Bundesministerien dürfte dementsprechend massiv sein. Denn die weitgehende Eigenständigkeit der Ressorts und die immer wieder anzutreffende Neigung zu politischen ‚Deals' verbunden mit ‚zielführenden Verfahrensabkürzungen' würden einem neuen Verfahren unterworfen, das anderen Akteuren mehr Raum und Geltung verschafft. Betroffene, Vollzug vor Ort und Praxis erhielten – zusammen mit und integriert in die Durchsetzung politischer Ziele – tatsächlich einen relevanten Stellenwert, noch dazu verbunden mit mehr Transparenz über den realen Ablauf der Gesetzesvorbereitung. Eine solche ‚Kulturrevolution' könnte sich als hilfreich erweisen – für die Qualität der Gesetzesinhalte, aber auch, wenn es darum geht, die Glaubwürdigkeit des Handelns von Politik und Verwaltung nachhaltig zu stärken.

157 Damit wird an die erfolgreiche Arbeit der sog. ‚Digital-Labore' bei der OZG-Umsetzung angeknüpft.

5. Ziviler Krisenmechanismus – mit wirksamer Gesamtsteuerung und Flexibilität in der Umsetzung

Als Deutschland 1968 über die sog. ‚Notstandsgesetze' diskutierte, ging es um die Sicherung der staatlichen Handlungsfähigkeit im Verteidigungsfall und bei Naturkatastrophen[158]. Niemand hat damals daran gedacht, es könnte auch noch andere Krisensituationen geben, für deren Bewältigung unsere komplizierte föderale Ordnung mit ihrer breiten Verteilung von Zuständigkeiten und Verantwortung vielleicht nicht oder nur bedingt geeignet sein könnte.

Das hat sich spätestens mit der Corona-Pandemie verändert. Schon in der Flüchtlingskrise 2015/2016 stand in den ersten Wochen und Monaten die Frage im Raum, ob Bund, Länder und Gemeinden mit ihren abgegrenzten Zuständigkeiten und Kompetenzen in der Lage seien, über diese fest gefügten ‚Binnen-Grenzen' hinweg schnell und effizient Kräfte zu bündeln, um mit überregionalen Herausforderungen wie Flüchtlingsströmen erfolgreich umzugehen. Diese Zweifel meldeten sich in der Corona-Pandemie zurück, hier allerdings nicht zu Beginn, sondern erst, als mit der Dauer der Krise die anfängliche ‚Schockwirkung' nachließ und die Schwächen des ‚unverbindlichen Miteinanders' von Bundesregierung und Ministerpräsidenten deutlicher zutage traten. Besonders sichtbar wurde das, als Bundeskanzlerin und Ministerpräsidenten an Wendepunkten der Pandemie im Oktober 2020 und dann erneut im März 2021[159] zu unterschiedlichen Beurteilungen der aktuellen Pandemieentwicklung und zu divergierenden Schlussfolgerungen kamen, die ihrerseits zu abweichenden Empfehlungen für Folgemaßnahmen führten. Gerade in der kritischen Situation der Pandemie wirkte das nicht vertrauensstiftend, sondern trug zu Verunsicherung und Irritationen in der Bevölkerung bei.

Die Ursache hierfür sehe ich in der fehlenden Verbindlichkeit dieser Art von ‚freibleibender Krisensteuerung'. Der Umstand, dass sich in dieser vom Grundgesetz nicht vorgesehenen, daher letztlich unverbindlichen

---

158 Mit einer Reihe von Grundgesetzänderungen wurde eine ‚Notstandsverfassung' in das Grundgesetz eingefügt. Begleitet wurde dies von einer heftigen öffentlichen Diskussion und vielen, teilweise gewalttätigen Demonstrationen, in deren Verlauf wiederholt Erwartungen geäußert wurden, dass diese ‚Notstandsgesetze' nach ihrem Inkrafttreten sehr schnell zum Ende der Demokratie in der Bundesrepublik führen würden. Es kam anders: Nach dem Tag des Inkrafttretens am 28. Juni 1968 ist dieses Thema sozusagen über Nacht bis heute vollständig aus der Öffentlichkeit verschwunden, beinahe als ob es diese Diskussion nie gegeben hätte!

159 Siehe hierzu Seite 134, Fußnote 126.

‚Führungsrunde' eine Bundeskanzlerin und 16 Ministerpräsidenten treffen, führt zu der Frage nach der Wahrscheinlichkeit, dass es hier zu einer einvernehmlichen Lagebeurteilung mit ebenso einheitlichen Schlussfolgerungen kommt. Konsens in einer solchen Runde dürfte um so unwahrscheinlicher werden, je facettenreicher und regional unterschiedlicher sich eine Krise entwickelt – eine Tendenz, die sich mit dem Andauern einer Krise verstärkt. Gleichzeitig wächst vor Ort in den Regionen mit der Zeit der Druck, den unterschiedlichen Gegebenheiten und Interessen so weit wie möglich entgegenzukommen – zunehmend unabhängig davon, welche Rückwirkungen sich daraus jenseits der Tagesaktualität möglicherweise für die Entwicklung im jeweiligen Land sowie in Deutschland insgesamt ergeben könnten.

Zugleich hat Corona gezeigt, dass eine einheitliche Strategie für Gesamtdeutschland sehr wohl mit einer Flexibilität bei der Umsetzung dieser Strategie vor Ort vereinbar ist. Die Nachverfolgung von Infektionsketten stellt sich für Gesundheitsämter in einer Großstadt mit großer Bevölkerungsdichte sicher anders dar als in ländlichen Gebieten abseits der großen Ballungsräume. Gleiches dürfte für die Logistik von Teststellen, Impfkampagnen und die Bereitstellung von Krankenhaus-Betten mit Intensiv-Pflege gelten. Außerdem existieren in den Regionen bewährte Strukturen für Katastrophenfälle wie Feuerwehr, Technisches Hilfswerk und viele ehrenamtlich tätige Hilfsdienste etwa vom Roten Kreuz, den Maltesern, etc., die wichtige Beiträge leisten können. Das Krisenmanagement muss also so organisiert werden, dass die Stringenz der Gesamtstrategie mit der flexiblen Umsetzung in den Regionen und vor Ort effizient zusammengeführt werden. Nur eine Kombination von beidem gewährleistet überzeugende Krisenbewältigung in der Praxis und damit die so wichtige Akzeptanz.

Für eine erfolgreiche Krisenstrategie spielt noch etwas eine zentrale Rolle: Strategie-Entscheidungen müssen sorgfältig vorbereitet, eingeübt, umgesetzt und konsequent gesteuert - gewissermaßen generalstabsmäßig gehandhabt werden. Das denkwürdige Treffen von Bundeskanzlerin und Ministerpräsidenten am 22. März 2021, das in eine stundenlange Nachtsitzung mündete und zu letztlich nicht umsetzbaren Verabredungen führte, machte mehr als deutlich, dass es auch in unserem föderalen Staat eine Stelle mit ‚Profis' für Krisenlagen geben muss, welche die Vorbereitung und Durchführung von Beschlüssen der obersten Regierungsstellen unserer Republik in der Hand hat. Die Pointe liegt darin, dass diese Stelle eigentlich in Gestalt des Bundesamtes für Bevölkerungsschutz und Katastrophenhilfe (BBK) durchaus vorhanden war, aber aus Gründen, die einen eigenständigen Forschungsauftrag rechtfertigen würden, in der Corona-Krise nicht zum Einsatz kam.

Aus diesen Krisenerfahrungen ergeben sich für mich folgende ‚Hausaufgaben' für eine neue Bundesregierung nach der Bundestagswahl im September 2021:

- Die Gesamtsteuerung einer zivilen Krise in Deutschland bedarf einer besseren Stringenz: Spitzentreffen ohne die Möglichkeit von Mehrheitsbeschlüssen und ohne Verbindlichkeit dieser Beschlüsse sind dafür kaum geeignet.
- Bund und Länder müssen zu dieser Gesamtsteuerung in einem zivilen Krisenfall eine Vereinbarung treffen; Artikel 35 GG (Rechts- und Amtshilfe; Katastrophenhilfe) könnte als Anknüpfungspunkt dienen.
- In dieser Vereinbarung zwischen Bund und Ländern müssen Definition und Ausrufung eines bundes- oder landesweiten zivilen Krisenfalls geregelt werden.
- Das Bundesamt für Bevölkerungsschutz und Katastrophenhilfe (BBK) wird zur zentralen Schaltstelle für die Vorbereitung und Umsetzung von Maßnahmen zur Krisensteuerung ausgebaut.
- BBK und die zuständigen Stellen der Länder üben regelmäßig die Bekämpfung von zivilen Krisen. Denn was nicht geübt wird, funktioniert nicht, wenn es darauf ankommt. Die diesen Übungen zugrundeliegenden Krisenszenarien werden von einer unabhängigen Stelle vorgegeben, die diese Übungen überwacht und auswertet. Die entsprechenden Berichte werden veröffentlicht.

In den letzten 12 Jahren ist die Bundesrepublik durch vier Krisen gegangen: Finanz-, Euro-, Flüchtlings- und Corona-Krise. Daraus lässt sich unschwer ableiten, dass die nächste Herausforderung ähnlicher Art nicht lange auf sich warten lassen wird. Deutschland hat es verdient, dass wir auf die nächste Krise besser vorbereitet sind.

Und: Deutschland muss darüber hinaus den Anspruch an sich selbst haben, in Sachen Verwaltung wieder Weltmeister und nicht Absteiger zu werden. In dieser Hinsicht besteht kein Erkenntnis-, sondern ein Umsetzungsproblem. Die Chance zur Umsetzung der längst als notwendig erkannten Reformen bietet sich nach der Bundestagswahl 2021. Es gilt, sie zu nutzen – daran werden wir gemessen!

Dank

Ein Buch wie dieses entsteht nicht im Alleingang. Es berührt viele Situationen und Zusammenhänge, die mehr oder weniger lange zurückliegen – mit dem Anspruch, Geschehenes gleichwohl zutreffend wiederzugeben, auf der Grundlage geprüfter Quellen sowie überdachter Interpretationen. Viele haben daran mitgewirkt, mit denen ich in diesen Jahren gemeinsame Wegstrecken gegangen bin, mit denen ich zusammengearbeitet und immer wieder auch für gemeinsame Ziele gekämpft habe. Zu diesen Weg-Genossen gehörte auch mein früherer langjähriger Stellvertreter, Wolf-Michael Catenhusen, der 2019 einer schweren Krankheit erlag. Dass das Zusammenwirken für dieses Buch innerhalb einer eher kurzen, dafür aber arbeitsintensiven Zeitspanne möglich war, erfüllt mich mit Dank.

Mein besonderer Dank gilt Florian Spengler, dem Leiter des Sekretariats des Normenkontrollrats seit 2017, der immer wieder bereit und in der Lage war, außerhalb seiner dienstlichen Verpflichtungen innerhalb kürzester Zeit Dokumente, Fundstellen und weiterführende Hinweise ‚herbeizuzaubern', auch wenn es manchmal unmöglich erschien. Viele haben sich die Zeit genommen, Texte zu lesen, zu überprüfen und mich mit weiterführenden Rückmeldungen zu unterstützen, so Caroline-Alisha Bernhardt, Thomas Danken, Janina Hatt, Sabine Karl, Hannes Kühn und Bertil Sander ebenso wie Henning Kreibohm, Anna-Dorothea Ludewig, Katharina Ludewig, Gottfried Ludewig und Andrea Versteyl. Aufklärende Hinweise kamen von Karl-Heinz Görrissen, Hildegard Müller, Norbert Röttgen und Andrea Wicklein. Johann Hahlen war so freundlich, mit seiner großen Erfahrung als Staatssekretär, Präsident des Statistischen Bundesamtes, Asyl-Entscheider und Mitglied des Normenkontrollrats das ganze Manuskript gegenzulesen und maßgeblich zur Qualitätssicherung des Textes beizutragen.

Danken möchte ich auch Sabine Kuhlmann, meiner Stellvertreterin, die mich in meinem Vorhaben nicht nur bestärkt hat, sondern darüber hinaus den Kontakt zum Geschäftsführenden Herausgeber der ‚Gelben Reihe' (Modernisierung des öffentlichen Sektors) des Nomos Verlags, Jörg Bogumil, herstellte. Ihm wiederum bin ich für sein keineswegs selbstverständliches Interesse an der Wechselwirkung zwischen Wissenschaft und Praxis zu Dank verpflichtet. Seitens des Nomos-Verlags haben Sandra Frey und Joanna Werner mich in besonders angenehmer Weise begleitet.

Weit mehr als Dank schulde ich meiner vor zweieinhalb Jahren verstorbenen Frau Dorothea Ludewig. Sie war in all den zurückliegenden Jahren und Jahrzehnten Ideengeber und Berater, Dialogpartner und Kritiker,

Rückhalt und Familienstabilisator, Tröster und Mutmacher – alles in einer Person, zu jeder Tages- und Nachtzeit. Ohne sie wäre das, was ich hier aufgeschrieben habe, nicht möglich gewesen!

Zeittafel[160]

1983-1998	Unabhängige Kommission für Rechts- und Verwaltungsvereinfachung, die sog. ‚Waffenschmidt-Kommission'.
1994	Unabhängige Expertenkommission zur Vereinfachung von Planungs- und Genehmigungsverfahren, die sog. ‚Schlichter Kommission';
1995	Umsetzung der Ergebnisse der Schlichter-Kommission durch die Arbeitsgruppe aus Vertretern der Koalitionsfraktionen und der Bundesressorts, die sog. ‚Ludewig-Kommission'.
1995-1997	Sachverständigenrat ‚Schlanker Staat' (Vors. Prof. Dr. Rupert Scholz).
Späte 1990er	*Standardkostenmodel (SCM) als methodischer Ansatz zur Messung der Kosten gesetzlich auferlegter Informationspflichten; entwickelt vom Economisch Instituut voor het Midden- en Kleinbedrijft / Economic Institute for SME (EIM); maßgeblich beteiligt André Nijsen und Brigitte van der Burg; letztere später Mitglied von ACTAL, danach Mitglied des NL-Parlaments.*
2000	*Einsetzung von ACTAL (AdviesCollege Toetsing Administratieve Lasten) in den Niederlanden, 2017 umbenannt in ATR (Adviescollege Toetsing Regeldruk); NL-Regierung verkündet ein 25%-Bürokratieabbauziel*
*11/**2001*** *11/**2002***	*Bericht und Empfehlungen der Gruppe für die Qualität der Rechtsetzung (Mandelkern-Kommission), eingesetzt von den Ministern für öffentliche Verwaltung der EU.*
*03/**2005***	*Veröffentlichung des Berichts der EU-Kommission „Bessere Rechtsetzung 2004", KOM(2005) 98.*
11/2005	Koalitionsvertrag von CDU, CSU und SPD mit der Ankündigung der Einrichtung eines unabhängigen Normenkontrollrats.
2006	*Einsetzung des ‚Better Regulation Committe' in Großbritannien, 2009 Einsetzung des ‚Regulatory Policy Committee' (RPC).*
1.6.2006	Verabschiedung des Gesetzes zur Einsetzung eines Normenkontrollrats (NKR) im Deutschen Bundestag; Bundesregierung verkündet ein 25%-Bürokratieabbauziel.
19.09.2006	Berufung der Mitglieder des Normenkontrollrats (Erstbesetzung für das Mandat 2006 bis 2011), Übergabe der Urkunden durch Bundespräsident Horst Köhler in Anwesenheit von Bundeskanzlerin Angela Merkel; anschließend konstituierende Sitzung im Bundeskanzleramt.

160 Kursiv = andere europäische Länder und Europäische Union

2006-2008	Durchführung der ‚Bestandsmessung' (Erfassung aller Informationsverpflichtungen für Unternehmen in den in Kraft befindlichen Gesetzen und Verordnungen) durch das Statistische Bundesamt; Ergebnis: 9.519 Informationspflichten aus 1.263 Gesetzen und Verordnungen verbunden mit einer Kostenbelastung von 49,3 Milliarden Euro.
2007	*EU-Kommission startet ‚Aktionsprogramm zum Abbau von Verwaltungslasten', ebenfalls mit einem 25%-Bürokratieabbauziel; Beginn der Arbeit des ‚Impact Assessment Board' (IAB) der EU-Kommission.*
8.10.2007	Erster Beschluss der Europa-Staatssekretäre der Bundesregierung zu einem EU ex ante-Verfahren (Bürokratiekostenabschätzung bei Gesetzgebungsvorschlägen der EU-Kommission).
2008 *– 2014*	*Arbeit der sog. ‚High Level Group on Administrative Burdens' unter Vorsitz des ehem. Bayerischen Ministerpräsidenten Edmund Stoiber (Initiative von EU-Kommissionspräsident Barroso); Mitglieder u.a. auch die Vorsitzenden von NKR (D), ACTAL (NL) und RPC (GB). Zweimalige Mandatsverlängerung bis Oktober 2014; Vorschläge für ein umfangreiches Paket an Bürokratieabbauvorschlägen mit einem Gesamtvolumen von 33,4 Mrd. Euro.*
2008ff	Erste ‚Einfacher-Zu-Projekte' des NKR (zur Kostenentlastung für Bürger und/oder Unternehmen bei der Umsetzung bestimmter gesetzlicher Regelungen in Zusammenarbeit mit Betroffenen und Behörden): Wohngeld, Elterngeld; gefolgt von ‚Einfacher zum Studenten-BAFÖG', ‚Aufenthalts- und Arbeitsgenehmigungen für ausländische Fachkräfte'.
29.7.**2009**	Das Gesetz zur Änderung des Grundgesetzes legt mit dem neuen Artikel 91c die Grundlage für die Einrichtung des IT-Planungsrates und ermöglicht mit Artikel 91d die Durchführung von Leistungsvergleichen zwischen den Bundesländern (bisher nicht angewandt!).
09/2009	Bundestagswahl
11.02.**2010**	100. Sitzung des NKR, u.a. mit Tagesordnungspunkten zum „Gesetz zur Verstetigung der kommunalen Option – Neuorganisation SGB II" sowie dem Bericht vom Gesprächskreis ‚Vollzugsoptimierung durch Leistungsvergleiche' der Bertelsmann Stiftung.
1.4.2010	Vertrag über die Errichtung des IT-Planungsrates und über die Grundlagen der Zusammenarbeit beim Einsatz der Informationstechnologie in den Verwaltungen von Bund und Ländern – Vertrag zur Ausführung von. Art. 91c GG (BGBl. I S. 1126, 2851); geändert am 19.12.2019 (Einfügung FITKO, Föderale IT-Kooperation); darin: Beschlüsse des IT-Planungsrats bedürfen der Zustimmung des Bundes sowie „einer Mehrheit von 11 Ländern, welche mindestens zwei Drittel ihrer Finanzierungsanteile nach dem Königsteiner Schlüssel abbildet".
03/**2011**	Novelle des Normenkontrollrat-Gesetzes: Erweiterung des Mandats auf den sog. ‚Erfüllungsaufwand', d.h. alle Folgekosten einer gesetzlichen Regelung, statt nur – wie bisher - die Kosten aus Informationspflichten! Erweiterung des NKR von 8 auf 10 Mitglieder.
2011	Erreichen des 25%-Bürokratieabbauziels der Bundesregierung von 2006 (12,5 Mrd. Euro).

09/2011	Ende des 1. und Beginn des 2. Mandats des NKR.
17.12.**2012**	Beschluss der Europa-Staatssekretäre zur Weiterentwicklung des EU ex ante-Verfahrens.
23.1.**2013**	Grundsatzbeschluss des Staatssekretärsausschusses Bessere Rechtsetzung zur (erstmaligen) Einführung einer systematischen Ex post-Evaluierung von Gesetzen nach 3 bis 5 Jahren in Deutschland, v.a. ob und inwieweit das Ziel des jeweiligen Gesetzes erreicht wurde. Einzelheiten zur Durchführung der Evaluierung bleiben noch offen.
04/2013	Der NKR vergibt sein erstes Gutachten „Quantifizierung des Nutzens von Regelungsvorhaben. Internationale Erfahrungen im Vergleich"; Anlage 4 enthält eine Übersicht aller seitdem vom NKR vergebenen Gutachten.
09/2013	Veröffentlichung des E-Government-Prüfleitfadens, der von IT-Planungsrat und NKR gemeinsam entwickelt wurde und das Ziel verfolgt, die Digitaltauglichkeit von Rechtstexten zu verbessern.
09/2013	Bundestagswahl
10/2013	2. Gutachten im Auftrag des NKR „Gutachten zur Durchführung von Ex post-Evaluationen – Gute Praktiken und Erfahrungen in anderen Staaten".
04/**2014**	Mindestlohn-Gesetz: Auseinandersetzung zwischen NKR und Bundesarbeits- und Sozialministerin Andrea Nahles zur Transparenz der Folgekosten; später weitere Auseinandersetzung zwischen NKR und BMAS zur Transparenz der Folgekosten durch Aufzeichnungspflichten der Unternehmen.
07/2014	Beschluss zur Einsetzung eines Normenkontrollrats in Sachsen.
5.9.2014	200. Sitzung des NKR, u.a. mit Tagesordnungspunkten zum „Entwurf eines Gesetzes für die gleichberechtigte Teilhabe von Frauen und Männern an Führungspositionen" sowie zur „Weiterentwicklung des sog. EU ex ante-Verfahrens".
10/2014	NKR veröffentlicht in Kooperation mit der Robert Bosch Stiftung eine Studie zu Lebenslagen von Asylbewerbern inkl. Vorschlägen zur Verwaltungs- und Verfahrensvereinfachung.
6.10.2014	Halbzeit (des 2. Mandats)-Veranstaltung des NKR mit Bundeskanzlerin Angela Merkel und Vizekanzler Sigmar Gabriel: Beide erklären ihre Bereitschaft, die Einführung einer ‚One-in-one-out'-Regel zu prüfen.
02/**2015**	3. Gutachten im Auftrag des NKR „Vollzugsorientierte Gesetzgebung: Wie können EU, Bund, Länder und Kommunen die Folgekosten rechtlicher Vorgaben besser ermitteln?".
2014/2015	Beginn einer engeren Zusammenarbeit unabhängiger Räte mit NKR-ähnlichen Aufgaben; Gründung des Netzwerks ‚RegWatchEurope', beginnend mit NKR (D), ACTAL (NL), RPC (GB), Swedish Better Regulation Council (SWE) und RIAB Regulatory Impact Assessment Board (CZ); bis 2020 kommen Räte aus Finnland, Norwegen und Dänemark hinzu.

19.3.2015	Letztes Hindernis für den One-in-one-out-Beschluss des Bundeskabinetts wird ausgeräumt: Der Chef des Bundeskanzleramts teilt den Ressorts per mail mit, dass Bundeskanzlerin und Vizekanzler vereinbart haben, dem Wunsch des NKR nach einer Anhörung bei der Vorbereitung eventueller Beschlüsse zur Deckelung von Kompensationserfordernissen zu entsprechen.
25.3.2015	Das Bundeskabinett beschließt die Einführung der ‚One-in-one-out'Regel. Der Beschluss tritt rückwirkend zum 1.1.2015 in Kraft, also nur 3 Monate nach der von Bundeskanzlerin und Vizekanzler erklärten Bereitschaft zur Prüfung dieses Vorschlags.
05/2015	*EU-Kommission (Juncker) veröffentlicht Mitteilung ‚Better regulation for better results – an EU agenda';Das ‚Regulatory Scrutiny Board' (RSB) ersetzt – mit mehr Unabhängigkeit und erweiterten Rechten - den seit 2007 arbeitenden 'Impact Assessment Board' (IAB).*
07/2015	NKR veröffentlicht in Kooperation mit dem Statistischen Bundesamt und Vertretern des Gesundheitssektors den Abschlussbericht zum Projekt ‚Mehr Zeit für Behandlung – Vereinfachung von Verfahren und Prozessen in Arzt- und Zahnarztpraxen'.
2.7.2015	Bundestag beschließt Bürokratieentlastungs-Gesetz I, Volumen 744 Mio €.
09/2015	Flüchtlingskrise; NKR besucht Erstaufnahmeeinrichtungen in Heidelberg, Schweinfurt, Oldenburg, Manching sowie Berlin und führt mehrere Fachgespräche im BAMF; Verabschiedung mehrerer gesetzgeberischer Asylpakete sowie Anpassung zahlreicher weiterer Gesetze und Verordnungen.
11/2015	4. Gutachten im Auftrag des NKR „E-Government in Deutschland: Vom Abstieg zum Aufstieg".
12/2015	Positionspapier des NKR „Handlungsempfehlungen des NKR zur zügigen und effizienten Bewältigung der Flüchtlingskrise".
12/2015	BA- und BAMF-Präsident F.-J. Weise verfügt, dass für etwa ein Jahr 800 Mitarbeiter der BA das BAMF bei der Abarbeitung von Asylanträgen unterstützen; umgekehrt helfen 5 Jahre später zu Beginn der Corona-Krise 100 Mitarbeiter des BAMF bei der BA, den Ansturm an Kurzarbeitergeldanträgen zügig zu bearbeiten – Premieren bei der gegenseitigen Unterstützung relevanter Behörden in einer Krise.
11.1.**2016**	Beschluss der Europa-Staatssekretäre für ein neues, erweitertes EU ex ante-Verfahren.
06/2016	5. Gutachten im Auftrag des NKR „E-Government in Deutschland: Wie der Aufstieg gelingen kann – ein Arbeitsprogramm."
06/2016	NKR veröffentlicht in Kooperation mit dem Statistischen Bundesamt den Abschlussbericht zum Projekt ‚Fälligkeit von Sozialversicherungsbeiträgen'.
09/2016	Ende des 2. und Beginn des 3. Mandats des NKR.
30.3.**2017**	Bundestag beschließt Bürokratieentlastungs-Gesetz II, Volumen 135 Mio €.

6/2017	Bundestag und Bundesrat verabschieden Onlinezugangsgesetz (OZG) zur Digitalisierung der wichtigsten 575 öffentlichen Dienstleistungen in Deutschland bis Ende 2022; darin Ermächtigung des Bundesinnenministers zum Erlass verbindlicher „technischer Kommunikationsstandards" für „im Portalverbund [von Bund, Ländern und Gemeinden] genutzte informationstechnische Systeme". Von dieser Ermächtigung hat der Bundesinnenminister – auch angesichts des zwischenzeitlich immer größer gewordenen Rückstands - bisher keinen Gebrauch gemacht.
09/2017	09/2017 Bundestagswahl
10/2017	6. Gutachten im Auftrag des NKR „Mehr Leistung für Bürger und Unternehmen: Verwaltung digitalisieren. Register modernisieren." sowie Begleitgutachten des Statistischen Bundesamts „Ein Blick in die Registerlandschaft in Deutschland" und „Registernutzung in Zensus und Bevölkerungsstatistik in Österreich und der Schweiz" nebst Untersuchung der Universität Speyer „Rechtliche Grenzen einer Personen- bzw. Unternehmenskennziffer in staatlichen Registern".
11/2017	NKR beschließt und veröffentlicht seine „Anmerkungen zur Rechts- und Verwaltungsvereinfachung: Schlussfolgerungen aus der Flüchtlingskrise für die Handlungs- und Zukunftsfähigkeit von Staat und Verwaltung".
12/2017	Beschluss zur Einsetzung eines Normenkontrollrats in Baden-Württemberg.
7.12.2017	NKR erhält den ‚Preis für Soziale Marktwirtschaft' der Konrad-Adenauer-Stiftung.
*07-10/**2018***	*‚Stocktaking' der EU-Kommission zur ‚Better Regulation Agenda'; Ergebnisse in: Mitteilung der Kommission, Bessere Rechtsetzung: Wir ziehen Bilanz und erneuern unser Engagement, COM(2019) 178.*
2.10.2018	*Single Digital Gateway'-Verordnung der EU – mit einem einklagbaren Rechtsanspruch auf bestimmte digitale öffentliche Dienstleistungen ab 2023.*
10/2018	Monitor Digitale Verwaltung # 1 des NKR.
04/**2019**	7. Gutachten im Auftrag des NKR „Möglichkeiten zur Beschleunigung verwaltungsgerichtlicher Verfahren über Vorhaben zur Errichtung von Infrastruktureinrichtungen und Industrieanlagen".
05/2019	Monitor Digitale Verwaltung #2 des NKR.
09/2019	*EU-Kommissionspräsidentin von der Leyen kündigt die Einführung der ‚One-in, one-out'-Regel auf EU-Ebene an.*
10/2019	8. Gutachten im Auftrag des NKR „Erst der Inhalt, dann die Paragrafen. Gesetze wirksam und praxistauglich gestalten" sowie Erprobung der gutachterlichen Empfehlung durch ein Pilotprojekt im Rahmen der Weiterentwicklung des Ausländerzentralregisters.

10/2019	Monitor Digitale Verwaltung #3 des NKR.
22.11.2019	Bundestag beschließt Bürokratieentlastungs-Gesetz III, Volumen 1,1 Mrd. €.
26.11.2019	Der Staatssekretärsausschuss Bessere Rechtsetzung beschließt die „Fortentwicklung der Evaluierungskonzeption der Bundesregierung“; damit Ausfüllung der beim Grundsatzbeschluss vom 23.1.2013 offenen gebliebenen Durchführungsfragen für Evaluierungen gesetzlicher Regelungen.
ab 03/**2020**	ab 03/**2020** Corona-Pandemie in Deutschland.
10.07.2020	300. Sitzung des NKR, u.a. mit Tagesordnungspunkten zum „Entwurf eines Investitionsbeschleunigungsgesetzes“ sowie einem Austausch mit einem Vertreter des ‚Regulatory Scrutiny Board‘ der EU-Kommission.
09/2020	Monitor Digitale Verwaltung #4 des NKR.
5.3.**2021**	Bundesrat verabschiedet (ebenso wie der Bundestag zuvor) mit deutlicher Mehrheit das Registermodernisierungsgesetz.
04/2021	*EU-Kommission veröffentlicht Mitteilung zur Besseren Rechtsetzung „Joining forces to make better laws“, u.a. mit der Ankündigung der Einführung der One-in, one-out-Regel für die Folgekosten gesetzlich auferlegter Informationspflichten der Unternehmen.*
05/2021	Monitor Digitale Verwaltung #5 des NKR.
05/2021	9. Gutachten im Auftrag des NKR „Digitale Verwaltung braucht digitaltaugliches Recht. Der modulare Einkommensbegriff.“
10.6.2021	NKR beschließt und veröffentlicht Schlussfolgerungen aus Flüchtlings- und Corona-Krise als Initiative 'Leistungsfähige Verwaltung - Zukunftsfester Staat – Empfehlungen für eine nachhaltige Modernisierung – in der Krise wie im Alltag'.
11.6.2021	Bundestag beschließt Unternehmensbasisregister-Gesetz – allerdings mit der Festlegung auf die – bis auf weiteres nicht betriebsbereite - steuerliche Wirtschafts-Identifikationsnummer des BMF.
24.6.2021	NKR beschließt und veröffentlicht „Planungs-, Genehmigungs- und Gerichtsverfahren für einen effektiven Klimaschutz“ - am Tag, als die Änderung des Klimaschutzgesetzes im Deutschen Bundestag verabschiedet wird.
07/2021	10. Gutachten im Auftrag des NKR „Das Servicehandbuch zum digitalen Servicestandard. Wegweiser für die Digitalisierung von Verwaltungsleistungen“ inkl. Onlineservicehandbuch unter www.servicehandbuch.de.
16.9.2021	Abschlussveranstaltung zum 3. Mandat des NKR mit Bundeskanzlerin Angela Merkel.
20.9.2021	Ende des 3. und Beginn des 4. Mandats des NKR.

26.9.2021	Bundestagswahl

Anlagen

1. Text Gesetz zur Einsetzung eines Nationalen Normenkontrollrats i.d.F. 16.3.2011
2. Evaluierungsbeschluss des Staatssekretärsausschusses Bürokratieabbau und Bessere Rechtsetzung vom 23. Januar 2013
3. Evaluierungsbeschluss des Staatssekretärsausschusses Bürokratieabbau und bessere Rechtsetzung vom 26. November 2019
4. Kabinettbeschluss vom 25.3.2015 Konzeption einer One in, one out – Regel
5. Liste der vom Normenkontrollrat vergebenen Gutachten
6. Bestandsaufnahme Lebenslage Flüchtlinge des Normenkontrollrats vom 12. Oktober 2015
7. Zusammensetzung des Normenkontrollrats von 2006 bis 2021
   Leiter des Sekretariats des Nationalen Normenkontrollrats 2006 bis 2021
   Staatsminister(in) bei der Bundeskanzlerin für Bürokratieabbau und Bessere Rechtsetzung 2006 bis 2021

Anlage 1

Gesetz zur Einsetzung eines Nationalen Normenkontrollrates

NKRG

Ausfertigungsdatum: 14.08.2006

Vollzitat:

"Gesetz zur Einsetzung eines Nationalen Normenkontrollrates vom 14. August 2006 (BGBl. I S. 1866), das durch Artikel 1 des Gesetzes vom 16. März 2011 (BGBl. I S. 420) geändert worden ist"

Stand: Geändert durch Art. 1 G v. 16.3.2011 I 420

Fußnote

(+++ Textnachweis ab: 18.8.2006 +++)

§ 1 Einsetzung eines Nationalen Normenkontrollrates

(1) Beim Bundeskanzleramt wird ein Nationaler Normenkontrollrat mit Dienstsitz in Berlin eingerichtet. Er ist nur an den durch dieses Gesetz begründeten Auftrag gebunden und in seiner Tätigkeit unabhängig.

(2) Der Nationale Normenkontrollrat hat die Aufgabe, die Bundesregierung bei der Umsetzung ihrer Maßnahmen auf den Gebieten des Bürokratieabbaus und der besseren Rechtsetzung zu unterstützen.

(3) Er prüft insbesondere die Darstellung des Erfüllungsaufwandes neuer Regelungen für Bürgerinnen und Bürger, Wirtschaft und öffentliche Verwaltung auf ihre Nachvollziehbarkeit und Methodengerechtigkeit sowie die Darstellung der sonstigen Kosten der Wirtschaft, insbesondere für die mittelständischen Unternehmen.

(4) Die angestrebten Ziele und Zwecke von Regelungen sind nicht Gegenstand der Prüfungen des Nationalen Normenkontrollrates.

§ 2 Erfüllungsaufwand

(1) Der Erfüllungsaufwand umfasst den gesamten messbaren Zeitaufwand und die Kosten, die durch die Befolgung einer bundesrechtlichen Vorschrift bei Bürgerinnen und Bürgern, Wirtschaft sowie der öffentlichen Verwaltung entstehen.

(2) Teil des Erfüllungsaufwandes sind auch die Bürokratiekosten. Bürokratiekosten im Sinne dieses Gesetzes sind solche, die natürlichen oder juristischen Personen durch Informationspflichten entstehen. Informationspflichten sind auf Grund von Gesetz, Rechtsverordnung, Satzung oder Verwaltungsvorschrift bestehende Verpflichtungen, Daten und sonstige Informationen für Behörden oder Dritte zu beschaffen, verfügbar zu halten oder zu übermitteln.

(3) Bei der Messung der Bürokratiekosten ist das Standardkosten-Modell (SKM) anzuwenden. Die international anerkannten Regeln zur Anwendung des Standardkosten-Modells sind zugrunde zu legen. Abweichungen von dieser Methodik bedürfen eines Beschlusses der Mehrheit der Mitglieder des Nationalen Normenkontrollrates und der Zustimmung der Bundesregierung. Die Notwendigkeit eines Beschlusses ist insbesondere zu prüfen, wenn sonst eine Abweichung von den international anerkannten Regeln zur Anwendung des SKM zu besorgen ist.

(4) Bei der erstmaligen Ermittlung der für die Durchführung der Messung bei Unternehmen notwendigen Kennziffern (Kosten pro Einheit, Zeit pro einzelner durch das Gesetz ausgelöster Aktivität sowie deren Häufigkeit pro Jahr und Anzahl der betroffenen Unternehmen) sind alle Bürokratiekosten zu berücksichtigen, die auf Bundesrecht beruhen.

§ 3 Zusammensetzung und Organisation des Nationalen Normenkontrollrates

(1) Der Nationale Normenkontrollrat besteht aus zehn Mitgliedern. Der Bundeskanzler schlägt sie im Einvernehmen mit den anderen Mitgliedern der Bundesregierung dem Bundespräsidenten vor. Dieser beruft die Vorgeschlagenen für eine Amtszeit von fünf Jahren. Eine erneute Berufung ist zulässig. Die Mitglieder sind

berechtigt, ihr Amt durch Erklärung gegenüber dem Bundespräsidenten niederzulegen. Scheidet ein Mitglied vorzeitig aus, so wird ein neues Mitglied für die Dauer der Amtszeit des ausgeschiedenen Mitglieds berufen. Satz 2 gilt entsprechend.

(2) Die Mitglieder sollen Erfahrungen in legislativen Angelegenheiten innerhalb staatlicher oder gesellschaftlicher Institutionen gesammelt haben und über Kenntnisse in wirtschaftlichen Angelegenheiten verfügen.

(3) Die Mitglieder dürfen während ihrer Mitgliedschaft im Nationalen Normenkontrollrat weder einer gesetzgebenden Körperschaft noch einer Bundesbehörde noch einer Landesbehörde angehören noch zu diesen in einem ständigen Dienst- oder Geschäftsbesorgungsverhältnis stehen. Ausnahmen sind für Hochschullehrer zulässig. Sie dürfen auch nicht innerhalb des letzten Jahres vor der Berufung zum Mitglied des Nationalen Normenkontrollrates eine derartige Stellung innegehabt haben.

(4) Den Vorsitz im Nationalen Normenkontrollrat führt das vom Bundeskanzler bestimmte Mitglied.

(5) Die Mitgliedschaft im Nationalen Normenkontrollrat ist ein Ehrenamt.

(6) Der Nationale Normenkontrollrat entscheidet mit der Mehrheit seiner Mitglieder. Bei Stimmengleichheit unterbleibt eine Beanstandung des überprüften Gesetzentwurfs. Ein Sondervotum ist nicht zulässig.

(7) Das Verfahren des Nationalen Normenkontrollrates regelt eine vom Bundeskanzler im Einvernehmen mit den anderen Mitgliedern der Bundesregierung gebilligte Geschäftsordnung.

(8) Die Rechtsaufsicht führt der Chef des Bundeskanzleramtes.

(9) Beim Bundeskanzleramt wird ein Sekretariat des Nationalen Normenkontrollrates eingerichtet. Der Leiter des Sekretariats nimmt beratend an den Sitzungen des Nationalen Normenkontrollrates teil. Der Leiter des Sekretariats unterliegt allein den Weisungen des Nationalen Normenkontrollrates. Die Mitarbeiter des Sekretariats unterliegen allein den Weisungen des Nationalen Normenkontrollrates und des Leiters des Sekretariats. Die Angehörigen des Sekretariats dürfen weder hauptamtlich noch nebenamtlich gleichzeitig mit anderen Aufgaben innerhalb der unmittelbaren oder mittelbaren Staatsverwaltung des Bundes oder der Länder betraut sein.

(10) Die Mitglieder des Nationalen Normenkontrollrates erhalten eine pauschale Entschädigung sowie Ersatz ihrer Reisekosten. Diese werden vom Chef des Bundeskanzleramtes im Einvernehmen mit dem Bundesminister des Innern festgesetzt.

(11) Die Mitglieder des Nationalen Normenkontrollrates und die Angehörigen des Sekretariats sind zur Verschwiegenheit über die Beratungen und die vom Nationalen Normenkontrollrat als vertraulich bezeichneten Beratungsunterlagen verpflichtet.

(12) Die Kosten des Nationalen Normenkontrollrates trägt der Bund. Dem Nationalen Normenkontrollrat ist die für die Erfüllung seiner Aufgaben notwendige Personal- und Sachausstattung zur Verfügung zu stellen. Die Stelle des Leiters des Sekretariats ist im Einvernehmen mit dem Nationalen Normenkontrollrat zu besetzen. Die Stellen der Mitarbeiter des Sekretariats sind im Einvernehmen mit dem Vorsitzenden des Nationalen Normenkontrollrates zu besetzen. Die Angehörigen des Sekretariats können, falls sie mit der beabsichtigten Maßnahme nicht einverstanden sind, nur im Einvernehmen mit dem Vorsitzenden des Nationalen Normenkontrollrates versetzt, abgeordnet oder umgesetzt werden.

§ 4 Aufgaben des Nationalen Normenkontrollrates

(1) Dem Prüfungsrecht des Nationalen Normenkontrollrates unterliegen:

1. Entwürfe für neue Bundesgesetze,
2. bei Entwürfen von Änderungsgesetzen auch die Stammgesetze,
3. Entwürfe nachfolgender nachrangiger Rechts- und Verwaltungsvorschriften,
4. Vorarbeiten zu Rechtsakten (Rahmenbeschlüssen, Beschlüssen, Übereinkommen und den diesbezüglichen Durchführungsmaßnahmen) der Europäischen Union und zu Verordnungen, Richtlinien und Entscheidungen der Europäischen Gemeinschaft,
5. bei der Umsetzung von EU-Recht die betroffenen Gesetze und nachrangigen Rechts- und Verwaltungsvorschriften,

6. bestehende Bundesgesetze und auf ihnen beruhende Rechtsverordnungen und Verwaltungsvorschriften.

(2) Die Prüfung des Nationalen Normenkontrollrates kann sich über die Prüfung nach § 1 Absatz 3 hinaus auf die methodengerechte Durchführung und nachvollziehbare Darstellung der folgenden Aspekte erstrecken:

1. verständliche Darstellung des Ziels und der Notwendigkeit der Regelung,
2. Erwägungen zu anderen Lösungsmöglichkeiten,
3. Erwägungen zum Zeitpunkt des Inkrafttretens, zur Befristung und Evaluierung,
4. Ausführungen zur Rechts- und Verwaltungsvereinfachung,
5. inwieweit im Falle der Umsetzung einer Richtlinie oder sonstiger Rechtsakte der Europäischen Union über deren Vorgaben hinaus weitere Regelungen getroffen werden.

(3) Der Nationale Normenkontrollrat überprüft die Regelungsentwürfe der Bundesministerien vor deren Vorlage an das Bundeskabinett. Regelungsvorlagen des Bundesrates prüft der Nationale Normenkontrollrat, wenn sie ihm vom Bundesrat zugeleitet werden. Er prüft Gesetzesvorlagen aus der Mitte des Bundestages auf Antrag der einbringenden Fraktion oder der einbringenden Abgeordneten. Die Reihenfolge der Bearbeitung steht in seinem Ermessen.

(4) Der Nationale Normenkontrollrat nimmt Stellung zu dem jährlichen Bericht der Bundesregierung zur Frage, inwieweit die Ziele der Bundesregierung zu Bürokratieabbau und besserer Rechtsetzung erreicht worden sind.

(5) Unberührt bleiben die Prüfungskompetenz des Bundesrechnungshofs und des Bundesbeauftragten für die Wirtschaftlichkeit in der Verwaltung.

§ 5 Befugnisse des Nationalen Normenkontrollrates

(1) Der Nationale Normenkontrollrat ist berechtigt,

1. die Datenbank zu nutzen, die die Bundesregierung für die bei der Ermittlung der Bürokratiekosten erhaltenen Daten angelegt hat,
2. eigene Anhörungen durchzuführen,
3. Gutachten in Auftrag zu geben,
4. der Bundesregierung Sonderberichte vorzulegen.

(2) Behörden des Bundes und die Länder leisten dem Normenkontrollrat Amtshilfe.

§ 6 Pflichten des Nationalen Normenkontrollrates

(1) Der Nationale Normenkontrollrat gibt seine Stellungnahmen zu den Gesetzentwürfen nicht öffentlich ab. Diese Stellungnahmen und die Stellungnahmen der Bundesregierung dazu werden dem Gesetzentwurf bei der Einbringung in den Bundestag beziehungsweise bei der Zuleitung an den Bundesrat beigefügt.

(2) Der Nationale Normenkontrollrat berichtet jährlich dem Bundeskanzler. Er kann seinem schriftlichen Bericht Empfehlungen beifügen.

(3) Der Nationale Normenkontrollrat steht den federführenden und den mitberatenden ständigen Ausschüssen des Bundestages und des Bundesrates zur Beratung zur Verfügung.

§ 7 Pflichten der Bundesregierung

Die Bundesregierung erstattet dem Deutschen Bundestag jährlich einen Bericht über

1. den Stand des Bürokratieabbaus im Rahmen bestehender Zielvorgaben,
2. die Erfahrungen mit der angewandten Methodik zur Schätzung des Erfüllungsaufwandes,
3. die Entwicklung des Erfüllungsaufwandes in den einzelnen Ministerien und
4. die Ergebnisse und Fortentwicklung auf dem Gebiet der besseren Rechtsetzung.

§ 8 Aufgaben des Statistischen Bundesamtes

Das Statistische Bundesamt unterstützt bei Bedarf Bundesregierung, Bundestag und Bundesrat bei den sich aus diesem Gesetz ergebenden Aufgaben, insbesondere durch Auswertung vorliegender Daten und die Durchführung von Aufwandsschätzungen. Es ist für den Aufbau und die Pflege der Datenbanken zuständig, die für Berichterstattung und Erfolgskontrolle im Sinne dieses Gesetzes erforderlich sind.

§ 9 Inkrafttreten

Dieses Gesetz tritt am Tag nach der Verkündung in Kraft.

Anlage 2

Vom St-Ausschuss Bürokratieabbau am 23.01.2013 beschlossene Fassung

Konzeption zur Evaluierung neuer Regelungsvorhaben
gem. Arbeitsprogramm bessere Rechtsetzung der BReg vom 28. März 2012, Ziffer II. 3.

Eine Evaluierung stellt einen Zusammenhang her zwischen Ziel und Zweck einer Regelung und den tatsächlich erzielten Wirkungen sowie den damit verbundenen Kosten. Sie ist für alle wesentlichen Regelungsvorhaben nach Maßgabe der folgenden Leitlinien vorzusehen.

I In welchen Fällen wird evaluiert?

Die Wesentlichkeit eines Regelungsvorhabens im Sinne des Arbeitsprogramms bessere Rechtsetzung bemisst sich grundsätzlich nach der Höhe des zu erwartenden jährlichen Erfüllungsaufwands (Schwellenwert). Damit wird der Tatsache Rechnung getragen, dass eine Evaluierung auch einen Beitrag dazu leisten soll, den Erfüllungsaufwand dauerhaft niedrig zu halten.

Als wesentlich gelten danach Regelungsentwürfe, bei denen ein jährlicher Erfüllungsaufwand von mindestens

- 1 Mio. € Sachkosten oder 100.000 Stunden Aufwand für Bürgerinnen und Bürger oder
- 1 Mio. € für die Wirtschaft oder
- 1 Mio. € für die Verwaltung

aufgrund der Ex ante- Abschätzung zu erwarten ist oder – ist eine solche Abschätzung nicht möglich – nicht ausgeschlossen werden kann.

Anlass für eine Evaluierung kann auch die Nachmessung des Erfüllungsaufwands sein – wenn erst dann festgestellt wird, dass der tatsächliche Aufwand einen der genannten Schwellenwerte überschreitet. Ergibt die Nachmessung, dass der Schwellenwert unterschritten wird, kann das Ressort seine im Regelungsentwurf getroffenen Evaluierungserwägungen überprüfen.

- 2 -

Neben der Höhe des jährlichen Erfüllungsaufwands als Anlass für eine Evaluierung können die Ressorts – wie bisher auch – aus anderen Gründen eine Evaluierung vorsehen – wie z.B. bei einem hohen finanziellen Gesamtaufwand, besonderer politischer Bedeutung oder großen Unsicherheiten über Wirkungen oder Verwaltungsvollzug.

Verhältnismäßigkeit
Der Aufwand für die Evaluierung muss in einem angemessenen Verhältnis zu den daraus zu gewinnenden Erkenntnissen stehen. Dies gilt zum Beispiel im Hinblick auf:

- gerichtliche Entscheidungen oder internationale bzw. EU-Vorgaben ohne Umsetzungsspielraum (1:1);
- anderweitige vergleichbare Berichtspflichten – auch gegenüber oder von internationalen bzw. EU-Institutionen – oder eine gesetzlich vorgeschriebene Wirkungsforschung als Daueraufgabe.

Bei allen wesentlichen Regelungsvorhaben sind in der Begründung zum Regelungsentwurf gem. § 44 Abs. 7 GGO Aussagen zur Durchführung oder Nicht-Durchführung von Evaluierungen aufzunehmen.

II. Was wird evaluiert?

Wichtigstes Evaluierungskriterium ist die Zielerreichung, da Regelungen, die das im Regelungsentwurf formulierte Ziel verfehlen, meist unnötigen Erfüllungsaufwand verursachen.

Weitere Prüfkriterien können – je nach Umfang der Evaluierung – sein:

- Nebenfolgen der Regelung (positive oder negative);
- Akzeptanz der Regelung (z. B. Inanspruchnahme staatlicher Angebote);
- Praktikabilität der Regelung, die im Hinblick auf vermeidbaren Erfüllungsaufwand zu prüfen ist (z. B. Bündelung von Aufgaben bei einer Vollzugsbehörde);
- Abwägungen, ob die entstandenen Kosten in einem angemessenen Verhältnis zu den Ergebnissen stehen. Dies muss nicht zwangsläufig eine mo-

netäre Betrachtung sein, sondern kann auch als Abwägung von Vor- und Nachteilen einer Regelung erfolgen. Politische Entscheidungen sollen dabei nicht vorweggenommen werden.

III. Wie wird evaluiert?

Eine Evaluierung ist hinsichtlich ihrer Tiefe (z. B. Regelungsvorhaben insgesamt, Teile eines Artikelgesetzes, einzelne Bereiche eines Stammgesetzes, Vollzug), der Methodik (von interner bis hin zu einer wissenschaftlichen Evaluierung) und des Umfangs (von „Zwei-Seiten-Bericht" bis hin zu einem ausführlichen Bericht – auch abhängig von den zur Verfügung stehenden Ressourcen) nicht vorbestimmt. Diese Entscheidungen obliegen dem jeweils federführenden Ressort. Die Evaluierung kann auf den Ergebnissen der Nachmessung des Erfüllungsaufwands durch das Statistische Bundesamt aufbauen.

Die Dokumentation der Ergebnisse soll mittels Evaluierungsbericht erfolgen, der Aussagen zur Abgrenzung des Untersuchungsgegenstands, zu den zugrundeliegenden Daten und Annahmen sowie zu den relevanten Prüfkriterien enthält. Der Bericht soll in anschaulicher Form die wesentlichen Erkenntnisse der Evaluierung darstellen.

Diese Berichte werden den betroffenen Ressorts sowie dem Koordinator der Bundesregierung für Bürokratieabbau und bessere Rechtsetzung im Bundeskanzleramt und dem Nationalen Normenkontrollrat zur Kenntnis gegeben.

IV. Wann wird evaluiert?

Das federführende Ressort entscheidet nach fachlichem Ermessen über den Zeitpunkt der Evaluierung. Bei der Wahl eines geeigneten Zeitpunkts sind der erwartete Eintritt von Wirkungen sowie ggfs. weitere Änderungen des regulatorischen Umfelds zu berücksichtigen. I.d.R. soll eine Evaluierung 3-5 Jahre nach Inkrafttreten eines Regelungsvorhabens durchgeführt werden.

Dieses Verfahren findet auf Regelungsvorhaben Anwendung, die ab 1. März 2013 in die Ressortabstimmung eingebracht werden.

Anlage 3

Beschluss des St-Ausschusses Bessere Rechtsetzung und Bürokratieabbau vom 26. November 2019

Fortentwicklung der Evaluierungskonzeption der Bundesregierung

Der Staatssekretärsausschuss konkretisiert die Konzeption zur Evaluierung neuer Regelungsvorhaben vom 23. Januar 2013 wie folgt:

1. In der Begründung des Regelungsvorhabens soll neben den Angaben nach § 44 Abs. 7 GGO knapp dargestellt werden, welche Ziele bei der Evaluierung zugrunde gelegt werden und welche Kriterien für die Zielerreichung dabei voraussichtlich herangezogen werden. Dies ermöglicht es, Vorsorge dafür zu treffen, dass zum Zeitpunkt der Evaluierung die voraussichtlich erforderlichen Daten zur Verfügung stehen.

2. Soweit Vorschriften, die bereits Gegenstand einer Evaluierung waren, in neuen Regelungsvorhaben geändert werden, stellen die Ressorts dies in der Begründung dar, wenn die Ergebnisse der Evaluierung Eingang in das Vorhaben gefunden haben.

3. Die Bundesregierung erstellt eine Arbeitshilfe, in der Arbeitsschritte und Methoden einer Evaluierung (u.a. Fragestellung der Evaluierung, Datenerhebung und -auswertung, Qualitätssicherung, Aufbereitung der Ergebnisse im Evaluierungsbericht) dargestellt sind.

4. Die Ressorts sollen eine zentrale Arbeitseinheit als Ansprechpartner für Evaluierungen von Regelungsvorhaben intern benennen.

5. Interne Evaluierungsberichte werden grundsätzlich vor ihrer Veröffentlichung durch eine unabhängige Stelle hinsichtlich ihrer Qualität überprüft. Bei Regelungsvorhaben, bei denen der jährliche Erfüllungsaufwand einen Wert von 5 Millionen Euro überschreitet, findet eine Qualitätssicherung stets statt. Die Prüfung sollte sich darauf beziehen, ob in der Evaluierung nachvollziehbar und plausibel auf die im Gesetzentwurf getroffenen Annahmen hinsichtlich der Ziele und der Wirkungen eingegangen wurde und

- 2 -

welche Daten dafür herangezogen wurden. Der NKR bietet an, diese Qualitätssicherung durchzuführen.

6. Bei Evaluierungen, die den Erfüllungsaufwand zum Gegenstand haben können, binden die Ressorts das Statistische Bundesamt (StBA) frühzeitig in die Planung von Evaluierungen ein, um eine sinnvolle Verzahnung der Nachmessung des Erfüllungsaufwands und der Evaluierung sicherzustellen. Beim StBA wird eine Kompetenzstelle eingerichtet, die die Ressorts bei Bedarf zur Planung und Durchführung von Evaluierungen berät.

7. Im Rahmen ihrer Weiterbildungsstrategie (Ziffer I.5 des Arbeitsprogrammes Bessere Rechtsetzung und Bürokratieabbau 2018) stellt die Bundesregierung Schulungsangebote für Mitarbeiterinnen und Mitarbeiter der Ressorts zur Verfügung, die Evaluierungen durchführen.

8. Die Ressorts nehmen zur Frage Stellung, welche Schlussfolgerungen beziehungsweise weiteren Vorgehensweisen sie aus den Evaluierungsergebnissen ziehen.

9. Im Rahmen der Evaluierung sollen die Ressorts in geeigneter Weise Länder, kommunale Spitzenverbände, Fachkreise und Verbände soweit betroffen zur Frage der Zielerreichung und ggfs. auch zu den in der Konzeption genannten weiteren Prüfkriterien einbinden. Sie berücksichtigen dabei auch die im Zweiten nationalen Aktionsplan der Bundesregierung im Rahmen der Teilnahme an der Open Government Partnership enthaltene Zielsetzung, die Einbindung von Bürgerinnen und Bürgern und Vertreterinnen und Vertretern der Zivilgesellschaft in das Regierungshandeln zu stärken.

10. Evaluierungen und Stellungnahmen der Bundesregierung nach Ziffer 8 werden grundsätzlich auf einer zentralen Online-Plattform der Bundesregierung veröffentlicht.

Anlage 4

Kabinettbeschluss vom 25. März 2015

Bürokratiebremse/Konzeption einer One in, one out – Regel

Vorbemerkung:

Die Bundesregierung hat am 11. Dezember 2014 Eckpunkte zur weiteren Entlastung der mittelständischen Wirtschaft von Bürokratie beschlossen. Einer der Schwerpunkte ist die Einführung der „One in, one out" – Regel in Deutschland. Kern dieses Ansatzes ist es, dass in gleichem Maße Belastungen abgebaut werden, wie durch neue Regelungsvorhaben zusätzliche Belastungen entstehen. Das Ziel ist, den Anstieg von Belastungen dauerhaft zu begrenzen, ohne politisch gewollte Maßnahmen zu behindern. Insbesondere die Umsetzung von Vorhaben der Koalitionsvereinbarung darf weder inhaltlich noch zeitlich ver- oder behindert werden.

I Anwendungsbereich der One in, one out – Regel

Die One in, one out – Regel wird grundsätzlich für alle Regelungsvorhaben der Bundesregierung angewendet, die sich auf den laufenden Erfüllungsaufwand für die Wirtschaft auswirken. Ausgenommen sind Vorhaben, soweit sie

- EU-Vorgaben, internationale Verträge, Rechtsprechung des BVerfG sowie des EuGH jeweils 1:1 umsetzen oder □ der Abwehr erheblicher Gefahren dienen oder
- zeitlich begrenzte Wirkung (max. 1 Jahr) haben.

II Inhalt der One in, one out – Regel

Die bestehende Methodik zur Ermittlung und Darstellung des Erfüllungsaufwands in Regelungsvorhaben der Bundesregierung bildet die Grundlage für die Anwendung der One in, one out – Regel. Führen Regelungsvorhaben zu konkreten und unmittelbaren Entlastungen der Wirtschaft, werden diese daher von den Belastungen in Abzug gebracht. Sollte der laufende Erfüllungsaufwand für die Wirtschaft (netto) steigen, wird dieser Zuwachs an anderer Stelle in gleicher Höhe kompensiert. Einmaliger Erfüllungsaufwand (Umstellungsaufwand) bleibt außer Betracht.

- 2 -

III Regeln für die Kompensation

- **Normadressatenspezifische Dimension**

Zusätzlicher laufender Erfüllungsaufwand für die Wirtschaft kann nur mit laufendem Erfüllungsaufwand für die Wirtschaft kompensiert werden.

- **Ressortspezifische Dimension**

Für die Kompensation ist das für die jeweilige Einzelregelung federführende Ressort verantwortlich.
Erkennt das betreffende Ressort keine Kompensationsmöglichkeiten und kann es aus früheren Vorhaben keinen Überschuss an Entlastungen in der notwendigen Höhe nachweisen, kann es bei anderen Ressorts – bilateral oder im Staatssekretärsausschuss Bürokratieabbau – um die Übernahme der Kompensation nachsuchen (ressortübergreifende Kompensation).

- **Zeitliche Dimension**

Sofern in belastenden Vorhaben die Kompensation nicht unmittelbar realisiert werden kann, wird in Vorblatt bzw. Begründung oder alternativ außerhalb des Vorhabens in geeigneter Weise dargestellt, wie die Kompensation erreicht werden soll oder welche Entlastungsperspektive besteht. Im Regelfall sollen Entlastungsmaßnahmen binnen eines Jahres vorgelegt werden. Ziel ist es, den Anstieg des Erfüllungsaufwands bis zum Ende der Legislaturperiode zu begrenzen.

- **Betragsmäßige Dimension**

Es gilt der Grundsatz, Belastungen in gleichem Maße wieder abzubauen.

Der Staatssekretärsausschuss Bürokratieabbau kann die Deckelung der zu erbringenden Kompensation beschließen, wenn der neu aufgebaute Erfüllungsaufwand nachvollziehbar die Kompensationsfähigkeit des Ressorts übersteigt oder der dargestellte Erfüllungsaufwand zu erwartende unmittelbare quantifizierte Entlastungswirkungen oder Vorteile des Regelungsvorhabens für die Wirtschaft nicht adäquat wiedergibt.

- 3 -

Vor einem Beschluss des Staatssekretärsausschusses zur geplanten Deckelung soll der NKR dazu gehört werden, ob die vorgesehene Kompensation, insbesondere der Erfüllungsaufwand, nachvollziehbar und plausibel dargestellt ist.

IV Monitoring

Neben dem etablierten Monitoring über die Veränderung des Erfüllungsaufwands wird das StBA die angekündigten Kompensationsmaßnahmen ressortspezifisch erfassen und für jedes Ressort darstellen wie sich der Auf- und Abbau von Erfüllungsaufwand durch die unter die One in, one out – Regel fallenden Regelungsvorhaben entwickelt.
Die Ressorts berichten halbjährlich im Staatssekretärsausschuss Bürokratieabbau über Fortschritt und Schwierigkeiten bei den geplanten Abbaumaßnahmen sowie ggf. über eine drohende Zielverfehlung.

V Berichtswesen

Die nach § 7 NKRG geregelte jährliche Berichtspflicht der Bundesregierung an den Deutschen Bundestag erfasst auch die Umsetzung der One in, one out – Regel.

VI Prüfung / Weiterentwicklung der Methodik

Die Bundesregierung wird die Methodik zur Ermittlung und Darstellung des Erfüllungsaufwands unter Einbeziehung des Nationalen Normenkontrollrats überprüfen und soweit erforderlich weiterentwickeln.

VII Inkrafttreten

Die One in, one out – Regel gilt für alle Vorhaben, die ab dem 1. Juli 2015 von der Bundesregierung beschlossen werden. Maßgebend ist das Datum des Kabinettbeschlusses. Vorher entstandene Entlastungen werden in der Berichterstattung der Bundesregierung zur One in, one out – Regel berücksichtigt.

Anlage 5

Gutachten – vergeben durch den Nationalen Normenkontrollrat

Stand: Juli 2021

- 04/2013 - Quantifizierung des Nutzens von Regelungsvorhaben. Internationale Erfahrungen im Vergleich (Prognos AG)
- 10/2013 - Gutachten zur Durchführung von Ex-post-Evaluationen - Gute Praktiken und Erfahrungen in anderen Staaten (Prognos AG)
- 02/2015 - Vollzugsorientierte Gesetzgebung: Wie können EU, Bund, Ländern und Kommunen die Folgekosten rechtlicher Vorgaben besser ermitteln? (IfG.CC -The Potsdam eGovernment Competence Center)
- 11/2015 - E-Government in Deutschland: Vom Abstieg zum Aufstieg. (Kompetenzzentrum Öffentliche IT, Fraunhofer-Institut für Offene Kommunikationssysteme FOKUS)
- 06/2016 - E-Government in Deutschland: Wie der Aufstieg gelingen kann – ein Arbeitsprogramm. (CSC Deutschland GmbH)
- 10/2017- Mehr Leistung für Bürger und Unternehmen: Verwaltung digitalisieren. Register modernisieren. (McKinsey & Company)
- 04/2019 - Möglichkeiten zur Beschleunigung verwaltungsgerichtlicher Verfahren über Vorhaben zur Errichtung von Infrastruktureinrichtungen und Industrieanlagen. (Prof. Dr. Wolfgang Ewer, Fachanwalt für Verwaltungsrecht)
- 10/2019 - Erst der Inhalt, dann die Paragrafen (McKinsey & Company)
- 06/2020 - Digitale Verwaltung braucht digitaltaugliches Recht - Der modulare Einkommensbegriff (msg systems ag, Ruhr Universität Bochum)
- 07/2021 - Begleitstudie zum digitalen Servicehandbuch – Wegweiser für Digitalisierung und Verwaltungsleistungen (Valtech GmbH, IMTB Consulting GmbH)

Anlage 6

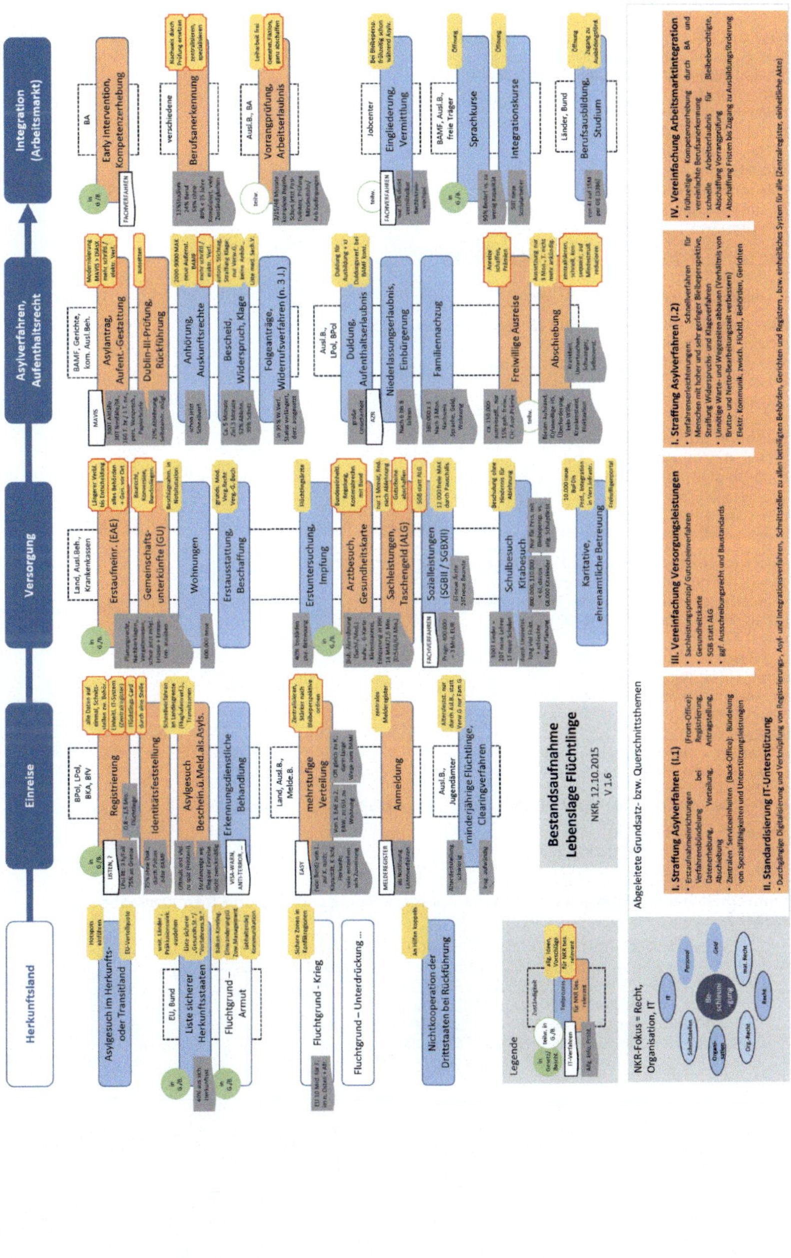
Herkunftsland
Einreise
Versorgung
Asylverfahren, Aufenthaltsrecht
Integration (Arbeitsmarkt)
Bestandsaufnahme Lebenslage Flüchtlinge
NKR, 12.10.2015
V 1.6
Abgeleitete Grundsatz- bzw. Querschnittsthemen
NKR-Fokus = Recht, Organisation, IT
Legende
I. Straffung Asylverfahren (I.1)
II. Standardisierung IT-Unterstützung
III. Vereinfachung Versorgungsleistungen
I. Straffung Asylverfahren (I.2)
IV. Vereinfachung Arbeitsmarktintegration

Anlage 7

1. Zusammensetzungen des Nationalen Normenkontrollrats 2006 - 2021

Mitglieder des Normenkontrollrats (1. Mandatszeit 2006-2011)
Dr. Ludewig, Johannes (Vorsitzender)
Catenhusen, Wolf-Michael (stellv. Vorsitzender)
Bachmaier, Hermann
Dr. Barbier, Hans D. (bis 2/2010)
Prof. Dr. Färber, Gisela
Funke, Rainer (ab 2/2010)
Kreibohm, Henning
Dr. Schoser, Franz (ab12/ 2006)
Prof. Dr. Snower, Dennis J.(bis 12/2006)
Prof. Dr. Wittmann, Johann

Erweiterung des Rates auf 10 Mitglieder (3/2011):
Lechner, Sebastian
Prof. Dr. Versteyl, Andrea

Mitglieder des Normenkontrollrats (2. Mandatszeit 2011-2016)
Dr. Ludewig, Johannes (Vorsitzender)
Catenhusen, Wolf-Michael (stellv. Vorsitzender)
Dr. Dückert, Thea
Funke, Rainer
Grieser, Gudrun
Hahlen, Johann (ab 3/2013)
Prof. Dr. Kuhlmann, Sabine
Lechner, Sebastian (bis 3/2013)
Schleyer, Hanns-Eberhard
Störr-Ritter, Dorothea
Prof. Dr. Versteyl, Andrea

Mitglieder des Normenkontrollrats (3. Mandatszeit 2016-2021)
Dr. Ludewig, Johannes (Vorsitzender)
Prof. Dr. Kuhlmann, Sabine (stellv. Vorsitzende)
Catenhusen, Wolf-Michael (bis 4/2019)
Dr. Dückert, Thea
Grieser, Gudrun
Dr. Holtschneider, Rainer
Schleyer, Hanns-Eberhard
Störr-Ritter, Dorothea
Prof. Dr. Versteyl, Andrea
Prof. Dr. Cornelia Mayer-Bonde
Wicklein, Andrea (ab 9/2019)

2. Leiter des Sekretariats des Nationalen Normenkontrollrats 2006 bis 2021

Alwin Henter (1. Mandatszeit)
Dr. Dominik Böllhoff (2. Mandatszeit)
Florian Spengler (3. Mandatszeit)

3. Staatsminister bei der Bundeskanzlerin für Bessere Rechtsetzung und Bürokratieabbau 2006 bis 2021

StMin	Hildegard Müller (11/2005 bis 09/2008)
Staatsekretär	Hans Bernhard Beus (10/2006 bis 12/2007, Vertreter von StMin Müller)
StM.	Hermann Gröhe (10/2008 bis 10/2009)
StM.	Eckart v. Klaeden (10/2009 bis 09/2013)
StM.	Prof. Dr. Helge Braun (10/2013 bis 3/ 2018)
StM.	Dr. Hendrik Hoppenstedt, seit März 2018

Personenregister